Taschenbuch der Psychologie

information
ht

Auf Wilhelm Wundt (1832-1920)
geht die Entstehung der modernen wissenschaftlichen
Psychologie zurück.

Taschenbuch der Psychologie

Von Heinz Hemling,
Dipl.-Psychologe

Humboldt-Taschenbuchverlag

humboldt-taschenbuch 238
Mit 34 Abbildungen lt. untenstehendem Bildquellennachweis

Frontispiz: Staatsbibliothek, Berlin (Bildarchiv)

Bildquellennachweis:

Den Verlagen Ludwig Auer/Donauwörth, J. A. Barth/Frankfurt, Beltz/Weinheim, Fischer/Frankfurt, Kohlhammer/Stuttgart, A. Kröner/Stuttgart, Springer/Berlin–Heidelberg–New York, Urban und Schwarzenberg/Wien–München–Berlin und dem Verlag für Psychologie Dr. Hogrefe/Göttingen danken wir sehr herzlich für die freundliche Überlassung des Bildmaterials.
Nähere Angaben zu den Verfassern, ihren Veröffentlichungen und den Verlagen finden Sie in der Unterschrift zu den einzelnen Abbildungen bzw. im Literaturverzeichnis auf S. 207

Druck: Presse-Druck, Augsburg
Printed in Germany
ISBN 3–581–66238–8

Inhalt

Vorwort 9

I Einführung: Psychologie im Alltagsverständnis 10

II Psychologie als Wissenschaft 15

1. Begriffsklärung 15

2. Methodische Grundlagen 19

2.1. Beobachtung 19

2.2. Experiment 22

2.3. Test 24

3. Geschichte der Psychologie 27

3.1. Altertum 27

3.2. Mittelalter 30

3.3. Neuzeit 30

3.4. Moderne 33

III Allgemeine Psychologie 37

1. Einführung 37

2. Neuropsychologische Grundlagen 38

2.1. Begriff und Methode 38

2.2. Das Nervensystem 40

2.3. Aufbau und Funktion des Gehirns 41

2.4. Leib und Seele 43

3. Psychische Funktionen 45

3.1. Wahrnehmung 45

3.2. Denken 52

3.3. Lernen und Gedächtnis 57

3.4. Motivation 60

IV Differentielle Psychologie 67

1. Abgrenzung zur Allgemeinen Psychologie . . . 67
1.1. Entstehungsgeschichte 67
1.2. Theoretische Grundlagen 69

2. Methodische Probleme (Anlage und Umwelt) . . 71
2.1. Intuitive Betrachtungsweise 71
2.2. Grundschema der differentiellen Methodik . . 72
2.3. Experimentelle und genetische Methoden . . . 74
2.4. Psychodiagnostische Verfahren 79

3. Thematik der Differentiellen Psychologie 82
3.1. Typenlehren 82
3.2. Persönlichkeitsmodelle 89
3.3. Intelligenz, Hochbegabung und Genialität . . . 96
3.4. Unterschiede zwischen Gruppen 100

V Entwicklungspsychologie 104

1. Allgemeine Probleme 104
1.1. Vorgeschichte 104
1.2. Theoretische Grundlagen 105
1.3. Forschungsmethoden 107

2. Phasen der menschlichen Entwicklung 109
2.1. Vorgeburtliche Entwicklung 109
2.2. Geburt und Säuglingsalter 112
2.3. Entwicklung des Kindes 116
2.4. Entwicklung des Jugendlichen 119
2.5. Psychologie des Erwachsenen 121
2.6. Alterspsychologie 123

3. Entwicklungsstörungen 125
3.1. Ursachen 125
3.2. Erscheinungsformen 126

VI Sozialpsychologie 131

1. Einführung 131
1.1. Geschichtliche Anfänge 131
1.2. Gegenstand und Aufgabe 132

2. Forschungsgebiete 133
2.1. Soziale Wahrnehmung 133
2.2. Soziale Einstellungen, Stereotypen und Vorurteile 137
2.3. Struktur und Dynamik sozialer Gruppen . . . 142

3. Angewandte Sozialpsychologie 154

VII Tiefenpsychologie 157
1. Einführung 157
2. Tiefenpsychologische Schulen 159
2.1. Sigmund Freud: Psychoanalyse 159
2.2. Alfred Adler: Individualpsychologie 166
2.3. Carl Gustav Jung: Analytische Psychologie . . 168
3. Weiterentwicklung der Tiefenpsychologie und moderne Richtungen 171
4. Experimentelle Erzeugung von Neurosen 174
5. Psychotherapie in der Praxis 177

VIII Angewandte Psychologie 178
1. Einleitung 178
2. Betriebspsychologie 179
2.1. Vorbemerkung 179
2.2. Arbeitspsychologie 180
2.3. Sozialpsychologie des Betriebes 181
3. Verkehrspsychologie 183
3.1. Einleitung 183
3.2. Spezielle Probleme der Verkehrspsychologie . . 184
3.3. Die Medizinisch-Psychologische Untersuchungs- und Beratungsstelle 187
4. Forensische Psychologie (Gerichtliche Psychologie) . 187
4.1. Einleitung 187
4.2. Gerichtspsychologie 188
4.3. Kriminalpsychologie 195
4.4. Psychologie des Strafvollzugs 196
5. Pädagogische Psychologie 197
5.1. Einführung 197
5.2. Schulleistung und Intelligenz 198
5.3. Lernen zu lernen 202

Adressen psychologischer Einrichtungen . . . 206

Literaturverzeichnis 207

Register 215

Hinweis für den Leser:

Die in den Bildlegenden und im laufenden Text angeführten Seitenzahlen und Jahresangaben beziehen sich auf die Originalarbeiten der genannten Autoren. Diese Veröffentlichungen finden Sie unter dem Namen der Verfasser im Literaturverzeichnis auf den Seiten 207 ff.

Nur, wenn im Text »s. S. . . .«, also der ausdrückliche Hinweis »siehe S. . . .« steht, wird auf eine betreffende Seite im vorliegenden Buch Bezug genommen.

Vorwort

Immer mehr Menschen bringen heute der Psychologie ihr Interesse entgegen. Doch fehlt es m. E. nach wie vor an ausreichenden Möglichkeiten, sich schnell und ohne erheblichen finanziellen Aufwand über das Wissenschaftsgebiet der Psychologie zu unterrichten. Daher soll das vorliegende Taschenbuch einen kleinen Beitrag dazu leisten, Erkenntnisse der Psychologie in anschaulicher Form einem größeren Publikum zugänglich zu machen. Damit verbindet sich das Anliegen, durch die Vermittlung sachlicher Informationen über die Gesetzmäßigkeiten des Erlebens und (sozialen) Verhaltens des Menschen mehr Offenheit, Verständnis und Fairneß in den zwischenmenschlichen Beziehungen anzuregen. Denn zahlreiche Konflikte im täglichen Zusammenleben basieren oft zunächst einfach auf dem Fehlen grundlegender Kenntnisse über die dem Menschen eigenen Reaktions- und Verhaltensmechanismen.
Bei der Abfassung des Buches konnte es nicht darum gehen, auf die Vollständigkeit der Darstellung in allen Punkten zu achten; vieles mußte aus Raumgründen unerwähnt bleiben. Gegenüber anderen Veröffentlichungen sucht sich diese »Einführung« dadurch abzugrenzen, daß sie bisher kaum behandelte Themenbereiche (z. B. vorgeburtliche Entwicklung, Urlaub, Lernen zu lernen) sowie Fragenkomplexe, die für den Laien von besonderer Aktualität sind (z. B. Noten, Test), mitberücksichtigt.
Für die Hilfe und die wertvollen Anregungen bei der Erstellung des Manuskriptes danke ich meiner lieben Frau Astrid und Herrn Dipl.-Psychologen Dr. W. Hofsommer. Dem Humboldt-Taschenbuchverlag danke ich für die Veröffentlichung dieses Buches, das allen meinen Freunden und Bekannten, besonders aber meinen Eltern, gewidmet sein soll.

Hösel, 1974 — Heinz Hemling

I. Psychologie im Alltagsverständnis

»Alles, was mit Ps ... anfängt, ist für Nervenkranke und Verrückte!« – Diese Äußerung eines Schülers gibt treffend wieder, was heute in weiten Kreisen der Bevölkerung oft noch unter Psychologie verstanden wird und wie unklar die Vorstellungen über diesen Wissenschaftsbereich noch immer sind. Übersteigerte Erwartungen, Ansprüche und Hoffnungen auf der einen Seite – Enttäuschung, Ablehnung und Kritik auf der anderen Seite sind die beiden Extremvarianten einer durch Ambivalenz gekennzeichneten Einstellung zur Psychologie. Trotz ihrer Popularität, die in zahlreichen Buchveröffentlichungen, Zeitschriftenartikeln, Rundfunk- und Fernsehsendungen, aber auch in der Verdoppelung der Anzahl der auf der gesamten Welt tätigen Psychologen im letzten Jahrzehnt (O. W. HASELOFF, 1970) zum Ausdruck kommt, ist die wissenschaftlich betriebene Psychologie dem Menschen im Alltag dennoch recht fremd geblieben.

Eine im alltäglichen Leben von nahezu jedem praktizierte Vorform der Psychologie ist die sogenannte *Menschenkenntnis*. Sie basiert in erster Linie auf der subjektiven Erfahrung des einzelnen sowie, entsprechend üblicher Auffassung, auf einer besonderen Einfühlungs- und Beobachtungsfähigkeit. Diese konnte allerdings von der Psychologie nicht allgemein, sondern lediglich in solchen Fällen nachgewiesen werden, in denen der Beurteiler sich selbst ähnliche Personen einzuschätzen hatte. Darüber hinaus ist es für die praktische Menschenkenntnis charakteristisch, daß sie mit einem unmittelbaren Gefühl der Gewißheit (Evidenzerlebnis) verbunden ist, was den Gedanken an eine sofortige Urteilskontrolle in der Regel gar nicht erst aufkommen läßt. Nicht selten tendieren gute Menschenkenner dazu, ihre eigenen Fähigkeiten höher einzuschätzen als die Urteile anderer, und sie suchen dies u. U. in einer sehr schnellen und auf nur wenige Hilfsmittel angewiesenen Beurteilungsgabe zu dokumentieren. Unter einem derartigen Anspruchsniveau sowie unter dem Druck, als Menschenkenner nicht zu versagen, kann es jedoch leicht zu Fehleinschätzungen kommen, die gegebenenfalls auch wider besseres Wissen aufrechterhalten werden, um das Gesicht zu wahren.

Wenn auch die praktizierte Menschenkenntnis bis zu einem gewissen Grade berechtigt und sogar notwendig ist, weil sie ein vorläufiges Urteil ermöglicht, so muß sie doch in dem Moment kritisch gesehen werden, in dem sich mit ihr der Glaube an eine persönliche Berufung verbindet. Astrologen, Handlesekünstlern und Wahrsagern ist gemeinsam, daß sie sich »ohne Umschweife erbötig machen, dem Menschen zu sagen, was er für einer ist – und was für einer der andere ist, zum Beispiel der Partner der Liebe oder Ehe. Und dies auf Grund dunkel klangvoll benannter Geheimwissenschaften, die naturgemäß in so geheimnisvollen Zusammenhängen besondere Zugkraft haben« (A. WELLEK, 1963, S. 66). Der Glaube an eine fast übernatürliche Intuitionsgabe oder auch den vielzitierten sechsten Sinn solcher Leute ist in den Augen des Laien oft Beweis genug für die Treffsicherheit und Glaubwürdigkeit ihrer Aussagen. Andererseits ist bei vielen Menschen ein geradezu süchtiges Verlangen nach Rezepten feststellbar, was es den sogenannten Menschenkennern noch erleichtert, »den Eindruck zu erwecken, daß sie mit Hilfe geheimnisvoller Fähigkeiten verläßliche Einblicke in die verborgensten Winkel der Seele zu tun vermöchten« (H. ROHRACHER, 1948, S. 2). Diesem Verlangen kommen auch die in illustrierten Zeitschriften dargestellten Tests nach, die in der Regel kaum wissenschaftlichen Anforderungen (z. B. Undurchschaubarkeit, Normen, usw.) genügen; sie sollten daher eher als Testspiele bezeichnet werden.

Ähnlich ist es mit der *Graphologie*, wenn sie ausschließlich und wie eine Kunst betrieben wird. Die heute immer noch geübte Praxis, in Zeitungen zu annoncieren und gegen Voreinsendung eines bestimmten Geldbetrages eine psychologische Persönlichkeitsbeurteilung zu versprechen, ist irreführend und mißbraucht das Vertrauen des Laien in die wissenschaftliche Psychologie. Diese sieht die Graphologie lediglich als einen Test unter vielen an, der nur in Verbindung mit anderen Verfahren angewandt werden sollte. Durch derartige Inserate werden beim Laien Hoffnungen geweckt, die in keinem Falle zu erfüllen sind. Schriftanalysen, welche von dem Graphologen durchgeführt werden, ohne den Schreiber der Zeilen zu kennen (Blindgutachten) und die zudem nur auf einer einzigen Schriftprobe basieren, sind aus methodischen Gründen recht zweifelhaft. Denn es ist nicht möglich, mit einigen wenigen oder gar nur einem einzigen Untersuchungsverfahren die menschliche Persönlichkeit in ihrer Komplexität zu durchleuchten oder annähernd zu erfassen; diesen Anspruch erheben selbst wissenschaftliche Tests nicht.

Wie sehr der wenig informierte Laie Gefahr läuft, allgemeinmenschliche Aussagen als auf sich selbst bezogen aufzufassen, weil er eben kaum in der Lage ist, zwischen einer Beurteilung »von der Stange« und einer wirklich individuellen Einschätzung seiner Persönlichkeit zu differenzieren, zeigt sich an folgendem Beispiel:

H. BAUER (1948) sammelte unter den Angestellten eines Wiener Unternehmens 146 Handschriften und schickte dann, ohne die Handschriften im einzelnen analysiert zu haben, an die weiblichen und an die männlichen Angestellten ein jeweils einheitliches, fingiertes Gutachten zurück. Es bestand aus einem Profil, in dem eine ganze Reihe von Persönlichkeitsmerkmalen mit einem bestimmten Stärkegrad der Ausprägung zusammengefaßt war.

Charaktereigenschaft	Ausprägungsgrad				
Organisationsgabe	1	2	3	**4**	5
Gefühlstiefe	1	2	3	4	**5**
Eitelkeit	1	**2**	3	4	5
Geltungsbedürfnis	1	**2**	3	4	5
Gerechtigkeitssinn	1	2	3	4	**5**
Feinfühligkeit	1	2	3	**4**	5
Empfindlichkeit	1	**2**	3	4	5
Selbstüberschätzung	**1**	2	3	4	5
Ausdauer	1	2	**3**	4	5
Phantasie	1	2	**3**	4	5
usw.					

Tab. 1: Graphologische Untersuchung von H. BAUER (Wien, 1948) zur »Selbsterkenntnis des Durchschnittsmenschen« (aus H. ROHRACHER, 1948, S. 4f.).

In den Stellungnahmen der Beurteilten kam daraufhin immer wieder die Zustimmung gegenüber der als persönlich angesehenen Persönlichkeitsbeurteilung zum Ausdruck. Das fingierte Gutachten war für rund 28% vollkommen zutreffend, ausgezeichnet, verblüffend, für 41% gut, richtig, zutreffend, für 27% im allgemeinen zutreffend, zum Großteil richtig und nur für 4% unzutreffend.

Als ein wesentliches Ergebnis dieser Untersuchung, die die hohe Suggestibilität und Anfälligkeit vieler Menschen für unwissenschaftliche Persönlichkeitsbeurteilungen nachweist, kann die weitgehende Unabhängigkeit solcher Täuschungen vom Lebensalter und schulischen Ausbildungsgrad bezeichnet werden.

Die Unzuverlässigkeit vorwissenschaftlicher Menschenbeurteilung liegt darin, daß Einzelheiten, Nebensächliches und Zufälliges ins Blickfeld geraten und sofort als typisch und allgemeingültig angesehen werden. Fehler, welche in dem Beobachtungsvorgang selbst, in der Auswertung und auch in der Wiedergabe der Informationsdaten enthalten sind, kommen in der alltäglichen Praxis selten zum Bewußtsein. Darüber hinaus tendieren wir dazu, eben genau das wahrzunehmen und zu beachten, worauf wir eingestellt sind. Geringe Ansätze in der vorausgesagten Richtung werden bereits überbewertet und Fakten, welche dem zu widersprechen scheinen, eher abgewertet oder gar verdrängt. Es findet eine selektive und von unseren Bedürfnissen gesteuerte Wahrnehmung statt, deren wir uns nicht bewußt sind. In der Psychologie spricht man hier von »sozialer Wahrnehmung« (vgl. Sozialpsychologie).

Weiter sind die Isoliertheit des Menschen in der anonymen Leistungsgesellschaft, die einseitige Wissensvermittlung ohne emotionale Begleiterlebnisse in entsprechenden sozialkreativen Handlungsspielräumen sowie die leistungsorientierten Maßstäbe für die Beurteilung von Menschen Gründe für eine unzureichende Menschenkenntnis. So haben wir »die Dinge in gute und schlechte einteilen und voneinander unterscheiden gelernt, sind aber ohne Revision geblieben ... Die Vorurteile der Kinderjahre verwenden wir auch als Erwachsene noch immer, als ob sie geheiligte Gesetze wären. Wir merken nicht, wie wir ... Standpunkte einnehmen, die einer wahren Erkenntnis der Dinge höchst abträglich sind, weil wir alles in letzter Linie wieder nur vom Standpunkt der Erhöhung unseres Persönlichkeitsgefühls in dem Sinne betrachten und Stellung nehmen, um für uns einen Machtzuwachs zu erreichen« (A. ADLER, 1966, S. 150). Es ist der Mangel an Gemeinschaftsgefühl und das Vorherrschen persönlicher Bedürfnisse, was nach ADLER eine bewußtere und geschultere Menschenkenntnis verhindert.

Der entscheidende Mangel der üblichen Menschenbeurteilung ergibt sich aus dem Fehlen eines verbindlichen und verläßlichen Bezugssystems. Die einzige Basis ist die zufällige und subjektive Erfahrung, die zwar mit der Zeit über den persönlichen Bereich hinausgeht, jedoch immer in der Wahrnehmungsweise des einzelnen verhaftet bleibt. Der oft gerühmte Vorteil einer großen persönlichen Erfahrung kann somit auch recht fragwürdig sein, da stereotype Einstellungen und soziale Vorurteile auf diese Weise ebenfalls erhärtet werden.

Der Psychologe ist nun darum bemüht, diese uns allen gemeinsame, aber eben doch unvollkommene Beurteilungsgrundlage durch Methoden zu ersetzen, die eine größere Zuverlässigkeit und Gültigkeit besitzen. Dabei greift er auf vielerlei empirisch begründete Forschungsergebnisse zurück und versucht, Beobachtungen und Daten vor dem Hintergrund systematischer Theorien kritisch einzuordnen und abzusichern.

II. Psychologie als Wissenschaft

1. Begriffsklärung

Psychologie ist die Wissenschaft vom Erleben und Verhalten des Menschen. Der Begriff Psychologie ist jedoch nicht zu allen Zeiten auf diese Weise definiert worden. Hatte sich die in der Philosophie beheimatete spekulative Psychologie, die in der einen oder anderen Form immer wieder die Frage nach der substantiellen Grundlage der Seele aufwarf (Substantialitätstheorie), zunächst noch als »Lehre von der Seele« begriffen, so verstand sie sich im 19. Jahrhundert bereits als »Wissenschaft vom Seelenleben des Menschen«. Damit wurden mehr aktuelle seelische Abläufe und Funktionen beschrieben (Aktualitätstheorie). Es bedeutete für die Psychologie einen sichtbaren Fortschritt, sich nun mit konkreten Erscheinungsformen des Seelischen befassen zu können. Andererseits entstanden der psychologischen Wissenschaft durch die Aufteilung der sog. Seele in voneinander abgegrenzte, isolierte Funktionen sowie durch den damit verbundenen Verlust ihrer Ganzheitlichkeit neue wissenschaftstheoretische und methodische Probleme. Letztlich war es aber auch auf diesem Wege nicht möglich, dem orthodoxen Ziel, das spezifisch Seelische zu erkennen, einen Schritt näherzukommen. Das hat die Psychologie mit anderen Wissenschaften gemeinsam, daß sie das Eigentliche nicht zu erfassen vermag. So wie es beispielsweise der Biologie nicht möglich ist zu sagen, was Leben ist und sie nur Lebens-Äußerungen beschreiben kann, wie es der Physik nicht gelingt zu sagen, was Strom eigentlich ist – so kann auch die Psychologie keine Seele vorweisen. Es ist daher wenig sinnvoll, die Seele als solche oder das Seelische als solches erkennen zu wollen. Dafür sollten wir den konkreten Äußerungsformen mehr Beachtung schenken. Dem widerspricht nicht, auch solchen Phänomenen seelischen Lebens eine Einstellung der Offenheit entgegenzubringen, zu denen unsere Erkenntnis bisher noch schwer Zugang findet. Wenn in der modernen Psychologie der Begriff Seele dennoch Verwendung findet, so lediglich im Sinne eines Konstrukts, mit dessen Hilfe nicht vorhandene und/oder nicht erkennbare Phänomene zum besseren Verständnis zunächst einmal bezeichnet und veranschaulicht werden. So meinen wir heute mit *Seele* eher »die Gesamtheit der Selbstwahrnehmungen aller Lebensvorgänge im eigenen Organismus und der sie überlagernden Verarbeitung« (F. DORSCH, 1959, S. 278) in einer durch Erb- und Umwelteinflüsse sozialisierten Persönlichkeit. Diese Bestimmung des Seelischen ist wesentlich umfassender als die im Alltagsverständnis noch anzutreffende Vorstellung, Seele sei in erster Linie etwas Gefühlvolles und habe mehr mit dem Gemüt als mit dem Geist zu tun.

Der Gegenstand der Psychologie ist weniger eindeutig abgrenzbar, als dies in anderen Wissenschaften möglich ist. Im Extrem ließe sich zunächst einmal alles der psychologischen Wissenschaft zurechnen (Psychologismus), da letztlich nichts auf dieser Welt für den Menschen bedeutungslos ist und nahezu alles von ihm in irgendeiner Form beeinflußt wird. In diesem Sinne ist denn auch die Psychologie bereits als eine Grundlagenwissenschaft bezeichnet worden. Nicht immer aber verbleibt die Beziehung zwischen dem Menschen und seiner dinglichen und sozialen Umwelt so im Vordergrund, da auch in der Sache selbst Fortschritte erzielt werden müssen. Damit verlagert sich der psychologische Schwerpunkt, und die mehr sachzentrierte Betrachtungsweise tritt in den Vordergrund. Geht die ursprüngliche Beziehung zwischen dem Menschen und seiner Lebenswelt gänzlich verloren, gewinnt die psychologische Stellungnahme jedoch wieder an Bedeutung. Aber noch aus einem anderen Grunde als dem oben genannten ist es der Psychologie und den ihr verwandten Disziplinen (z. B. Psychiatrie) kaum möglich, sich in ihrem Gegenstand klar abzugrenzen. In der psychologischen Wissenschaft sind Untersucher (Versuchsleiter) und Untersuchungsobjekt (Versuchsperson) als Menschen miteinander identisch. Während etwa in der Mineralogie oder der Archäologie der Untersuchungsgegenstand klar umrissen und von der Person des Wissenschaftlers eindeutig abhebbar ist, gelingt dies in der Psychologie nur auf methodischem Wege und da auch nur annäherungsweise. Um diesen Grad der Annäherung und die noch verbleibenden (Beobachtungs- und Beurteilungs-)Fehler hinsichtlich der Einschätzung menschlichen Erlebens und Verhaltens geht es heute im wesentlichen in der Psychologie.

Der Gegenstand der psychologischen Wissenschaft, wie er sich im Erleben, Verhalten und in den »Gebilden« des Menschen darstellt, ist auf Grund seiner Vielschichtigkeit und Mehrdimensionalität sehr viel schwieriger zu erfassen als vergleichbare Gegenstände anderer Wissenschaften. Auf der anderen Seite liegt jedoch in dem Umstand, daß sich der Mensch in der Psychologie selbst zum Gegenstand hat, auch ein einzigartiger Vorteil, indem nämlich der Untersuchungsgegenstand von zwei Seiten her erfaßt werden kann. Dies läßt sich in Anlehnung an H. SELG und W. BAUER (1971) mit dem Paradigma für die komplementäre Betrachtungsweise innerhalb der modernen Psychologie veranschaulichen:

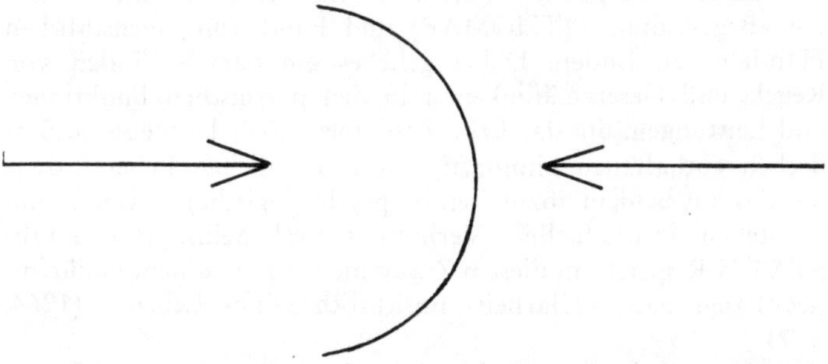

Erlebnisaspekt (innere Beobachtung) — Verhaltensaspekt (äußere Beobachtung)

Abb. 1: Paradigma für die »komplementäre Betrachtungsweise« der modernen Psychologie (nach: H. SELG und W. BAUER, 1971, S. 16f.).

Als Beispiel führen SELG und BAUER den Affekt an, der sowohl eine Erlebnis- als auch eine Verhaltensseite aufweise. Dadurch, daß der Affekt Erlebnis- und Körpergeschehen zugleich sei, stelle er eine »Verdichtungsstelle« dar. Beides, Erlebnis- und Verhaltensseite, müsse simultan betrachtet werden (Komplementaritätsmodell), ohne das eine zum Begleitphänomen des anderen zu machen.

Worin besteht nun die Aufgabe der Psychologie? Es ist durchaus nicht Sache der Psychologie, Verhaltensschablonen oder Lebensschemata zu entwickeln. Vielmehr ist die Aufgabe der heutigen

Psychologie darin zu sehen, den technischen und ökonomischen Wissenschaften, die sich bisher fast ausschließlich mit der Verbesserung der äußeren Lebensbedingungen des Menschen befaßt haben, etwas Gleichwertiges im Hinblick auf den Menschen selbst gegenüberzustellen. Dies geschieht zum einen dadurch, daß mit Hilfe zuverlässiger wissenschaftlicher Methoden möglichst objektive Erkenntnisse über die Funktionsweisen des Menschen gewonnen werden (vgl. Psychologische Grundlagenforschung) und zum anderen dadurch, daß allgemeingültige Informationen für die Praxis des Zusammenlebens zur Verfügung stehen (vgl. Angewandte Psychologie). Während in den anderen Wissenschaften die sach- und gegenstandsbezogenen Auswirkungen menschlichen Handelns im Vordergrund stehen, bemüht sich die psychologische Wissenschaft im weitesten Sinne darum, die »Begründung« (THOMAE) und Fundierung menschlichen Handelns zu finden. Dabei geht es um das Auffinden von Regel- und Gesetzmäßigkeiten in den psychischen Funktionen und Leistungen, um das Erkennen einer möglicherweise im Seelischen enthaltenen Sinnhaftigkeit menschlichen Lebens sowie um das aus beidem abzuleitende (psycho-logische) Erklären und Verstehen individuellen Verhaltens und Seins. P. R. HOFSTÄTTER spricht in diesem Zusammenhang von dem Bedürfnis des Laien nach »Klarheit hinsichtlich seines Lebens« (1964, S. 7).

Gerade, weil der Mensch in seinem Verhalten weniger »festgelegt« (NIETZSCHE) ist als das an Instinktmechanismen gebundene Tier, benötigt er eine differenzierte Wissenschaft, die nicht nur spekulativ vorgeht, sondern die vor allem auch darüber Aussagen zu machen weiß, inwieweit menschliches Erleben und Verhalten noch instinktgesichert und anlagebestimmt – und in welchen Persönlichkeitsbereichen es weitgehend umweltabhängig und damit prägbar ist (vgl. Differentielle Psychologie). Es hat sich in der bisherigen Geschichte des Menschen gezeigt, daß philosophische und religiöse Weltanschauungen doch meist recht einseitig geistig oder auch zuweilen einfach emotional ausgerichtet waren und wesentliche Aspekte menschlichen Lebens – wie etwa der Triebbereich – nicht durch Wissen und Aufklärung beherrscht wurden, sondern durch Ideologie und Verdrängung. Die moderne Psychologie geht demgegenüber von der Erkenntnis aus, daß eine gesellschaftliche und technische Höherentwicklung des Menschen ohne die gleichzeitige Berücksichtigung seiner psycho-biologischen und psycho-sozialen Grundbedürfnisse, in denen er verwurzelt ist, nicht denkbar erscheint.

2. Methodische Grundlagen

Die *Methodik* ist das Werkzeug der Wissenschaft. Art und Güte dieses Instruments bestimmen, inwieweit die Ergebnisse wissenschaftlichen Bemühens und der daraus gewonnenen Erkenntnisse zuverlässig und gültig sind.

2.1. Beobachtung

Im Unterschied zur bloßen, zufälligen Wahrnehmung ist die *Beobachtung* durch eine bewußtere Einstellung gekennzeichnet. Sie setzt die Absicht voraus, bestimmte Gegebenheiten der Umwelt, aber auch des eigenen Erlebens besonders zu beachten und damit gleichzeitig von anderen Ereignissen und Wahrnehmungsobjekten abzusehen. Beobachtung ist somit zunächst stets einseitig und subjektiv. Erst die Sammlung einer ganzen Reihe von Beobachtungsdaten, deren Auswertung nach zuvor festgelegten Kriterien sowie die Verwendung technischer und statistischer Hilfsmittel ermöglichen ein ausgewogeneres und objektiveres Bild.

Im wesentlichen lassen sich zwei Beobachtungsarten unterscheiden: die Selbstbeobachtung und die Fremdbeobachtung. Die *Selbstbeobachtung* – auch Erlebnisbeobachtung oder Introspektion genannt – kann sowohl gleichzeitig mit dem Erleben (simultane Selbstbeobachtung) als auch im Anschluß daran (retrospektive Selbstbeobachtung) erfolgen. Eine spezielle Form der Introspektion ist die von der »Würzburger Schule« zur Untersuchung von Willens- und Denkprozessen benutzte »kontrollierte Selbstbeobachtung«, bei der die mit der Lösung einer Aufgabe beschäftigte Versuchsperson in regelmäßigen Abständen vom Versuchsleiter mit der Aufforderung unterbrochen wird, über das gerade Erlebte zu berichten. H. SELG und W. BAUER weisen in diesem Zusammenhang darauf hin, »daß viele Versuchspersonen den Lösungsweg einer Aufgabe relativ gleich beschreiben« (1971, S. 47), und sie sehen darin ein Kriterium für die Berechtigung der Introspektion. Weitere Vorteile der Selbstbeobachtung liegen in dem Zugang zu sonst nicht faßbaren Erlebensaspekten, in der auch psychotherapeutisch bedeutsamen Reflexionsfähigkeit eines Menschen sowie in der Möglichkeit, über das eigene Erleben andere Menschen zu verstehen. Nachteile ergeben sich demgegenüber aus der Enge des Bewußtseins, der Abhängigkeit vom augenblicklichen Befinden (z. B. Ermüdung, affektiver Zustand, usw.) sowie vor allem daraus, daß sich unter dem Einfluß der Beobachtung der Erlebenszustand selbst wieder verändert. Ein zorniger, wütender Mensch, der sich – gleichsam wie von außen – in seinem affektiven Gebaren selbst beobachtet, kann nicht umhin, sich recht bald selbst komisch zu finden.

Auch die *Fremdbeobachtung* (Ausdrucksbeobachtung, Verhaltensbeobachtung) läßt sich in eine gleichzeitige und in eine rückwärtsgewandte unterteilen. Hier ist es möglich, die Subjektivität des Beobachtungsvorgangs dadurch zu kontrollieren, daß mehrere Beobachter hinzugezogen werden – entweder zur selben Zeit oder aber im nachhinein, indem die mit Hilfe von Film- und Tonbandgeräten aufgezeichneten Ereignisse einem kompetenten Beobachtergremium nochmals vorgeführt werden. Als Unterformen der Fremdbeobachtung können wir die »teilnehmende Beobachtung« und die »Feldbeobachtung« ansehen. Der Effekt, daß unter Beobachtung stehende Menschen ihr Verhalten im Sinne der sozialen Erwünschtheit ändern, kann bei der teilnehmenden Beobachtung vermieden werden, weil der Beobachter (ohne Wissen anderer) selbst zum Teilnehmer einer zu beobachtenden Situation wird. Bekanntestes Beispiel ist hier die »street-corner-society«-Studie, die der Amerikaner W. F. WHYTE in den dreißiger Jahren auf Grund seiner persönlichen Bekanntschaft mit Jugendlichenbanden in Boston anfertigen konnte. Aber auch die von M. MEAD (geb. 1901) durchgeführten Untersuchungen zur Geschlechts- und Temperamentsverschiedenheit von Naturvölkern beruhen auf einer teilnehmenden Beobachtung in unmittelbarer Lebensumgebung. In diesem Rahmen ist dann auch der umfassendere Begriff »Feldforschung« gebräuchlich. Diesbezügliche Untersuchungen stammen etwa von den Kulturanthropologen F. BOAS (1858-1942), R. BENEDICT (1887-1946) und A. KARDINER (geb. 1891). Da es nun aber in der Regel kaum möglich ist, Menschen über längere Zeit hinweg ununterbrochen in ihrem Verhalten zu beobachten, wird im Bereich der psychologischen Forschung auch die »fraktionierte Beobachtung« (time-sampling, systematische Kurzzeitbeobachtung) angewandt. Besonders auf entwicklungspsychologischem Gebiet sind mit Hilfe dieser Methode, bei der beispielsweise ein Kind an mehreren aufeinanderfolgenden Tagen in regelmäßigen Zeitabständen für nur jeweils wenige Minuten beobachtet wird, zuverlässige Erkenntnisse gewonnen worden.

Jeder Beobachtungsvorgang kann zahlreichen *Beobachtungsfehlern* unterliegen, die uns im alltäglichen Leben kaum bewußt zu werden pflegen. So entscheidet bereits der Aufmerksamkeitstypus darüber, auf welche Art und Weise wir Objekte der Umwelt erfassen. Entweder ist die Aufmerksamkeit mehr fixierend auf Einzelheiten hin ausgerichtet oder sie ist fluktuierend, mehr ganzheitlich orientiert und subjektiv gefärbt. Sehr viel mehr wird allerdings die Beobachtung durch den sogenannten »Hof-Effekt« (Halo-Effekt) verfälscht. Dabei handelt es sich um die Ausstrahlung eines bereits vorhandenen Eindrucks auf die Beurteilung eines Menschen bezüglich einer bestimmten Eigenschaft. Das Ergebnis ist eine Verzerrung und überstarke Vereinfachung des Urteils, da die Beobachtungen, welche dem allgemeinen Eindruck zugrundeliegen, mit dem betreffenden Persönlichkeitsmerkmal in keinem Zusammenhang zu stehen brauchen und eben über das Merkmal keine wirklich sachgerechten Informationen vorliegen. Hat beispielsweise ein Personalchef die Aufgabe, einen Mitarbeiter im Hinblick auf seine Leistungsfähigkeit zu beurteilen, wird er dies – wenn er dem genannten Effekt unterliegt – von einem gewissen Gesamteindruck her tun. Oder er läßt sich etwa von einer ihm auffallenden, typischen Verhaltensweise, die der Angestellte im täglichen Umgang zeigt, beeinflussen. Es wird von einem Persönlichkeitsmerkmal auf ein anderes geschlossen, ohne zu wissen, ob beide wirklich miteinander in Beziehung stehen und etwas gemein haben. Denn weder der Gesamteindruck (z. B.: ein höflicher und zuvorkommender Mensch) noch eine spezifische Verhaltenstendenz (z. B.: Unpünktlichkeit bei Arbeitsbeginn) müssen mit der zu beurteilenden Leistung des Mitarbeiters unmittelbar etwas zu tun haben.

Wie lassen sich nun die Fehler und Schwächen der Beobachtung ausschließen oder zumindest weitgehend vermeiden? Beobachtungsdaten sollten grundsätzlich von mehreren, voneinander unabhängigen Personen zusammengetragen und vor jedem Vergleich aufgezeichnet werden. Es empfiehlt sich u. U. sogar, die schriftliche Fixierung zunächst ohne Namensangabe vorzunehmen und die Informationen sowohl dem Diskussionsleiter als auch der Gruppe gleichermaßen zur Verfügung zu stellen. Auf diese Weise kann verhindert werden, daß Beobachtungen später im Gespräch nicht mehr ursprünglich zur Verfügung stehen und sich unter der Einwirkung vorherrschender Meinungen und Einstellungen nachträglich einander angleichen (s. Konformitätsdruck der Gruppe, vgl. Sozialpsychologie), wodurch sie ihren Informationscharakter verlieren würden. Hier spielen die situativen Bedingungen, unter denen Beobachtungsmaterial in der Praxis ausgewertet wird, eine ausschlaggebende Rolle.

Zuverlässiger als persönliche Gelegenheitsbeobachtungen ist die Verwendung von psychologischen Verfahren. Hierzu zählen im wesentlichen Beobachtungsbogen mit vorgegebenen Kategorien, nach denen menschliches Verhalten beobachtet und beschrieben werden kann, standardisierte Interviews, Beurteilungsskalen, Fragesysteme (z. B. die »Interaktionsanalyse« von R. F. BALES, 1956) und psychometrische Tests.

2.2. *Experiment*

Wissenschaftliche Erkenntnisse basieren heute zu einem großen Teil auf experimentellen Untersuchungen. Gegenüber der alltäglichen Erfahrung haben sie zunächst den Vorteil, überschaubarer und kontrollierbarer zu sein. Ihr Nachteil liegt allerdings, wenn es sich um Laborexperimente und nicht um sogenannte Wirklichkeitsversuche handelt, in ihrer Losgelöstheit von der unmittelbaren Lebenssituation. Wirklichkeitsversuche oder biotische Experimente finden in der natürlichen Umgebung der zu untersuchenden Personen ohne deren Kenntnis statt, zum Beispiel, wenn Schulkinder in den täglichen Pausen systematisch beobachtet werden – das eine Mal im Anschluß an einen strengen, dominativen Unterrichtsstil, das andere Mal nach einem milden, integrativen Unterrichtsstil des Lehrers.

Das *Experiment* als Hauptinstrument wissenschaftlicher Methodik ist im wesentlichen ein systematischer Beobachtungsversuch, der im Labor vorgenommen wird. Da das Experiment in erster Linie der Erforschung allgemeiner (psychischer) Gesetzmäßigkeiten dient, wird es auch als »Forschungsexperiment« bezeichnet – im Gegensatz zu dem »Prüfexperiment«, das als Test in der Diagnostischen Psychologie Anwendung findet. Seit Begründung der Experimentellen Psychologie im 19. Jahrhundert stellen wir mit W. WUNDT an jedes Experiment die Forderung, willkürlich, wiederholbar und veränderbar zu sein; daneben betonen SELG und BAUER noch die Absicht der wissenschaftlichen Beobachtung und der willkürlichen Einwirkung durch den Beobachter.

Der Grundgedanke der experimentellen Vorgehensweise besteht darin, daß zwei oder mehrere Faktoren (Variablen) auf ihre Abhängigkeit hin miteinander verglichen werden. Bei der einfachen Abhängigkeits- oder Dependenzanalyse geht man so vor, daß jeweils eine Variable unverändert bleibt, während die andere systematisch variiert wird. Konstant gehalten wird immer derjenige Faktor, welcher im Mittelpunkt der Untersuchung steht und in seiner Abhängigkeit von der graduellen Veränderung des anderen Faktors (bzw. der anderen Faktoren) studiert werden soll. Darum sprechen wir im letztgenannten Falle auch von der »Reizvariablen«, im zuvorgenannten Fall hingegen von der »Reaktionsvariablen«.

Zur näheren Veranschaulichung hierzu ein Beispiel:

Wir wollen die Frage untersuchen, ob und in welchem Ausmaß Lärm die Fähigkeit beeinträchtigt, sich einen bestimmten Lernstoff einzuprägen und zu behalten. Um weniger dem Zufall unterworfen zu sein und dem Untersuchungsresultat mehr Vertrauen schenken zu können, ist es notwendig, eine ganze Reihe von Personen zu einer Experimentalgruppe zusammenzufassen und Teilgruppen daraus dann jeweils unterschiedlichen Phonstärken auszusetzen. In einer Vergleichs- oder Kontrollgruppe wird der gleiche Stoff dargeboten, allerdings in einer ruhigen Atmosphäre. – Dieses Problem ist in der Psychologie bereits bearbeitet worden, und es hat sich herausgestellt, daß das Lernen durchaus nicht bei völliger Ruhe am besten gelingt; vielmehr sollte ein leichtes Reizangebot vorhanden sein, da erst bei einer mittleren Aktivierung des Organismus für das Leistungsverhalten optimale physiologische Voraussetzungen gegeben sind (vgl. Motivation).

Nun ist es denkbar, daß in dem beschriebenen Beispiel das Gesamtergebnis der Experimentalgruppe – im Vergleich mit der Kontrollgruppe – zwar erwartungsgemäß anders ausfällt, jedoch nicht als Folge der Lärmentwicklung, sondern auf Grund von Übermüdung oder weil der Versuchsleiter (Vl) in der E-Gruppe vorwiegend ältere Versuchspersonen (Vpn) herangezogen hatte. Es sind also nicht alle Nebeneinflüsse, die ebenfalls zu einem von der K-Gruppe abweichenden Resultat führen können, im Versuchsplan beachtet und kontrolliert worden. Wie lassen sich derartige Versuchsfehler ausschalten?

Einmal durch die »Methode der Parallelisierung«. Sie soll sicherstellen, daß die Versuchspersonen in allen wesentlichen Kriterien, die ebenfalls unterschiedliche Ergebnisse bewirken können, gleich sind – wie etwa hinsichtlich der Intelligenz, der Ausbildung, des Geschlechts und des Alters. Nur, wenn dies gewährleistet ist, darf angenommen werden, daß das Resultat durch die Wirkung der betreffenden Untersuchungsvariablen zustandegekommen ist. Eine andere Möglichkeit besteht in der »Methode der Zufallseinteilung«. Hier werden die Teilnehmer von Experimenten mit Hilfe von Zahlenlisten oder Losen den jeweiligen Gruppen zugeteilt. Jeder einzelne muß dieselbe Chance erhalten, in die eine oder andere Gruppe zu kommen. Sind die Gruppen hinreichend groß genug, ist es unwahrscheinlich, daß sie sich in ihrer Zusammensetzung noch erheblich voneinander unterscheiden (was ja ihre Vergleichbarkeit einschränken würde). Die »Methode der Ausbalancierung« schließlich hat die Aufgabe, unbeabsichtigte Nebeneffekte, die durch die Anlage der Untersuchung bedingt sind, auszuschalten. Solche Nebenwirkungen können beispielsweise auftreten, wenn für alle Versuchspersonen der Versuchsablauf gleich ist und sich daher mit der Zeit auch bei allen Personen in gleichsinniger Weise Anpassungs-, Übungs- und Ermüdungseffekte einstellen. Um der Verfälschung des Untersuchungsresultats durch derartige Störeinflüsse vorzubeugen, wird für die einzelnen Versuchspersonen (-gruppen) eine in sich veränderte Versuchsdurchführung nach Zufall festgesetzt. –

Im Gegensatz zu der eben dargestellten Dependenzanalyse gibt es nun auch den Fall, daß die Untersuchungsvariablen nicht in einer direkten Abhängigkeitsbeziehung stehen, sondern einer gleichzeitigen Wechselwirkung unterliegen. Hier sprechen wir dann von einer »Interdependenzanalyse«, die mit Hilfe der Korrelationsstatistik und der Faktorenanalyse die natürliche Variabilität der (Persönlichkeits-)Merkmale zu interpretieren sucht.

2.3. Test

Ein *Test* wird immer dann notwendig, wenn die normalen Beobachtungsmöglichkeiten nicht mehr ausreichen, um einen bestimmten Sachverhalt zu beurteilen. Obwohl der Test zunächst nichts weiter als eine Stichprobe ist, deren wir uns auch im alltäglichen Leben oft bedienen, kommt ihm dennoch eine sehr viel größere Bedeutung zu, als wir ihm gewöhnlich zuzugestehen bereit sind. Viele von uns sehen in einem psychologischen Test ein unpersönliches Meßinstrument, das auf Grund seiner zeitlichen Begrenzung den Getesteten zudem daran hindert, seine Fähigkeiten voll zur Geltung zu bringen. Daß der Zeitfaktor in diesem genannten Sinne letztlich keine Rolle spielt und gerade eine (wissenschaftliche!) Testuntersuchung dazu beitragen kann, die Individualität eines Menschen zu erkennen, soll im weiteren veranschaulicht werden.

Wissenschaftliche Tests, die von Diplom-Psychologen in der Praxis angewandt werden, zeichnen sich gegenüber den einfachen Testspielen in Illustrierten vor allem dadurch aus, daß sie nach strengen methodischen Gesichtspunkten konstruiert sind und auf langwierigen, finanziell aufwendigen Voruntersuchungen im Gesamtgebiet oder in einzelnen Ländern der Bundesrepublik beruhen. Diese Untersuchungen haben die Aufgabe, an einer großen, meist repräsentativen Zahl von Menschen beiderlei Geschlechts sowie unterschiedlicher Altersgruppen und Bildungsgrade Erfahrungswerte für zu berechnende *Normen* zu ermitteln, die dann später dem Psychologen bei seinen Testuntersuchungen als »empirische Vergleichsbasis« zur Verfügung stehen. Der Vergleich mit dem Bereich des Sports ist an dieser Stelle nicht ganz unangebracht. Auch hier liegen ja in Form von Tabellen Erfahrungswerte vor, an denen nachher die individuellen Leistungen gemessen werden; niemand käme jedoch deswegen auf die Idee, von einer Vermessung des Menschen zu sprechen und den Schiedsrichtern etwa die Verwendung von Stoppuhren, die der Feststellung präziser Leistungsdaten und der Einhaltung gleicher Leistungsbedingungen dienen, zum Vorwurf zu machen. Messen bedeutet hier einfach, daß die Leistungen des Individuums unter Berücksichtigung seines Alters und Geschlechts mit den bisher bekannten Leistungen anderer Individuen »verglichen« werden, um so eine gerechte Bewertungsgrundlage zu besitzen.

Wenn nun in der Psychologie manche Verfahren einer zeitlichen Begrenzung unterliegen, so hat dies nicht den Zweck, die Getesteten einer unnötigen Belastung zu unterziehen oder ihnen gar willkürlich vorzuschreiben, bis wann sie mit der Bearbeitung der Testaufgaben fertig zu sein haben. Zeitbeschränkungen haben bei psychologischen Tests vielmehr den Sinn, für alle Personen die gleichen Leistungsvoraussetzungen zu schaffen und einer allgemeinen Ermüdung durch die mehrstündige Untersuchung vorzubeugen; zudem sind Tests im allgemeinen so konstruiert, daß nicht alle Aufgaben in der vorgegebenen Zeit bearbeitet werden müssen und können, sondern es lediglich von Interesse ist, wieviele Aufgaben in der zur Verfügung stehenden und für alle Personen einheitlichen Zeit gelöst werden. Würde demgegenüber die Zeitdauer des Tests im Einzelfall verlängert, was oft ein dringliches Bedürfnis der Getesteten ist, müßte sie auch bei allen übrigen Personen generell erhöht werden, um wieder die Einheitlichkeit der Testbedingungen zu erreichen und damit die Vergleichbarkeit der Leistungen zu gewährleisten. Des weiteren würde der Test schneller zur Ermüdung führen und nicht zuletzt seine Differenzierungsfähigkeit im Sinne der Feststellung unterschiedlicher Leistungsgrenzen einbüßen.

Die Beurteilung des Leistungsniveaus, das jemand auf einzelnen Gebieten zu erzielen vermag, ist somit nur in Verbindung mit

Normen möglich, die der Praxis entstammen und die Einordnung der individuellen Leistung in ein kollektives Leistungsbezugssystem erlauben. Sind solche objektiven Bezugssysteme nicht vorhanden, was bei der Einschätzung von Leistungen nach dem persönlichen Eindruck der Fall ist, kann die Beurteilung der Leistungsgüte kaum verläßlich und vergleichbar sein.

Jeder psychologische Test, der den Anspruch der Wissenschaftlichkeit erhebt, muß jedoch darüber hinaus noch weitere Forderungen erfüllen. Er muß einen hohen Grad an *Objektivität* besitzen, d. h. so konstruiert sein, daß nicht verschiedene Psychologen zu voneinander abweichenden Beurteilungen kommen, je nach ihrer Einstellung, Untersuchungen durchzuführen und deren Ergebnisse auszuwerten und zu interpretieren. Erst, wenn sichergestellt ist, daß die Testergebnisse von den jeweiligen Bedingungen der Durchführung, Auswertung und Interpretation unabhängig sind und somit ausschließlich durch die Leistungen des getesteten Individuums zustandekommen, können wir von einem »objektiven Test« sprechen.

Ferner muß ein wissenschaftlicher Test in seiner Funktion als standardisiertes Beobachtungsinstrument eine hohe *Zuverlässigkeit* (Reliabilität) haben. Da wir davon ausgehen können, daß sich die Begabungen und Leistungsdispositionen eines Menschen im wesentlichen nicht verändern, müssen widersprüchliche Testresultate, die bei einer wiederholten Untersuchung gelegentlich auftreten können, durch den Test selbst bedingt sein. Ein zuverlässiger, »stabiler« Test muß so beschaffen sein, daß er gegenüber Zufallseinflüssen weitgehend immun ist und seine Meßfunktion nicht etwa durch Übungseffekte beeinträchtigt wird. Er darf nicht das eine Mal genau, das andere Mal weniger genau messen. Gelingt es bei der Konstruktion eines Tests, dessen Anfälligkeit für Meßfehler niedrig zu halten, wird er bei Wiederholungsuntersuchungen eher zu gleichen Resultaten führen. In dem Maße, in dem dies der Fall ist, sprechen wir von der Zuverlässigkeit oder Stabilität eines Tests.

Aber erst, wenn der Test auch wirklich das zu erfassen vermag, was inhaltlich erfaßt werden soll, ist er gültig und als psychodiagnostisches Instrument brauchbar. Moderne psychologische Testverfahren werden darum stets auf ihre *Gültigkeit* (Validität) hin überprüft, bevor sie in der Praxis Verwendung finden. Damit soll gewährleistet werden, daß beispielsweise die Leistungen in einem Intelligenztest tatsächlich auf intellektuellen Fähigkeiten beruhen und nicht einfach durch Fleiß oder eine besonders gute Konzentrationsfähigkeit zustandekommen.

Normen, Objektivität, Zuverlässigkeit und Gültigkeit – dies sind die Hauptkriterien eines wissenschaftlichen Tests. Darüber hinaus sollte ein Test, der sich in der Regel aus Aufgaben und Problemen zusammensetzt, welche von speziellen Schulkenntnissen unabhängig sind, ökonomisch sein. Unter der *Ökonomie* eines Tests verstehen wir, daß er möglichst wenig Zeit in Anspruch nimmt, leicht durchzuführen und schnell auszuwerten ist, mit wenig Material auskommt und nicht viel kostet. *Effektivität* besitzt ein Test, wenn er die üblichen Beurteilungsverfahren und Auslesemethoden in ihrer (Vor-)Aussagefähigkeit übertrifft. Und schließlich dienen *Bewährungs-* und *Erfolgskontrollen* dazu, die Richtigkeit der mit Hilfe von Tests gemachten Aussagen zu überprüfen. Daneben gehören zu jedem Test eine schriftlich fixierte Anweisung oder *Instruktion, Durchführungsbestimmungen, Protokollierungsformulare, Auswerterichtlinien* und *Interpretationshilfen,* welche oft vom Testautor resp. Autorenkollektiv auf Grund bereits vorliegender Erfahrungen mit diesem Instrument gegeben werden.
Es gibt zahlreiche Gesichtspunkte, Tests zu unterteilen und voneinander abzugrenzen. Im allgemeinen können wir zwischen Intelligenz- und Begabungstests, Kenntnistests, Konzentrationstests und (projektiven) Entfaltungstests unterscheiden.
Ein Test ist nun nicht in der Lage, die gesamte Persönlichkeit eines Menschen zu erfassen. Selbst die Zusammenfassung mehrerer Einzeltests zu einer »Testbatterie« erlaubt, je nach Fragestellung, lediglich eine angenäherte Beschreibung der Persönlichkeit. Nach G. LIENERT (1961) verstehen wir den *Test* als »ein wissenschaftliches Routineverfahren zur Untersuchung einer oder mehrerer empirisch abgrenzbarer Persönlichkeitsmerkmale mit dem Ziel einer möglichst quantitativen Aussage über den relativen Grad der individuellen Merkmalsausprägung« (S. 7). Hiermit wird letzten Endes auch eine bessere Vergleichbarkeit von Leistungen angestrebt. *Noten,* von verschiedenen Lehrern mit uneinheitlichen Bezugssystemen an unterschiedlichen Orten erteilt, sind weniger vergleichbar als die Ergebnisse wissenschaftlicher Testverfahren, die durch ihre Eichung eine repräsentative Bezugsbasis haben.

3. Geschichte der Psychologie

3.1. Altertum

Die Anfänge der Psychologie finden sich bereits in den Seelenmythen des Altertums. Die Griechen leiteten das Seelische aus Urstoffen (Wasser, Feuer, Luft) ab, die ihnen als die Grundlage des Lebens überhaupt galten. HERAKLIT und PARMENIDES hoben bereits die Unzuverlässigkeit der Wahrnehmung hervor, da uns die Sinne von den sich fortwährend wandelnden Phänomenen lediglich einen Ausschnitt vermittelten und zudem die Illusion erweckten, die wahrgenommenen Objekte seien unveränderlich. PARMENIDES setzte von der Wahrheit, die nur auf dem Wege der Vernunft und der Beweisführung zu erreichen sei, die Meinung ab, welche dadurch zustandekomme, daß wir das über die Sinnesorgane Vermittelte voreilig annähmen. Auch PROTAGORAS betonte um 500 v. Chr. die Relativität der Wahrnehmung, da sie durch das Alter, die Stimmung und das Schicksal des Menschen beeinflußt werde. DEMOKRIT führte das Seelische auf kleine, bewegliche Atome zurück (Atomistische Theorie) und suchte bereits bestimmte Funktionen in den Organen des Körpers zu lokalisieren. Zur selben Zeit entwarf HIPPOKRATES (460–377 v. Chr.) die später von GALEN ausgebaute »Lehre von den vier Temperamenten«, indem er die Körpersäfte als die organische Grundlage der unterschiedlichen Temperamente ansah.

Sehr viel differenzierter waren die Vorstellungen über die Seele bei PLATON und ARISTOTELES. PLATON (427–347 v. Chr.) ist für die nachfolgende Psychologie vor allem in zweierlei Hinsicht von Bedeutung. Einmal betonte er den grundsätzlichen Unterschied zwischen der Wahrnehmung und der Wirklichkeit. In seinem berühmt gewordenen »Höhlengleichnis« suchte er dies zu veranschaulichen: Danach gelangt der Mensch, der sich stets dem Problem gegenübersieht, daß das Wahrgenommene nicht der Realität entspricht, über die vier Erkenntnisstufen Vermutung, Vertrauen, Verstehen und Wissen zur Wahrheit (W. HEHLMANN, 1963). Diese sei nur durch das Denken, nicht durch die Wahrnehmung äußerer Tatsachen zu erkennen. Ausgehend von einer strukturellen Verwandtschaft zwischen dem Ganzen und dem Einzelnen entwickelte PLATON zudem ein »Schichtenmodell« der Seele. Er unterschied in Analogie zu den drei bestehenden Gesellschaftsschichten seiner Zeit (Nährstand, Wehrstand, Lehrstand) zwischen drei seelischen Bereichen (Begierde, Mut, Vernunft), denen er wiederum entsprechende Tugenden zuordnete.

ARISTOTELES (384-322 v. Chr.) gilt heute auf Grund seiner einheitlichen und im Vergleich mit PLATON weniger spekulativen Seelenlehre als der eigentliche Vater der Psychologie. In seiner Schrift »Über die Seele« grenzt er erstmalig die Psychologie und Philosophie voneinander ab. Er behandelte das Verhältnis von Seele und Körper, ging auf die Seelenvermögen der Wahrnehmung, des Denkens und der Vorstellung ein und beschrieb den Stufenaufbau der Seele. Ausgehend von der Beziehung zwischen Materie und Form kam er zu einer mehr dynamischen Betrachtungsweise, die die Bewegung und Veränderung in den Vordergrund stellte. Die Seele verstand ARISTOTELES als das beherrschende Organisationsprinzip des Körperlichen. Die seelische Höherentwicklung brachte er mit seiner Abgrenzung einer »vegetativen«, »animalischen« und »rationalen« Seele zum Ausdruck. Für die neuzeitliche Psychologie von großer Bedeutung sind die auf ARISTOTELES zurückgehenden »Assoziationsgesetze«. Sie erklären die Fähigkeit, sich wiedererinnern zu können, damit, daß Ereignisse nach dem Prinzip der Ähnlichkeit, des Kontrastes oder raum-zeitlichen Nähe zuvor assoziiert, d. h. miteinander verbunden worden sind.

Nach ARISTOTELES beeinflußten vor allem THEOPHRAST (372-287 v. Chr.), der uns durch die einseitige und moralisierende Beschreibung seiner »Charaktere« überliefert ist, sowie PLOTIN (204-270 n. Chr.) die Entwicklung psychologischen Denkens; PLOTIN wird von manchen modernen Autoren als der Entdecker des »Unbewußten« angesehen.

Mit den christlichen Denkern TERTULLIAN (150–221 n. Chr.) und AUGUSTINUS (354-430 n. Chr.) kündigte sich eine Wende in der Auffassung von der Seele an. AUGUSTINUS tritt uns in seinen Werken als ein moderner Forscher entgegen. In seinen »Bekenntnissen« schildert er seine persönliche Entwicklung und führt damit die »autobiographische Beobachtungsmethode« ein. Der inneren Erfahrung, in der sich der Mensch seiner selbst und seiner Individualität bewußt zu werden vermöge, schrieb er höchste Gewißheit zu. Er untersuchte bereits einzelne psychische Vorgänge und ging u. a. auf die Unterscheidbarkeit mehrerer Bewußtseinsgrade ein. Wenn auch AUGUSTINUS' Vorstellungen noch in der philosophischen Tradition verhaftet blieben, so stellten sie doch eine wichtige Voraussetzung für die spätere Abgrenzung der Psychologie als eigenständige Wissenschaft dar.

Mit dem beginnenden Mittelalter sind somit schon zahlreiche psychologisch bedeutsame Begriffe wie »Typus«, »Schichten«, »Seelenvermögen«, »Ganzheit«, »Unbewußtes«, »Individualität«, »Erleben« und »autobiographische Methode« inhaltlich vorgeprägt.

3.2. *Mittelalter*

Das Mittelalter ist gekennzeichnet durch die Übernahme aristotelischen Gedankenguts und dessen Verbindung mit christlichen Ideen. Die psychologische Betrachtungsweise wurde, was die Darstellung des Denkens und des Erkennens betrifft, differenzierter. Instinkte, Triebe und Gefühle wurden demgegenüber weniger beachtet und oft noch als »Triebkräfte des Bösen« (HEHLMANN, 1963, S. 43) abgetan. So ist diese Zeit noch weitgehend bestimmt durch die Verdrängung des Körperlichen.

Bedeutende Denker wie A. MAGNUS, Th. von AQUIN und Meister ECKHART betonten nun schon mehr die Einheitlichkeit des Seelischen, und sie legten ein größeres Gewicht auf die »Erfahrung«. Th. von AQUIN (1225–1274) befaßte sich mit dem grundlegenden Problem der Beschaffenheit der Seele und ihrer Verbindung mit dem Körper. Meister ECKHART unterschied zwischen einer äußeren Welt der Naturerkenntnis und einer inneren, vom »Gemüt« getragenen religiösen Erfahrungswelt.

Allgemein traten Begriffe wie »Wille«, »Gewissen« und »Freiheit« mehr in den Vordergrund – blieben jedoch noch bezogen auf die unauflösliche Bindung des Menschen an Gott.

3.3. *Neuzeit*

Erst mit dem Zeitalter der Renaissance, das sich im 15./16. Jahrhundert an das Mittelalter anschließt, trat der Mensch als Individuum auf. Gefühle, Triebe und Affekte wurden nicht mehr als störend empfunden und bei der Beschreibung des Menschen ausgelassen, sondern in zunehmendem Maße daraufhin untersucht, welchen Einfluß sie auf den Menschen haben.

Ph. MELANCHTHON (1497–1560), der wieder auf ARISTOTELES zurückgriff und erstmalig den Begriff »Psychologie« verwendete, sah die psychischen Vorgänge jetzt eher unter einem wissenschaftlichen Aspekt. Der Arzt und Schriftsteller J. HUARTE (1520–1589) beschäftigte sich mit der »Begabung« des Menschen, und er zeigte darin nicht nur eine neue, lebensoffene Einstellung zum Menschen, sondern auch die ersten Ansätze einer differentiell-psychologischen Betrachtungsweise in der Neuzeit. Wie HEHLMANN berichtet, ging HUARTE von der Annahme aus, daß die meisten Menschen eine für sie ungeeignete Arbeit verrichten, da sie nicht die erforderliche Begabung mitbringen. Daher machte HUARTE bereits zu seiner Zeit den Vorschlag, die jeweils vorhandene Begabungsrichtung eines Menschen durch Prüfer feststellen zu lassen, um die Tätigkeit besser darauf abstimmen zu können.

Mit F. BACON (1561–1626), der u. a. auf die Notwendigkeit hinwies, überlieferte Vorurteile zu beseitigen, erfolgte die deutliche Abkehr von der aristotelischen Lehre. Auch der Philosoph DESCARTES (1596–1650) löste sich mit seiner »Wechselwirkungstheorie« von ARISTOTELES, der ja die Seele als eine stoffliche und geistige Ganzheit beschrieben hatte (Einheitstheorie der Seele). DESCARTES griff die Frage nach dem Verhältnis von Seele und Körper erneut auf. Indem er die Seele als denkende Substanz, den Körper hingegen als räumlich ausgedehnte Substanz verstand, grenzte er beide als selbständige Wesenheiten voneinander ab. Andere Auffassungen sollten kurz nach ihm LEIBNIZ und SPINOZA vertreten (vgl. Kap. Leib und Seele).

Die Forderung nach einer empirischen Vorgehensweise in der Psychologie trat immer stärker in den Vordergrund. Die englischen Philosophen sahen darum in der Seele des neugeborenen Kindes zunächst eine unbeschriebene Tafel (tabula rasa), auf der mit der Zeit die Erfahrungen ihre prägenden Eindrücke hinterlassen. Für J. LOCKE (1632–1704), der mit dieser Auffassung wegweisend war, kamen die Erfahrungen sowohl durch »Empfindungen«, d. h. die Wahrnehmung äußerer Gegenstände, als auch durch »Reflexionen«, die sich auf die Wahrnehmung innerseelischer Gegebenheiten beziehen, zustande. G. BERKELEY (1684–1753) befaßte sich ebenso wie LOCKE schon mit dem Problem der »Ideen«, die für ihn Erlebnisinhalte oder Eigenschaften von Objekten waren, die selbst nicht erfahrbar sind, sondern erst in ihrem Wahrgenommenwerden für den Menschen Existenz erhalten. Mit D. HUME und D. HARTLEY, die den idealistischen Standpunkt BERKELEYS nicht vertraten, erreichte der englische Empirismus seinen Höhepunkt. D. HUME reduzierte das Seelische auf »Eindrücke« (impressions), die sich nach den Prinzipien der Assoziation zu komplexen Vorstellungen verbinden. Im Jahre 1748 veröffentlichte HUME seine berühmte »Untersuchung über den menschlichen Verstand«.

In Deutschland bereiteten Chr. WOLFF (1679–1754), J. N. TETENS (1736–1807) und D. TIEDEMANN (1748–1803) dadurch, daß sie die Psychologie zu systematisieren suchten und sie immer mehr der Forderung nach einer empirisch-experimentellen Methodik unterwarfen, die Abgrenzung dieser Wissenschaft vor. Sie wurde vollzogen durch J. F. HERBART (1776–1841), der 1824/25 sein Hauptwerk »Die Psychologie als

Wissenschaft, neugegründet auf Erfahrung, Metaphysik und Mathematik« herausgab. Die Verbindung philosophischer und naturwissenschaftlicher Gedanken führte schließlich in der zweiten Hälfte des 19. Jahrhunderts zur Entstehung der *Experimentalpsychologie.* Entscheidende Anstöße hierzu kamen von J. MÜLLER, H. LOTZE, H. v. HELMHOLTZ sowie vor allem von G. Th. FECHNER und E. H. WEBER, der als der Begründer der *Psychophysik* angesehen wird. Diese untersucht nach FECHNER mit Hilfe der hierfür entwickelten psycho-physischen Methoden (Grenz-, Herstellungs- und Konstanzverfahren) die Abhängigkeitsbeziehungen zwischen Reizen und den ihnen zugehörigen Empfindungen.

Mit der Veröffentlichung der »Grundzüge der Physiologischen Psychologie« (1874) sowie der Einrichtung des »Instituts für Experimentelle Psychologie« im Jahre 1879 durch WILHELM WUNDT (1832–1920) erfuhr die Psychologie ihre neuzeitliche Begründung als eigenständige, kontrollierte Wissenschaft. WUNDT und seine Schüler, deren Kreis sich sehr schnell weltweit ausdehnte, befaßten sich in erster Linie mit der Untersuchung von Wahrnehmungsvorgängen, Reaktionszeiten, Affektzuständen und Auffassungsvorgängen. H. EBBINGHAUS (1850–1909) erforschte erstmalig Lern- und Gedächtnisvorgänge auf systematische Weise, indem er sich in »Selbstversuchen« sinnlose Silben einprägte und dann mit speziellen Techniken (z. B. »Ersparnismethode«, »Wiedererkennungsmethode« usw.) festzustellen suchte, inwieweit das Gelernte behalten oder aber vergessen worden war. Von daher kam er zur Aufstellung einer später nach ihm benannten »Vergessenskurve«, wonach das Vergessen anfänglich sehr schnell, dann jedoch immer langsamer erfolgt. Nach EBBINGHAUS befaßten sich noch G. E. MÜLLER (1850–1934), H. JOST und E. MEUMANN weiter mit diesem Themenbereich.

O. KÜLPE (1862–1915) richtete im Jahre 1896 in Würzburg das zweite »psychologische Laboratorium« ein und begründete damit die »Würzburger Schule«, in der er mit seinen Schülern K. BÜHLER, N. ACH, O. SELZ u. a. besonders Denkvorgänge untersuchte.

Parallel zur Experimentalpsychologie war im 19. Jahrhundert noch eine andere Forschungsdisziplin im Entstehen begriffen: die *Völker-* und spätere *Kulturpsychologie.* Philosophen wie M. LAZARUS (1824–1903) und H. STEINTHAL (1823–1899) suchten das jeweils Typische und Einmalige eines Volkes herauszufinden, indem sie dessen Sprache, Religion und sonstige

Kulturerzeugnisse einer vergleichenden Analyse unterzogen. W. WUNDT und W. HELLPACH (1877–1955) veröffentlichten hierzu zusammenfassende Werke, die jedoch auf Grund der sehr viel umfassenderen Untersuchungen der Kulturanthropologen F. BOAS, R. BENEDICT, M. MEAD und A. KARDINER inzwischen an aktueller Bedeutung verloren haben.

Weitere Impulse erhielt die Psychologie durch die Engländer F. GALTON und W. M. DOUGALL (1871–1938), die sich an biologischen Konzepten orientierten und im Anschluß an J. S. MILL, Ch. DARWIN, H. SPENCER und A. BAIN den »Evolutionsgedanken« fortführten. Damit trat auch die Erforschung tierischen Verhaltens (Vergleichende Psychologie) in das Blickfeld der psychologischen Wissenschaft. Erste Versuche wurden u. a. von G. J. ROMANES (1848–1924) und C. L. MORGAN (1852–1936) durchgeführt.

Auf dem amerikanischen Kontinent stand die Psychologie des ausgehenden 19. Jahrhunderts noch ganz im Zeichen der von WUNDT begründeten Experimentellen Psychologie. Amerikanische Psychologen dieser Zeit, beispielsweise W. JAMES (1842–1910), G. S. HALL (1844–1924) und E. W. SCRIPTURE (1864–1943), studierten meist in Leipzig. Nach ihrer Rückkehr in die Vereinigten Staaten richteten sie selbst psychologische Institute ein. Männer wie J. M. BALDWIN (1861–1934) und J. M. CATTELL (1860–1944) gaben eine ganze Reihe psychologischer Fachzeitschriften heraus, und es wurden bereits die ersten wissenschaftlichen Vereinigungen – wie etwa die »American Psycholigical Association« (APA) im Jahre 1892 (M. WERTHEIMER, 1971) – gegründet.

3.4. *Moderne*

Nachdem die Experimentalpsychologie des vergangenen Jahrhunderts dadurch, daß sie seelische Erscheinungen nun auch im Labor systematisch untersuchte, gleichsam ein Tabu durchbrochen hatte, war der Weg für die Weiterentwicklung der Psychologie als eigenständige Wissenschaft offen. Die Psychologie hatte sich von den Fesseln der philosophischen Tradition befreit. Durch den Einfluß WUNDTS und seiner Schüler hatte sie eine gewisse Einheitlichkeit erreicht, spaltete sich jedoch schon sehr bald wieder in unterschiedliche Richtungen auf. Das 20. Jahrhundert wird darum zunächst als das Zeitalter der Psychologischen Schulen bezeichnet. Ansätze der Experimentellen Psychologie wurden hier teilweise weiterverfolgt, zum anderen aber auch auf Grund ihrer elementaristischen Ausrichtung heftig kritisiert und abgelehnt. Es lassen sich zwischen 1910 und 1940 im wesentlichen fünf Schulrichtungen voneinander abgrenzen: der Strukturalismus, der Funktionalismus, der Behaviorismus, die Gestaltpsychologie und die Psychoanalyse.

Der *Strukturalismus*, vertreten durch WUNDT und E. B. TITCHENER (1867–1927), untersuchte auf introspektivem Wege Bewußtseinsinhalte, die als geistige »Elemente« verstanden wurden und letztlich zur Erkenntnis allgemeingültiger Gesetzmäßigkeiten verhelfen sollten.

W. DILTHEY (1833–1911), der Begründer der »Verstehenden Psychologie«, hatte jedoch bereits dagegen Einwände erhoben, den Gegenstand der Psychologie experimentell zu vereinfachen und den historischen Rahmen, in dem sich der Mensch durch seine Leistungen und Werke als Individuum darstelle, zu mißachten. Von zentraler Bedeutung sei, wie sich die Welt im Erleben des Menschen widerspiegele und wie sie sich in individuellen Leistungen objektiviere. Nur von daher sei es möglich, die Psyche des Menschen zu verstehen. Nicht die subjektive Selbstbeobachtung, sondern die (biographische) Ausdrucks- und Werkanalyse ist darum nach DILTHEY (1894) die geeignete Methode der Psychologie.

Auch der *Funktionalismus*, die zweite wichtige Schulrichtung der Psychologie in jener Zeit, stellte sich gegen das elementaristische Konzept. Hauptansatzpunkt war die Frage nach der Funktion seelischer Prozesse sowie deren Bedeutung für die Anpassung an die Umwelt. Zu dieser Schule zählen u.a. J. DEWEY (1859–1952), G. H. MEAD (1863—1931), J. R. ANGELL (1869–1949), R. S. WOODWORTH (1869–1962) und E. L. THORNDIKE (1874–1949).

Auf der Grundlage tierpsychologischer Experimente, die besonders in England, Amerika und in Rußland durchgeführt worden waren, entwickelte sich eine weitere psychologische Schule: der *Behaviorismus*. Er befaßte sich allein mit dem Studium des Verhaltens und lehnte die Beschreibung des Erlebens als subjektiv und letztlich nicht beweisbar ab. Zu wirklich objektiven Erkenntnissen könne man nur gelangen, wenn man das tierische und menschliche Verhalten nach dem »Reiz-Reaktions-Schema« (S-R-SCHEMA) beobachte und es aus angeborenen und/oder erworbenen (bedingten) »Reflexen« abzuleiten suche. J. B. WATSON (1878–1958), der als der eigentliche Begründer dieser Schulrichtung gilt, drückte dies einmal in einem schon oft kritisierten Satz so aus:

»Gebt mir ein Dutzend gesunde Säuglinge mit geraden Gliedern

und meine eigene, nach besonderen Regeln geschaffene Welt, um sie darin aufzuziehen, und ich garantiere euch, daß ich irgendeines aufs Geratewohl herausgreife und aus ihm jede Art Spezialist machte, die ich wähle – Arzt, Richter, Künstler, Kaufmann, ja – und Bettler und Dieb, ohne Rücksicht auf seine Talente, Neigungen, Fähigkeiten, Berufungen und die Rasse seiner Vorfahren« (aus: M. WERTHEIMER, 1971, S. 158).
Neben WATSON, der verhaltenspsychologische Kenntnisse auch im Bereich der Werbung praktisch anzuwenden wußte und sich als Werbefachmann einen Namen machte, gehören W. S. HUNTER (1889–1954), K. S. LASHLEY (1890–1958), die Lerntheoretiker C. L. HULL (1884–1952) und E. C. TOLMAN (1886–1959), E. R. GUTHRIE (1886–1959) und B. F. SKINNER (geb. 1904) noch zum Behaviorismus.
Die *Gestaltpsychologie,* die sich unter der Bezeichnung »Berliner Schule« von der ebenfalls ganzheitlich orientierten »Leipziger Schule« F. KRUEGERS abgrenzt, wurde von den Psychologen M. WERTHEIMER (1880–1943), K. KOFFKA (1886–1941) und W. KÖHLER (1887–1967) in Deutschland begründet. Im Gegensatz zu den übrigen psychologischen Richtungen wird in ihr die Gestalthaftigkeit seelischen Geschehens sowie die Gestaltidentität des Psychischen mit dem Physischen betont. Das »Ganze« setze sich nicht einfach summativ aus einzelnen Elementen zusammen, sondern resultiere als etwas gänzlich Neues aus der dynamischen Zuordnung der Teile. Diese wiederum würden ihre Bedeutung aus der Beziehung zum strukturierten Ganzen erhalten. – Eine neue Richtung innerhalb der Gestaltpsychologie schlug K. LEWIN (1890–1947) ein. Er stellte nicht mehr die Untersuchung von Wahrnehmungs- und Denkfunktionen in den Vordergrund, sondern bezog sich in seiner »Feldtheorie« auf die gesamte Persönlichkeit des Menschen, der mit seiner Umwelt eine dynamische Einheit bilde und in seinem Verhalten durch personale und situative (Feld-)Kräfte bestimmt werde. – Fortgeführt wird die Gestaltpsychologie heute in Deutschland u. a. von W. METZGER (geb. 1899) in Münster und E. RAUSCH (geb. 1906) in Frankfurt am Main.
Die letzte der großen psychologischen Schulen, die *Psychoanalyse,* nimmt unter den bisher genannten eine gewisse Sonderstellung ein. Ihr Begründer S. FREUD (1856–1939) vertrat mit besonderem Nachdruck die These, daß vornehmlich das Unbewußte seelisches Geschehen verursache und beeinflusse. Es sei daher nicht möglich, auf direktem Wege Zugang zu den Determinanten menschlichen Erlebens und Verhaltens zu finden. Erst

die »Methode der freien Assoziation« und die »Analyse der Träume« und der alltäglichen »Fehlleistungen« gestatteten es, die Mechanismen seelischer Prozesse kennenzulernen. Das psychoanalytische Konzept FREUDS ist in der nachfolgenden Zeit modifiziert und vor allem in gesellschaftlicher Hinsicht erweitert worden.

Inzwischen hat die Aufteilung der Psychologie in gegeneinander abgegrenzte Schulen an unmittelbarer Bedeutung verloren. Die neuere Entwicklung tendiert mehr zur interdisziplinären Zusammenarbeit, wenn auch unterschiedliche Positionen nach wie vor bestehen bleiben; sie werden dann allerdings eher unter methodischem Blickwinkel und weniger grundsätzlich voneinander abgehoben.

III. Allgemeine Psychologie

1. Einführung

Mit dem Begriff *Allgemeine Psychologie* kann zweierlei gemeint sein. Einmal wird mit ihm im anglo-amerikanischen Sprachraum die umfassende Darstellung der wichtigsten psychologischen Erkenntnisse, etwa in einem Einführungswerk, bezeichnet (general psychology). Zum anderen, und das ist die im deutschsprachigen Bereich übliche Bedeutung, wird darunter innerhalb der psychologischen Wissenschaft eine Teildisziplin verstanden, die sich um die Auffindung allgemeingültiger und grundlegender Gesetzmäßigkeiten im normalen seelischen Erleben bemüht (nomothetische Methode). Die Allgemeine Psychologie geht davon aus, daß alle Menschen trotz unterschiedlicher Erb- und Umweltbedingungen gemeinsame und unveränderliche Erlebnisformen aufweisen – so etwa in der Wahrnehmung, im Lernen, Denken und im Fühlen. Weiter geht sie davon aus, daß die allgemeinen psychischen Funktionen und Leistungen bis zu einem gewissen Grade isolierbar und rein erkennbar sind, ein Standpunkt, der vor allem von der »Elementenpsychologie« vertreten wurde, und der auch heute noch Voraussetzung jeglichen experimentellen Vorgehens in der Psychologie ist.

In der Allgemeinen Psychologie geht es darum, seelische Prozesse mit einer Einstellung der Offenheit zu beobachten und interpretationsfrei darzustellen (Beschreibung), Begriffe inhaltlich oder operational zu bestimmen (Definition), Daten zum Zweck größerer Klarheit und Einfachheit unter bestimmten Aspekten zusammenzufassen und durch Gruppierung voneinander zu unterscheiden (Klassifikation), Beobachtungen, Axiome und Erkenntnisse in ein »Gebäude zusammengehöriger Lehrsätze« (U. DIEDERICHSEN, 1970, S. 12) einzuordnen (Systematisierung), die Abhängigkeit psychischer Funktionen und Leistungen von biologischen und sozialen Bedingungskomplexen zu untersuchen (Bedingungsanalyse) und die Auswirkungen und Folgen bestimmter psychischer Faktoren sowie die Feststellung ihrer Bedeutung, die sie im einzelnen oder auch allgemein für das menschliche Leben haben, zu erkennen (Bedeutungsanalyse). Ziel der Allgemeinen Psychologie ist es, Theorien über psychische Ordnungssysteme zu entwickeln und diese in Verhaltensmodellen darzustellen.

2. Neuropsychologische Grundlagen

2.1. Begriff und Methode

Die *Neuropsychologie*, eine moderne Teildisziplin innerhalb der (älteren) »Physiologischen Psychologie«, untersucht die Zusammenhänge und Abhängigkeiten zwischen nervösen, im weitesten Sinne biologischen Prozessen und dem Erleben und Verhalten. Nach G. GUTTMANN (1972) stellt sich das Verhältnis der hieran beteiligten (Grenz-)Wissenschaften so dar:

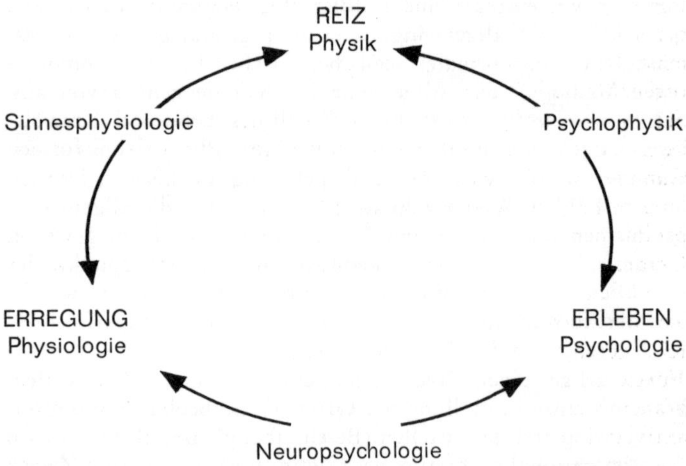

Abb. 2: Standort der »Neuropsychologie« (nach: G. GUTTMANN, 1972, S. 7).

GUTTMANN nennt drei methodische Ansätze, mit deren Hilfe die Neuropsychologie ihre Daten erhält. Bei der »Methode der Ausschaltung« werden oder sind die biologischen Grundlagen des

Seelischen unwirksam. Dabei kann es sich um angeborene Mißbildungen des Nervensystems, erworbene Schädigungen, operative Eingriffe im Gehirn (Lobotomie) oder auch vorübergehende Blockierungen bestimmter Funktionen handeln. Die »Methode der Anregung« hingegen bemüht sich gerade durch die Aktivierung von Hirnprozessen um die Auffindung der den einzelnen psychischen Funktionen zugrundeliegenden zentralnervösen Mechanismen. Auf diese Weise ist auch versucht worden, »Hirnkarten« zu entwerfen, in denen die Lokalisierung bestimmter psychischer Funktionen abgelesen werden kann. Die »Methode der Aktivitätskorrelate« schließlich ist bestrebt, die biochemischen und elektrochemischen Korrelate psychischer Vorgänge mit Hilfe technischer Apparaturen direkt zu beobachten.

Grundlegend hierfür ist die in den dreißiger Jahren erstmalig von dem deutschen Psychiater H. BERGER (1929, 1933) praktizierte Ableitung hirnelektrischer Spannungsschwankungen von der Kopfhaut. Dabei konnte er beobachten, daß sich je nach dem augenblicklichen Wachheitszustand der betreffenden Person unterschiedliche Erregungspotentiale im graphisch aufgezeichneten Hirnstrombild (Elektroencephalogramm = EEG) einstellten. Während im Zustand allgemeiner Entspannung die regelmäßigen Alpha-Wellen auftraten, ließen sich bei leichten Sinnesreizen vorübergehend die kleineren und unregelmäßigeren Beta-Wellen registrieren. Außerdem können wir noch die Gamma- und die Theta-Wellen unterscheiden sowie die sehr langsamen und unregelmäßigen Delta-Wellen, die im Schlaf zu beobachten sind.

Derartige Hirnstrombilder ermöglichen es, den Funktionszustand des Gehirns zu überprüfen und etwa Tumore und Krankheitsherde festzustellen. Darüber hinaus ist es in Einzelfällen bereits gelungen, spezifische Erregungskomponenten psychischer Vorgänge im EEG »sichtbar« werden zu lassen; so bei einfachen Wahrnehmungen und bei Bereitschaftseinstellungen vor Spontanaktivitäten. Ansonsten ist es jedoch bisher lediglich möglich, das allgemeine Aktivierungsniveau im Elektroencephalogramm zu erkennen. Von einer direkten Zuordnung des psychischen Geschehens zu spezifischen Erregungsmustern kann daher noch keine Rede sein. Dennoch ist dies »ein erster Zugang zu einem objektiv faßbaren Korrelat des Fremdpsychischen« (GUTTMANN, 1972, S. 709).

Demgegenüber bemühen sich auf der anderen Seite die rein psychologischen Methoden, mit Hilfe von Wahrnehmungsexperimenten und durch die Analyse psychischer Ausfallserscheinungen Aufschluß über die Gehirnfunktionen zu erhalten.

2.2. *Das Nervensystem*

Das Gleichgewicht psychischer Vorgänge beruht zunächst auf der Funktions- und Koordinationsfähigkeit des *Nervensystems*, das sich beim Menschen aus etwa 14 Milliarden Nervenzellen aufbaut. Die funktionellen Einheiten dieses Systems sind die »Neurone«, die im einzelnen aus einer Nerven- oder Ganglienzelle und mehreren Faserfortsätzen bestehen. Während die zahlreichen kurzen Plasmafortsätze, die »Dendriten«, die Erregungen anderer Nervenzellen aufnehmen und der eigenen Zelle zuführen, leitet der lange Nerven- oder Achsenzylinderfortsatz, der »Neurit«, die Erregung weiter. Im Unterschied zu den Dendriten ist der Neurit von einer dicken Hülle (Markscheide) umgeben, welche in kleinen Abständen Einschnürungen aufweist, die »RANVIER'schen Schnürringe«. Sie ermöglichen nach der »saltatorischen Leitungstheorie« eine höhere Erregungsfortleitung in den markhaltigen Nervenfasern. Über sogenannte »Endbäumchen« gelangen die Erregungen des Neuriten an die Dendriten der anderen Zellen oder über »neuromuskuläre Endplatten« direkt an die Erfolgsorgane. Die Stellen, an denen die Erregungen von einem Neuron auf das andere überspringen, werden »Synapsen« genannt.

Es ist für die Nervenzellen charakteristisch, daß sie einen einlaufenden Reiz wiederum mit einem erneuten Reiz beantworten. Dadurch wird es möglich, daß Erregungen entstehen und auf elektrochemischem Weg als Informationen an das Gehirn oder die Erfolgsorgane weitergegeben werden können. Dabei hängt es von der Dicke und der Beschaffenheit der betreffenden Nervenfaser ab, mit welcher Geschwindigkeit sich die Erregungen fortpflanzen. Die Neurone als Funktionseinheiten des Nervensystems vermögen somit Informationen aufzunehmen (input), zu verarbeiten und weiterzugeben (output). Über sensible (afferente) Nervenbahnen gelangen die Erregungen in die zentrale Umschaltstelle des Gehirns, um dann über die motorischen (efferenten) Bahnen eine körperliche Reaktion auszulösen. Alle Organe, welche äußere und innere Reize aufzunehmen, umzuwandeln und als Erregung fortzuleiten in der Lage sind, rechnen zum Nervensystem. Dieses läßt sich in drei Teilsysteme, die jedoch in Wirklichkeit eine Funktionsganzheit darstellen, unterteilen: das zentrale, periphere und vegetative Nervensystem.

Das Zentralnervensystem besteht aus dem Gehirn, dem verlängerten Rückenmark (Medulla oblongata) und dem Rückenmark selbst. Die Hauptbedeutung dieses Systems liegt in der Regelung lebenserhaltender Elementarprozesse, in der Abbildung und Bewußtmachung der Außenwelt auf der Ebene der psychischen Repräsentanz sowie in der Steuerung und Koordination willkürlicher Impulse. Als Peripheres Nervensystem bezeichnet man im wesentlichen die außerhalb des Zentralnervensystems liegenden zu- und ableitenden Nervenbahnen mit den zugehörigen Sinneszellen (Rezeptoren) und Umschaltstellen (Ganglien). Das Vegetative Nervensystem ist phylogenetisch, d. h. stammesgeschichtlich, älter als das zentrale Nervensystem. Es dient der Aufrechterhaltung eines konstanten Gleichgewichts in den inneren Körperfunktionen, die unabhängig vom Willen und Bewußtsein ablaufen und über den allgemeinen Stoffwechsel, die Atmung, die Verdauung, das Drüsen- und Blutgefäßsystem das biologische Leben sicherstellen. Die entsprechenden Organe werden durch das vegetative Nervensystem weitgehend antagonistisch gesteuert – im einen Fall durch das »sympathische System« in ihrer Funktion angeregt und aktiviert, im anderen Fall durch das »parasympathische System« gedämpft und auf Entspannung eingestellt.

2.3. Aufbau und Funktion des Gehirns

Das menschliche *Gehirn* ist zwar nicht »Sitz der Seele«, aber die wichtigste substantielle Grundlage des Psychischen. Es läßt sich unterteilen in das Großhirn, Zwischenhirn, Mittelhirn, Hinterhirn (Kleinhirn und Brücke) und Nachhirn (Medulla oblongata). Die spezifisch menschlichen Erlebens- und Verhaltensformen ergeben sich aus der komplexen Struktur und den erweiterten Funktionsmöglichkeiten vor allem des Großhirns und seiner oberen Rindenzellschicht, dem Cortex. In ihm entspringen und enden die motorischen und sensiblen Nervenbahnen. Die Hirnoberfläche wird untergliedert in die sogenannten Lappen und dann wiederum in die Windungen und Furchen. So ist die Körperfühlsphäre (z. B. Temperatur- und Schmerzempfinden) in der hinteren Zentralwindung, das Sprachverständnis, wenn auch in unterschiedlichem Maße, in den Schläfenlappen lokalisiert.

Nach neuesten Erkenntnissen besteht das Großhirn aus zwei weitgehend selbständigen Hälften (Hemisphären), die »eigene Wahrnehmungen und spezielle Fähigkeiten und sogar ein eigenes Bewußtsein« (R. W. SPERRY und B. PREILOWSKI, 1972, S. 921 ff.) aufweisen. Diese beiden Hälften sind durch eine Nervenfaserplatte, den Balken, miteinander verbunden.

Das Zwischenhirn, in dessen Bereich auch die von DESCARTES einmal als »Ort der Seele« apostrophierte Zirbeldrüse liegt, wird zusammen mit den Zellanhäufungen des Thalamus und des Hypothalamus sowie der Hirnanhangdrüse (Hypophyse) vom Balken und vom Großhirn überlagert. Während die beiden Thalamuskerne als Sammel- und Schaltsysteme sensibler Nervenleitungen fungieren, indem hier die äußeren und inneren Sinnesempfindungen registriert und mit einem Gefühlston versehen werden, erfolgt im Hypothalamus die Regulierung so lebenswichtiger Funktionen wie zum Beispiel der Körpertemperatur, des Blutdrucks und des Schlaf-Wach-Rhythmus. Wie W. R. HESS in seinen Versuchen mit Katzen zeigen konnte, ist es möglich, durch elektrische Reizung bestimmter Stellen im Hypothalamusbereich bei Tieren willkürlich Wut- und Aggressionverhalten hervorzurufen oder den Freßtrieb und das Schlafverhalten zu beeinflussen. Die Hypophyse schließlich steuert als Hauptdrüse des innersekretorischen Systems die Funktionen sämtlicher (Hormon-)Drüsen.
Das Mittelhirn, das teilweise zu dem noch zu besprechenden Hirnstamm gehört und als Passage für afferente und efferente Nervenleitungen dient, ist aus psychologischer Sicht weniger bedeutsam. Demgegenüber hat das rückwärtig und unterhalb des Großhirns gelegene Kleinhirn die wichtige Aufgabe, die willkürliche und automatische Motorik zu koordinieren. Hierbei geht es vor allem um die Abstimmung der feinen Bewegungsabläufe und um die Aufrechterhaltung des körperlichen Gleichgewichts. Die Medulla oblongata, auch als verlängertes Mark oder Nachhirn bezeichnet, stellt schließlich den Übergang zwischen Gehirn und Rückenmark dar; sie enthält ebenfalls lebenswichtige Nervenbahnen und Umschaltstationen.
Für die Psychologie von nicht geringem Interesse ist die Beziehung zwischen dem Großhirn und dem entwicklungsgeschichtlich älteren Hirnstamm (Urhirn), aus dem ursprünglich die Hirnrinde hervorgegangen ist. Als Hirnstamm wird in der Anatomie das Gebiet der Medulla oblongata, der Brücke und des Mittelhirns, zuweilen auch noch der Zellanhäufungen des Zwischenhirns umschrieben. Der Hirnstamm zieht sich somit über mehrere Hirnregionen hinweg. Seine besondere Bedeutung erhält er dadurch, daß hier die Hirnnervenkerne liegen und die zwölf Hirnnerven ihren Ausgangspunkt haben, daß hier wichtige Reflexzentren liegen (z. B. der Saugreflex des Neugeborenen) und auch psychische Einflüsse wie etwa Geschmacks- und Geruchsvorstellungen diese Reflexzentren zu aktivieren vermö-

gen (H. REIN und M. SCHNEIDER, 1966). Darüber hinaus ist es das Gebiet der »Formatio reticularis«, das als Netzwerk zahlreicher und auf vielfältige Weise miteinander verbundener Neurone die organische Grundlage von Wachheit und bewußter Wahrnehmung darstellt. Es hat die Aufgabe, dem Organismus über die Aktivierung des Cortex ein unspezifisches Erregungsniveau bereitzustellen und auf diese Weise bewußtes Erleben und Verhalten zu ermöglichen. Bei Ausfall des »aufsteigenden retikulären Aktivationssystems« (ARAS) kommt es zur völligen Bewußtlosigkeit und zur Aufhebung aller Sinnesempfindungen. Der Hirnstamm besitzt daher eine entscheidende Funktion für die Aufrechterhaltung des organischen Lebens und für das vitale Triebgeschehen. Es ist für ein Lebewesen sehr wohl möglich, ohne das phylogenetisch jüngere Großhirn zu existieren, nicht aber ohne das Stammhirn.

Nach A. LURIA (1971) können wir die Vorgänge im Gehirn analog dem kybernetischen Modell als ein Regelsystem begreifen, in dem sich drei Funktionseinheiten unterscheiden lassen. Die erste Funktionseinheit wird gebildet durch die oberen Bereiche des Stammhirns und des retikulären Systems. Hier werden die von den Sinnesorganen und dem Großhirn kommenden Informationen ausgefiltert und kontrolliert. In der zweiten Funktionseinheit, den Scheitel-, Schläfen- und Hinterhauptregionen der Großhirnhemisphären, werden die einzelnen über die Sinne einlaufenden Informationen verarbeitet und gespeichert. Die Stirnabschnitte des Großhirns bilden schließlich nach LURIA die dritte funktionelle Einheit, in der Bewegungs- und Handlungsvollzüge programmiert werden und ein Vergleich von Absicht und ausgeführter Handlung im Sinne einer kritischen Einschätzung stattfindet. Wenn auch jeder Funktionsbereich bei einer Schädigung für ihn spezifische Ausfälle im seelischen Bereich zur Folge hat, so wird doch letztlich jedes psychische Geschehen von dem Zusammenwirken und dem ungestörten Ablauf aller Funktionen bestimmt. Dabei zeigt es sich, daß bestimmte lokale Störungen im Gehirn im einen Falle mehr, im anderen weniger durch benachbarte oder andere Regionen ausgeglichen und kompensiert werden können.

2.4. Leib und Seele

Die Frage nach dem Verhältnis zwischen Körperlichem und Seelischem ist schon sehr alt, und sie ist keineswegs auf die psychologische Wissenschaftsrichtung beschränkt gewesen. Philosophie und Theologie haben sich, lange bevor die Psychologie zur eigenständigen Wissenschaft wurde, damit beschäftigt und entsprechende Probleme in einer Reihe von Hypothesen begrifflich zu fassen versucht. Obwohl es der modernen Psychologie zusammen mit ihren Nachbardisziplinen inzwischen gelungen ist, zahlreiche Wechselwirkungen zwischen *Leib und Seele** nachzuweisen, ist man dennoch über das Stadium der Theorienbildung nicht hinausgekommen. Im wesentlichen handelt es sich dabei um Standpunkte, welche entweder eine Wesensverschiedenheit oder aber eine Identität von Leib und Seele annehmen. Während die älteren Theorien meist geisteswissenschaftlich orientiert waren, gibt es in unserer Zeit auch Ansätze, sich diesem Problemgebiet auf naturwissenschaftlichem, also vorwiegend experimentellem und empirischem Wege zu nähern.

Im einzelnen lassen sich folgende Auffassungen unterscheiden. Die »Wechselwirkungstheorie«, zurückzuführen auf den Philosophen DESCARTES (1595–1650), geht von einem Kausalverhältnis zwischen Leib und Seele aus, indem beide aufeinander einwirken und sich verursachen. Hiergegen wird jedoch der Einwand geltend gemacht, daß sich zwei grundsätzlich verschiedene »Substanzen« oder »Wesensbedingungen« wohl kaum gegenseitig beeinflussen können, ohne eine vermittelnde Zwischeninstanz miteinzubeziehen. Zudem stellt sich nach dem »Prinzip von der Erhaltung der Energie« die Frage, inwieweit die vorhandene Energie erhalten bleibt oder durch die Wechselwirkung verlorengeht (H. ROHRACHER, 1963). Die von LEIBNIZ (1646–1716) vertretene, jedoch heute nicht mehr aktuelle »Parallelitätstheorie« geht von dem Konzept einer ursprünglich »prästabilierten Harmonie« aus, wonach psychische und physische Prozesse zwar voneinander unabhängig sind, aber denselben Gesetzen unterliegen und daher stets parallel zueinander ablaufen. SPINOZA (1632–1677) stellte schließlich die auch in unseren Tagen noch beachtete »Identitätstheorie« auf. Sie postuliert Leib und Seele als verschiedene Erscheinungsformen, als die zwei Seiten ein und derselben Sache, weswegen man hier auch von der »Zweiseitentheorie« spricht. Dieser Anschauung begegnen wir in der Gestaltpsychologie wieder, die in ihrer »Isomorphielehre« (Lehre von der Gleichgestaltigkeit) die Iden-

* Der Einfachheit halber soll auch hier die allgemein übliche Bezeichnungsweise »Leib und Seele« beibehalten werden, obwohl es sich eigentlich um einzelne körperliche und seelische Vorgänge und Leistungen handelt, welche im einen Fall mehr, im anderen weniger miteinander in Beziehung stehen.

tität von physiologisch-funktionellen Gestalten im Gehirn und in anschaulichen Erlebnisgestalten vertritt.
Ausgehend von der Tatsache, daß psychisches Geschehen immer an die Funktionsfähigkeit des Gehirns gebunden ist, formuliert H. ROHRACHER (1903–1972) eine »biogenetische Hypothese«, mit welcher er den strengen Gegensatz zwischen (materiellem) Körper und (immaterieller) Seele zu überwinden sucht. Er differenziert zwischen drei Grundformen des Daseins, nämlich der bloßen Materie, dem »mit ganz neuen, von der Physik und Chemie nicht erklärbaren Eigenschaften und Fähigkeiten« (H. ROHRACHER, 1963, S. 18) ausgestatteten lebendigen Organismus und dem Bewußtsein. Gemeinsamkeiten zeigen sich nach ROHRACHER zwischen dem organismischen und seelischen Leben zum Beispiel in der Entwicklung und in der Funktion der Lebens- und Arterhaltung. Gegenüber der Materie grenze sich der Organismus dadurch ab, daß er Triebe, Gefühle und Gedanken hervorzubringen vermöge.
Als neuester theoretischer Ansatz auf dem Gebiet der Leib-Seele-Problematik ist das von dem Physiker N. BOHR (1885–1963) aufgestellte »Komplementaritätsprinzip« zu nennen, das mehr als die anderen Theorien den Anteil der Betrachtungsweise und Beobachtungsmethode bei der bildlichen Erfassung eines Sachverhaltes berücksichtigt.

3. Psychische Funktionen

3.1. Wahrnehmung

Die Erforschung menschlichen Erlebens und Verhaltens beruht im wesentlichen auf der Analyse von Wahrnehmungsprozessen im weitesten Sinne. Die geschichtlichen Anfänge der heutigen (natur-)wissenschaftlich orientierten Wahrnehmungspsychologie liegen im 19. Jahrhundert. Unter dem Begriff *Psychophysik* wurde erstmalig die Abhängigkeit der als »Empfindung« bezeichneten elementaren Wahrnehmung von spezifischen Reizbedingungen systematisch untersucht. So stellte der Physiologe J. MÜLLER (1801–1858) im Jahre 1827 das nicht ganz unumstrittene »Gesetz der spezifischen Sinnesenergie« auf. Es besagt, daß jedes einzelne Sinnesorgan (Rezeptor) Reize nur in der ihm gemäßen, d. h. spezifischen Empfindungsart (z. B. riechen oder hören) zu beantworten vermag. Wenige Jahre später formulierten die Physiologen E. H. WEBER (1795–1878) und G. Th. FECHNER (1801–1887) unabhängig voneinander ein

Gesetz über das in gewissen Grenzen voraussagbare Verhältnis von Reiz und Empfindung, abgeleitet aus der beobachteten Konstanz von Unterschiedsschwellen. Danach geht die quantitative Veränderung eines Reizes nicht mit einer gleichsinnigen Empfindungsänderung einher, sondern die Zunahme der Reizstärke nach dem »Prinzip der geometrischen Reihung« ist mit einer nach dem »Prinzip der arithmetischen Reihung« sich verändernden Empfindung verbunden. Nicht der absolute Reizzuwachs als solcher ist für die Empfindungsstärke maßgebend, sondern dessen konstantes Verhältnis zum jeweiligen Ausgangsreiz. Allerdings gilt diese »psychophysische Maßformel« lediglich in dem Bereich der mittleren Reizintensitäten. Ungelöst ist in diesem Zusammenhang die entscheidende Frage, ob die Zunahme der Empfindungsstärke wirklich arithmetisch erfolgt, da dies ja die Behauptung von Empfindungs-»Einheiten« mit gleichen Abständen voraussetzt (H. ROHRACHER, 1963).
Es sollte sich bald herausstellen, daß es nicht – wie E. MACH (1838–1916) und W. WUNDT (1832–1920) noch angenommen hatten – möglich ist, die Komplexität des psychischen Geschehens lediglich aus einzelnen Empfindungen und deren summativer Verbindung herzuleiten. Organisation und Befindlichkeit des gesamten Wahrnehmungsapparates »Mensch« bestimmen vielmehr mit, was auf welche Weise »gesehen« wird. Wenn wir etwas mit den Sinnesorganen sehen, hören, riechen, schmecken oder ertasten, so handelt es sich dabei um die Aufnahme von Informationen, die entweder aus der Umwelt stammen (äußere Wahrnehmung) oder aus dem Organismus selbst (innere Wahrnehmung). Diese Informationen bilden gewissermaßen das Rohmaterial für die *Wahrnehmung*, die sich nach bestimmten (Gestalt-)Gesetzen strukturiert und niemals wertungsfrei, d. h. unabhängig von Bedürfnissen, Erwartungen und Einstellungen ist. Neben dem »Faktor der Erfahrung« sind es vor allem die sogenannten »Gestaltqualitäten« (Chr. von EHRENFELS, 1850–1932), die den Wahrnehmungsprozeß im Sinne des »Faktors der Ganzheit« auszeichnen. Bekanntestes Beispiel ist hier die Melodie, welche erlebnismäßig stets mehr ist als nur die Aneinanderreihung von Tönen (Prinzip der Übersummativität). Das zeigt sich besonders deutlich auch darin, daß eine Melodie in verschiedenen Tonarten gespielt und gesungen werden kann (Prinzip der Transponierbarkeit) und sie dennoch in ihrer typischen und unverwechselbaren Eigenart gleich bleibt, weil das Ganze, die »Gestalt« der Melodie, erhalten geblieben ist.
Ein weiteres Prinzip der Wahrnehmung ist das der »Figur-

Grund-Beziehung«: Sehen wir etwa an einem warmen Sommertag am ganz und gar blauen Himmel plötzlich eine Regenwolke heraufziehen, so fesselt sie unsere Aufmerksamkeit, und wir verfolgen sie vielleicht sogar für eine Weile mit unserem Blick. In diesem Moment ist die Wolke »Figur« vor dem Hintergrund des sonst blauen Himmels, den wir nur noch indirekt und nicht mehr in erster Linie sehen wie zuvor. Die Figur (= Wolke) zeichnet sich vor dem Grund (= Himmel) aus, weil sie sich durch die ihr zugehörigen Begrenzungslinien als Objekt vor dem übrigen Wahrnehmungsfeld abhebt und infolge ihrer Konturiertheit und Geschlossenheit (Prinzip der Prägnanz) leichter erfaßt und behalten werden kann. Vermehren sich dann jedoch die dunklen Wolken mit der Zeit, um sich schließlich zu einer einheitlich grauen Wolkendecke zu verbinden, vermag ein noch übrigbleibender kleiner Rest des ehemals blauen Himmels nun seinerseits zur Figur zu werden. Nicht das Objekt als solches ist schon Figur, sondern es erhält erst durch die Strukturiertheit des Wahrnehmungsfeldes und die bewußte »Einstellung« des Beobachters diese Funktion. Diese Gesetzmäßigkeit findet sich nicht nur im optischen, sondern auch in anderen Wahrnehmungsbereichen.

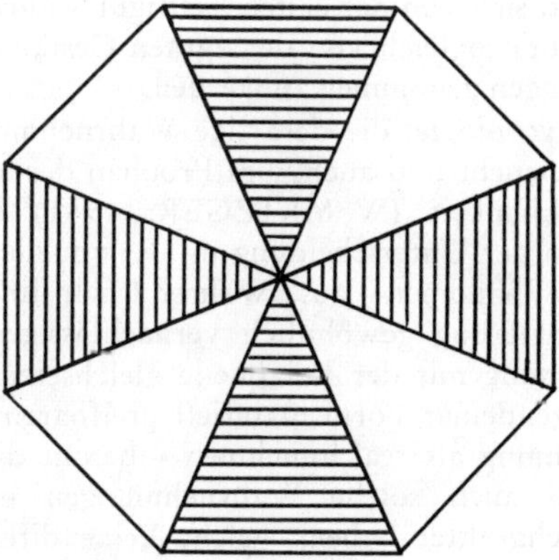

Abb. 3: Kippfigur (nach: E. G. BORING et al., 1948; aus: D. KRECH und R. S. CRUTCHFIELD, 1971, Bd. I, S. 111).

Je nach Blickeinstellung können in der »Kippfigur« (Abb. 3) das schraffierte Kreuz und der weiße Propeller abwechselnd entweder als Figur oder als Grund gesehen werden. Andere Beispiele sind der »Necker'sche Würfel« oder die »Schröder'sche

Treppe«. Je nach Fixationsdauer und Strukturiertheit der Figuren treten die Umschläge mehr oder weniger oft auf. Dieses Phänomen wird heute weitgehend damit erklärt, daß die fortwährende Fixation der Reizvorlage zur Sättigung führt und die weitere Wahrnehmung einer Teilfigur (z. B. Kreuz) zentralnervös gehemmt wird, wodurch die andere Teilfigur (z. B. Propeller) wahrnehmungsmäßig in den Vordergrund tritt. Zentralnervös bedingte Schwankungen und auch Ermüdungserscheinungen der Sinnesnerven sind in einer Reihe von Untersuchungen zum Problem der Aufmerksamkeit nachgewiesen worden. Der Begriff »Aufmerksamkeitsschwankung« bezeichnet eine kurzfristige, willensunabhängige Veränderung der Schärfe eines konzentriert wahrgenommenen Gegenstandes. Diese Veränderung tritt wiederholt und periodisch auf, ohne daß sie durch den Willen unterdrückt oder beeinflußt werden könnte. ROHRACHER (1963) sieht hierfür eine mögliche Ursache in Veränderungen der Erregungsproduktion der zentralen Gangliensysteme, die infolge Energiezufuhr zustandekommen. Es ist daher denkbar, daß der Umschlageffekt, begünstigt durch die Prägnanz beider Teilfiguren oder Teil-Gestalten, mit die Folge einer natürlichen Aufmerksamkeitsschwankung ist, die eben dazu ausreicht, sich von der ersten Teilfigur wahrnehmungsmäßig zu lösen, um sogleich von der »guten Gestalt« der zweiten Teilfigur gefangen genommen zu werden.

Die *Gestaltpsychologie,* die derartige Wahrnehmungsgesetzmäßigkeiten untersucht und auch zum Problem der anschaulichen, erlebten Wirklichkeit (W. METZGER, 1941) in Beziehung setzt, geht von der Unterscheidung in »Reizquelle«, »Vorlage«, »Reiz« und »Phänomen« aus. Während wir im Alltagsleben diese Differenzierung gewöhnlich vernachlässigen, indem wir die Wahrnehmung mit der Reizquelle gleichsetzen und zudem nur die in irgendeiner Form materiell greifbaren Bedingungen der Wahrnehmung als real annehmen – betont die Gestaltpsychologie, daß auch solche Wahrnehmungen ursprünglichen Wirklichkeitscharakter haben, welche keine direkte physische Grundlage besitzen.

So hat A. MICHOTTE (1966) in einer Reihe von Wahrnehmungsexperimenten grundlegende Erkenntnisse über die scheinbare Verursachung (phänomenale Kausalität) von Ereignissen gewonnen. In dem Fortschiebe-Versuch werden den Versuchspersonen (Vpn) zwei zunächst bewegungslose Rechtecke unterschiedlicher Farbe auf weißem Grund hinter einem waagrechten Spalt dargeboten. Auf ein Signal hin bewegt sich Objekt A

(Abb. 4) mit einer gewissen Geschwindigkeit auf Objekt B zu. Im Moment des Zusammentreffens beginnt sich B ebenfalls – zusammen mit A – nach rechts in Bewegung zu setzen.

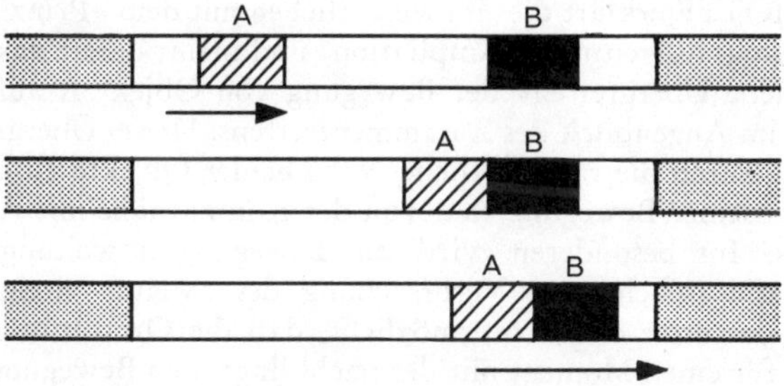

Abb. 4: Schematische Darstellung des »Fortschiebe-Effekts« (nach: A. MICHOTTE, 1966, S. 957).

Obwohl es sich hierbei um keine unmittelbare (mechanische) Verursachung handelt, äußern sich dennoch in anthropomorphisierender Weise die Vpn solcher Experimente in der Regel dahingehend, daß B von A »vorwärtsgeschoben« oder »mitgenommen« werde.

Bei dem Fortstoß-Versuch ist die gleiche Versuchsanordnung gegeben. Objekt A setzt sich auch hier wieder nach rechts in Bewegung. Im Unterschied zum Fortschiebe-Versuch bleibt jetzt A stehen, wenn es Objekt B erreicht hat, das sich nun selbst mit verringerter Geschwindigkeit nach rechts bewegt (Abb. 5). Nahezu alle Vpn haben bei diesem Experiment den Eindruck, daß A Objekt B »wegstößt« oder »nach vorne schleudert«.

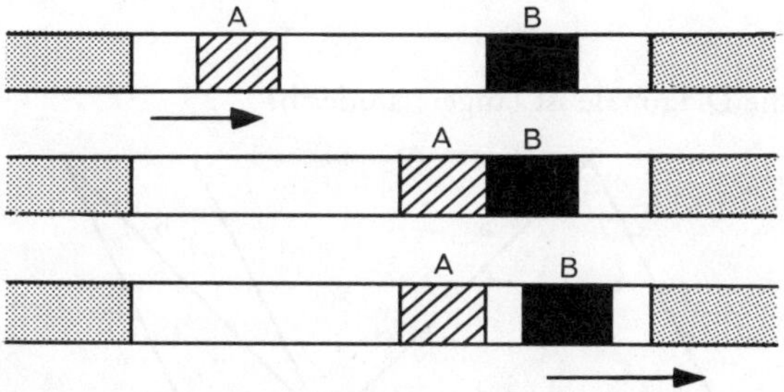

Abb. 5: Schematische Darstellung des »Fortstoß-Effekts« (nach: A. MICHOTTE, 1966, S. 957).

Wie kommt es nun, daß in den angeführten Experimenten, welche nach MICHOTTE die beiden Grundtypen der Kausalitätswahrnehmung demonstrieren, jedesmal die Objekte A und B in einem ursächlichen Zusammenhang gesehen werden? MICHOTTE erklärt dies im wesentlichen mit dem »Prinzip der Bewegungsausweitung« (Ampliation) und meint damit das »anschauliche Übergreifen« der Bewegung von Objekt A auf Objekt B im Augenblick des Zusammentreffens. Dieses Übergreifen kommt durch die raumzeitliche Nähe beider Objekte zustande, da B in seiner Bewegung stets von der Kontaktnähe mit A »abhängt«. Im besonderen wird die Bewegungsausweitung und somit die (scheinbare) Verursachung des zweiten Ereignisses durch das erste dadurch ermöglicht, daß die Ortsveränderung von B für einen Moment mit der nachklingenden Bewegung von A nach rechts erlebnismäßig identifiziert wird. –

Daß uns die Wahrnehmung keinesfalls immer ein getreues Abbild der Vorlage zu vermitteln vermag und wir durchaus nicht immer Herr unserer Sinne sind, zeigt sich an den »Geometrisch-optischen Täuschungen«, die (ähnlich wie die phänomenale Kausalität) im Erleben dennoch Realitätscharakter haben. Lassen Sie im folgenden jede Figur kurz auf sich wirken und beantworten Sie spontan, ohne ihre Wahrnehmung gedanklich oder willentlich zu beeinflussen, die Versuchsfrage:

1. Welche Gerade ist länger: a oder b?

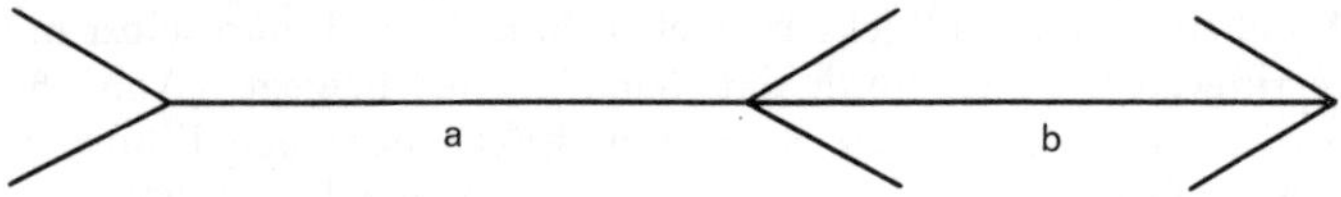

Abb. 6: Müller-Lyersche Täuschung.

2. Welche Diagonale ist länger: a oder b?

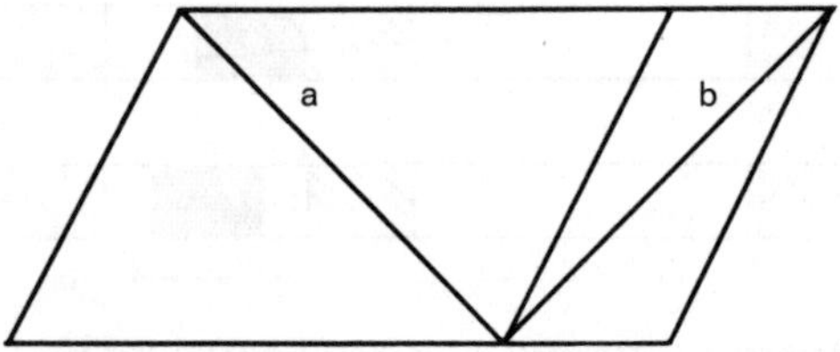

Abb. 7: Sandersche Täuschung.

3. Welche Gerade ist länger: a oder b?

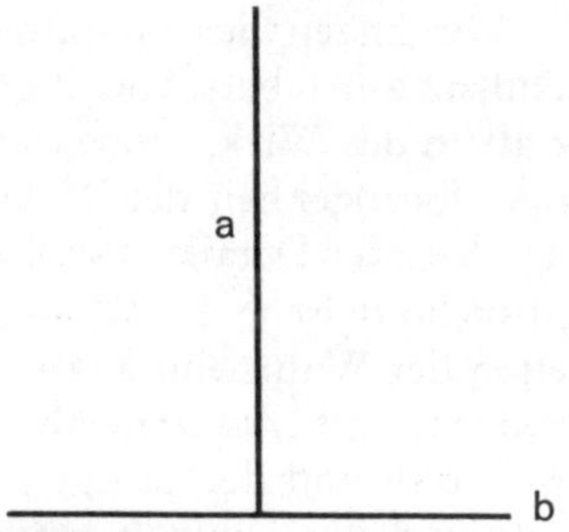

Abb. 8: Oppelsche Täuschung.

4. Welcher Pfahl ist am höchsten: a, b oder c?

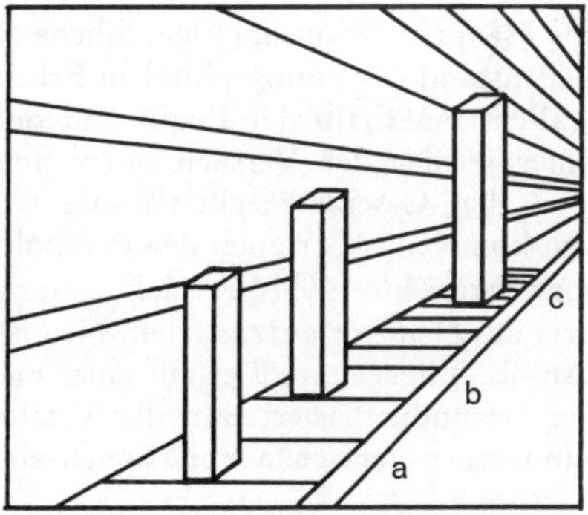

Abb. 9: Größentäuschung (nach: D. KRECH und R. S. CRUTCHFIELD, 1971, S. 19).

Bei den »geometrisch-optischen Täuschungen« handelt es sich allgemein um Konfigurationen, die infolge der Zuordnung ihrer Linien und Winkel zu einem von der objektiven Vorlage abweichenden Eindruck führen. Diese Irreführung der Wahrnehmung wird allerdings vom Betrachter, wenn er zunächst unvoreingenommen bleibt, nicht bemerkt, da er der »Realität des Anschaulichen« ausgeliefert ist.

In den angeführten Beispielen sind die einzelnen jeweils zu vergleichenden Geraden resp. Pfähle stets gleich lang, was sich durch Nachmessen sehr schnell überprüfen läßt. Die Ursache für derartige Wahrnehmungstäuschungen, die ausführlich zu besprechen hier nicht möglich ist, liegt nach E. RAUSCH (1966) in zentralen Vorgängen der Gestaltentstehung begründet. Außer einer Tendenz zur Überschätzung der vertikalen Erstreckung ist es vor allem das Wirksamwerden der Ganzheitserfassung und der Umfeldbezogenheit der Wahrnehmung, was die falsche Einschätzung figuraler Details bewirkt.

Die wahrnehmungspsychologische Forschung sucht nun derartige Gesetzmäßigkeiten der Wahrnehmungsentstehung sowie die vielfältigen Beziehungen und Zusammenhänge, die zwischen dem Wahrnehmungsprozeß und den übrigen psychischen Funktionen, der Erfahrung und der Umwelt bestehen, zu erkennen. Im weitesten Sinne geht es ihr um die Beschreibung und Erklärung dessen, was uns bewußt wird und unser Bewußtsein als wesentlichen Teil des Erlebens ausmacht.

3.2. Denken

Das *Denken* als Hauptfunktion des menschlichen Geistes ist zu allen Zeiten Gegenstand des philosophischen Erkenntnisstrebens gewesen. Vor allem innerhalb der Logik und der Erkenntnistheorie ist immer wieder der Versuch unternommen worden, dem Wesen und den Gesetzmäßigkeiten des Geistigen einen Schritt näher zu kommen. Aber auch der Psychologie ist es, um dies bereits vorwegzunehmen, bisher nicht gelungen, eine einheitliche Theorie des Denkens aufzustellen. Neu ist an dem psychologischen Ansatz hingegen, daß er auf einer mehr empirisch-experimentellen Methodik basiert und die Verflochtenheit des Denkens mit anderen psychischen Funktionen eingehender untersucht.

Denken als solches ist nicht direkt beobachtbar, obwohl es in den zentralnervösen Vorgängen des Gehirns eine materielle Grundlage besitzt und von dorther – zum Beispiel bei starken Affekten, Anfallsleiden oder unter Drogeneinfluß – wesentlich beeinträchtigt werden kann. Denkvorgänge müssen uns zudem durchaus nicht immer bewußt werden; es sei nur an die zahlreichen Beispiele erinnert, in denen Wissenschaftler oder Erfinder davon berichten, daß ihnen gerade in »gedankenlosen« Momenten die entscheidenden Einfälle gekommen seien. Denken setzt stets dann ein, wenn zielorientiertes Verhalten durch eine Barriere unterbrochen wird und die vorhandenen Mittel und Möglichkeiten nicht mehr ausreichen, das Ziel dennoch zu erreichen bzw. den entstandenen Konflikt automatisch zu bewältigen.

Denken ist somit im wesentlichen darauf abgestellt, Probleme zu lösen. Die *Intelligenz* ist dabei die »hinter dem aktuellen Vollzug des Denkens angenommene Fähigkeit« (P. R. HOFSTÄTTER, 1964, S. 92), Denken in einer bestimmten individuellen Art und Weise zu realisieren (vgl. Differentielle Psychologie).

Die geschichtlichen Anfänge der *Denkpsychologie* liegen in der griechischen und englischen »Assoziationslehre«, die das Denken aus einer Verbindung von Vorstellungen abzuleiten suchte (Assoziationstheorie des Denkens). W. WUNDT (1832–1920) ergänzte diesen Ansatz schließlich durch die Einbeziehung des Willens, dem in diesem Zusammenhang erstmalig eine Steuerungsfunktion über die assoziative Denktätigkeit zukam. Auf diesem Boden entwickelten sich dann in der Folgezeit weitere Theorien, die von dem ursprünglichen Konzept mehr oder minder abwichen.

So wurde das Denken in der russischen »Reflexlehre« um die Jahrhundertwende von I. P. PAWLOW (1849–1936) und W. BECHTEREW (1857–1927) als eine Aneinanderreihung bedingter Reflexe, speziell gehemmter sprachlicher Reflexe verstanden (Reflextheorie des Denkens).

Auch die von J. B. WATSON (1878–1958) begründete amerikanische »Verhaltenslehre« (Behaviorismus) bemühte sich um eine Objektivierung der Psychologie, indem sie das Seelische unter Vernachlässigung des Bewußtseinsbegriffes lediglich von dem beobachtbaren Verhalten her erklärte. Das Denken wurde daher zunächst aus einem äußerlich nicht sichtbaren »inneren Sprechen« abgeleitet, dessen körperliches Korrelat man in Kehlkopfbewegungen nachzuweisen suchte. Denken sei letztlich die Aktualisierung sprachlicher Gewohnheiten (Motorische Theorie des Denkens).

Einen gewissen Durchbruch innerhalb der Denkpsychologie erzielte dann die »Würzburger Schule« um O. KÜLPE (1862–1915). Sie hatte sich das Ziel gesetzt, das Denken auf experimentellem Wege zu untersuchen. Als Methode fand die »kontrollierte Selbstbeobachtung« Anwendung. Besonderen Wert legten die Psychologen um KÜLPE dabei auf die Erforschung des Denk-»Erlebens«. Es gelang der Nachweis, daß das Denken auch unanschauliche »Bewußtseinslagen« aufweist und nicht bloß auf einer Verknüpfung von Assoziationen beruht, sondern »determinierenden Tendenzen« (N. ACH) unterliegt. Darüber hinaus kommt der Würzburger Schule, insbesondere H. J. WATT, N. ACH und O. SELZ, das Verdienst zu, erstmalig motivationale und integrierende Momente im Denkprozeß angedeutet (G. HUMPHREY, 1965) und die gestaltpsychologische Richtung entscheidend vorbereitet zu haben (Determinationstheorie des Denkens).

Wegweisend für die gesamte denkpsychologische Forschung der folgenden Jahre wurden die teils experimentell gewonnenen, teils aus einem umfassenden programmatischen Ansatz abgeleiteten Erkenntnisse der 1912 von M. WERTHEIMER (1880–1943) begründeten »Gestaltpsychologie«. Nach ihr resultiert das Denken aus dem strukturell unausgeglichenen, ungeordneten und mit Spannungserlebnissen verbundenen Zustand, der für Problemsituationen charakteristisch ist. Der Denkvorgang ist dann ein auf Ordnung und Harmonie hinzielender Umformungsprozeß, die Problemlösung letztlich eine Spannungslösung (Gestalttheorie des Denkens).

Jedes Problem zeichnet sich nach K. DUNCKER (1963) durch ein Mißverhältnis zwischen dem Vorhandenen (= Material) und dem Geforderten (= Ziel) aus. Die Lösung kann nur gefunden werden durch das »Sehen« neuer Eigenschaften, durch das Erkennen neuer Funktionen in dem, was vorgegeben ist. Die Denk-»Gegenstände« müssen aus ihrer einseitigen »funktionalen Gebundenheit« (DUNCKER) gelöst und in anderer Weise verfügbar, d. h. vielfältiger verwendbar werden. Der »Funktionalwert« der Dinge muß sich unter dem Aspekt der Aufgabe so verändern, daß eine »Umstrukturierung« und Neuordnung der Ausgangssituation möglich und die Zielerreichung erleichtert wird. Die Lösung des Problems kann sich entweder aus einem plötzlichen Einfall heraus ergeben (»Aha-Erlebnis«, K. BÜHLER) oder aber erst über eine Reihe von Zwischenstufen zustandekommen (»Lösungsstammbaum«, K. DUNCKER). Ausschlaggebend ist hierbei nach gestaltpsychologischer Auffassung die Einsicht in die Problemsituation. Längere Lösungswege setzen einen größeren psychischen »Spannungsbogen« voraus sowie die Fähigkeit, sich u. U. von dem Ziel optisch, räumlich und zeitlich zu entfernen – um es überhaupt erreichen zu können. Ein Beispiel hierzu ist das schon nicht mehr unbekannte Neun-Punkte-Schema (Abb. 10).

Wenn Sie die folgende Demonstration als Versuch an sich selbst durchführen möchten, sollten Sie zunächst nicht im Text weiterlesen, sondern versuchen, die Lösung des Problems durch schriftliches Probieren selbst zu finden. Das Problem besteht darin, die dargestellten Punkte mit vier Geraden ohne abzusetzen miteinander zu verbinden:

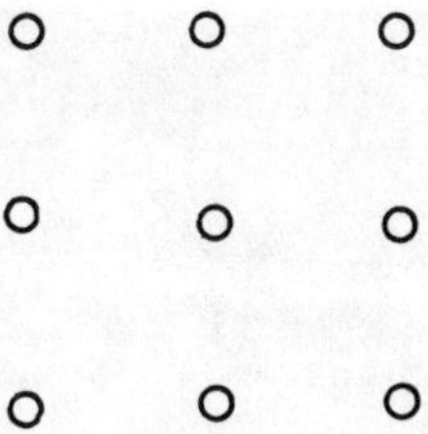

Abb. 10: Neun-Punkte-Schema.

Entgegen dem sich sofort aufdrängenden üblichen Ansatz, alle Punkte auf direktem Wege zu verbinden – was ja in der Aufgabenstellung nicht ausdrücklich verlangt ist –, geht es hier vielmehr darum, über eine »Material-«, »Ziel-« und »Konfliktanalyse« (K. DUNCKER) zu der Einsicht zu gelangen, daß ein Umweg eingeschlagen werden muß. Dieser führt an zwei Stellen über das als »geschlossen erlebte« quadratische 9-Punkte-Schema, an dem man in der Regel erst einmal »klebenbleibt« (Problemblindheit), hinaus. Inwieweit dieses »Umwegverhalten« gelingt, hängt u. a. davon ab, ob vorhandene Einstellungsfixierungen, Lösungsschablonen und Rigiditätstendenzen überwunden werden können. Das setzt nicht zuletzt ein gerade im vorschulischen Rahmen freies Erziehungsklima voraus, in dem das produktive, d. h. einsichtige und selbständige Denken (M. WERTHEIMER, 1964) zunächst in »kreativen« Verhaltensmöglichkeiten vorbereitet (Abb. 11, 12, s. S. 56) und dann in einem schüleroffenen Unterrichtsstil weiter gefördert wird.
W. METZGER (1962) gebraucht in diesem Zusammenhang den Begriff der »schöpferischen Freiheit« und weist darauf hin, daß die üblichen Mechanismen und Konventionen in der Schulerziehung die Eigeninitiative und Schöpferkraft des Schülers verdekken. Der Schüler solle vielmehr dazu angeleitet werden, auf »Zielerreichungs-Vorrichtungen« greifbarer und geistiger Art zu verzichten, wenn sie in keinem Verhältnis zu der bisher erreichten Fähigkeit freier Gestaltung stünden. Die hier beschriebene Freiheit hat jedoch nichts mit Willkür und Ungebundenheit zu tun, sondern bedeutet nach Metzger das »Freisein von inneren und äußeren Hindernissen und Kräften«, welche das Erreichen des Zieles behindern oder aber in eine falsche Richtung drängen. Dies gilt nach W. METZGER sowohl für den künstlerischen Entwurf als auch für die Theorienbildung, die

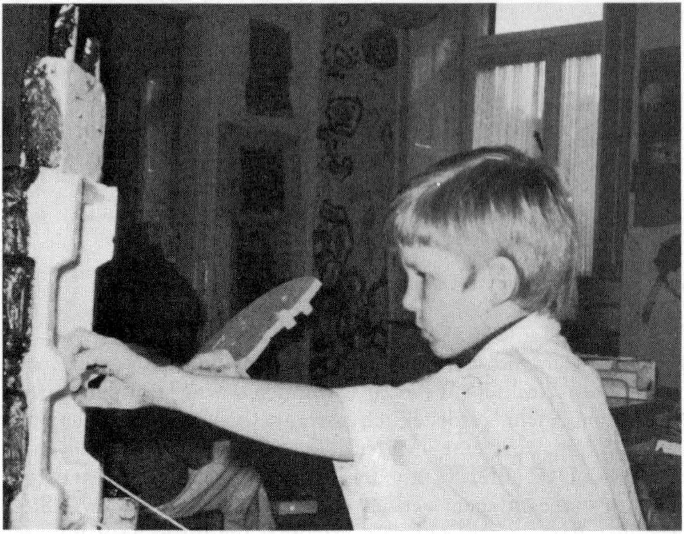

Abb. 11
»Kreativitätstraining« in einem Kinderatelier. (Beide Aufnahmen wurden im Kinderatelier Vasata, Kettwig, gemacht.)
Abb. 12

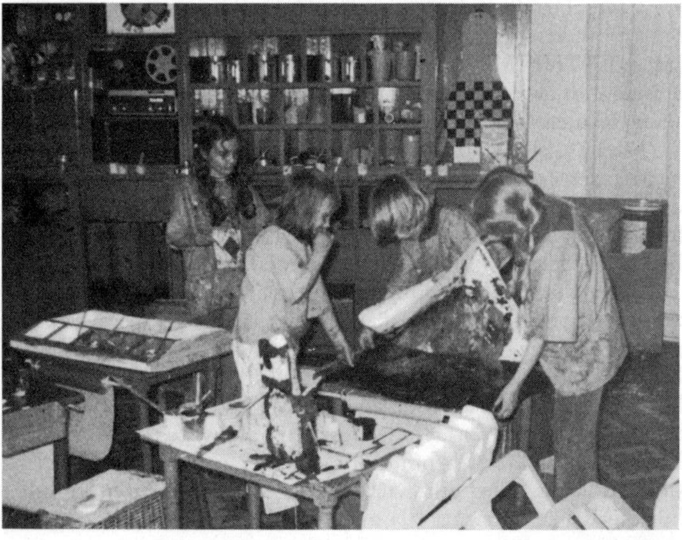

wissenschaftliche Beweisführung, die technische Erfindung, eine organisatorische Planung sowie das Handeln und den Umgang mit dem Menschen überhaupt.
Ein besonders im anglo-amerikanischen Sprachraum vielvertretener Ansatz, die geistige Struktur des Menschen zu bestimmen, ist die »Faktorentheorie des Denkens«. J. P. GUILFORD, einer ihrer Hauptvertreter, stellte 1959 folgendes System auf:

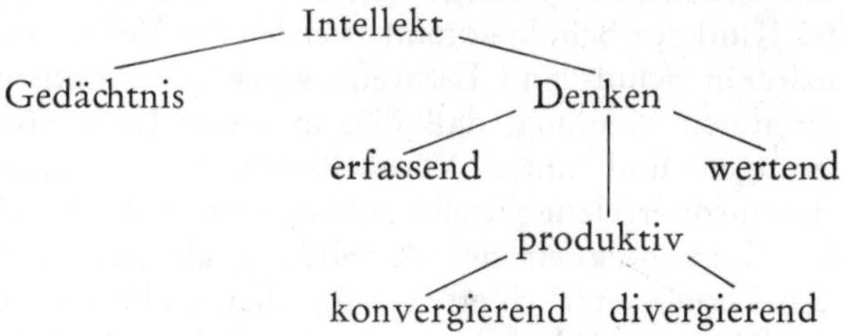

Von besonderem Interesse ist hier die Unterscheidung von »konvergierendem« (gebundenem) und »divergierendem« (freiem) Denken. Die letztgenannte Denkform haben wir bereits unter der Bezeichnung »schöpferisches Denken« kennengelernt. Nach GUILFORD wird es durch die Faktoren der »Flüssigkeit«, »Beweglichkeit« und »Originalität« bestimmt. Darüber hinaus weisen neuere Untersuchungen auf einen engen Zusammenhang zwischen schöpferischem Denken und dem Merkmal »Selbsteinschätzung« hin (W. CORRELL, 1971). Eine geringere Beziehung besteht hingegen zu der durch einen Test meßbaren Höhe der Intelligenz.
Neueste Ansätze in der Denkpsychologie tendieren dahin, den »antizipatorischen« (vorwegnehmenden) und vorausschauenden Charakter des Denkens und dessen Bedeutung für die »Entscheidungsfindung« deutlicher in den Vordergrund zu stellen (C. F. GRAUMANN, 1965). Teilfunktionen des Denkens werden bereits elektronisch von Computern nachvollzogen (P. McKELLAR, 1969). Wenn es sich hierbei auch zunächst nur um Versuche in dieser Richtung handelt, so beinhaltet diese Entwicklung u. U. doch die Möglichkeit, bisher immer noch unzuverlässige und nach wie vor subjektive Entscheidungen durch Computer-Diagnosen (z. B. in der Medizin) in Zukunft mehr zu objektivieren.

3.3. Lernen und Gedächtnis

Unter *Lernen* verstehen wir im alltäglichen Sprachgebrauch gewöhnlich so viel wie Übung, Fleiß und »Pauken«. Doch ist Lernen keineswegs nur eine willentliche Anstrengung (»Wenn Du nur willst, dann kannst Du!«) und ebensowenig nur ein reiner Wissenserwerb. Vielmehr können wir darunter einen die Wahrscheinlichkeit der Zielerreichung erhöhenden komplexen Prozeß der Verhaltensänderung verstehen.

Lernen beginnt schon in frühester Kindheit mit dem sogenannten »Spiellernen«, das noch »den Ernst der Leistung und die Freude am Tun in sich vereinigt« (K. E. MÜLLER, 1972). Lange bevor das Kind zur Schule kommt, werden die Voraussetzungen seiner späteren Schul- und Lernreife geschaffen. Entgegen der weitverbreiteten Meinung, daß dies in erster Linie über hohe Anforderungen und unter Vernachlässigung der kindlichen Spielbedürfnisse erreicht werden müsse, betont die Psychologie mehr die Notwendigkeit der Ausbildung all jener Faktoren, welche das Lernen letztlich erst ermöglichen und auch die Motivation zum Lernen schlechthin aufrechterhalten. Von zentraler Bedeutung ist hier der Erwerb eines gefestigten Leistungsvertrauens in einem ermutigenden und die Neugierde des Kindes befriedigenden häuslichen Erziehungsklima. Neugierverhalten ist ein Grundbedürfnis des Menschen und stellt – besonders beim Kleinkind – eine unmittelbare, spontane (Vor-)Form des Lernens dar. Nur zu oft wird aber gerade die Neugier des Kindes (z. B. im Fragealter) in ihrer Bedeutung für das (spätere) Lernen übersehen und von den Erwachsenen als Ungehörigkeit, Respektlosigkeit und Aufdringlichkeit abgetan. Eine andere, in der Praxis des Alltags ebenso anzutreffende Auffassung geht von der Identität von Lernen und Leistung aus. Der Vorgang des Lernens ist jedoch nicht direkt beobachtbar, sondern nur an der Behaltensleistung und neuen, veränderten Reaktionen ablesbar. Das, was sich als Leistung schließlich ergibt, wird nicht nur durch das Lernen selbst bestimmt, sondern auch durch die Bedingungen der Aufnahme und Wiedergabe der dem Lernen zugrundeliegenden Informationen.

Lern- und Gedächtnisfunktionen sind kaum voneinander zu trennen. Als physiologisches Korrelat des Gedächtnisses nimmt man »Spuren« (Engramme) an, welche sich nach Ansicht der Gestaltpsychologie zu einem »Spurenfeld« organisieren und sich im Sinne zunehmender Prägnanz oder aber Nivellierung verändern. Entgegen der früher weitverbreiteten Annahme, einmal Gelerntes könne wieder völlig vergessen werden, vertritt die Lernpsychologie heute die These, daß das *Vergessen* eigentlich nur die Folge einer »Überlagerung« und Vermischung von Lerninhalten (Interferenztheorie) ist und die Bewußtwerdung derselben durch Hemmungserscheinungen (pro- und retroaktive Hemmung) erschwert wird. Eine andere, ebenso bedeutsame Theorie wird von den Psychologen der psychoanalytischen Schulrichtung vertreten. Nach ihnen ist Vergessen ein Prozeß, in dem peinliche und vom »Ich« nicht akzeptierte Vorstellungsinhalte aus dem Bewußtsein verdrängt werden (Verdrängungstheorie).

Die ersten Versuche, Lernen zu erforschen, gehen auf ARISTOTELES und die Assoziationstheoretiker der Neuzeit zurück. Lernen wurde verstanden als die Verbindung elementarer Bewußtseinsinhalte (Assoziationen), entsprechend den »Assoziationsgesetzen« der Ähnlichkeit, des Kontrastes und der (raumzeitlichen) Nähe. Nach W. CORRELL (1967) lassen sich im wesentlichen drei Lernarten, die sich in der Lernpsychologie zugleich auch als Theorien etabliert haben, unterscheiden:

1. Lernen als bedingte Reaktion (Reflextheorie)
2. Lernen am Erfolg (Effekttheorie)
3. Lernen durch Einsicht (Gestalttheorie)

Nach dem »reflextheoretischen Ansatz« besteht Lernen in dem zeitlich sehr engen Zusammentreffen eines bedingten Reizes (z. B. Glockenton, Lichtsignal) mit einem unbedingten Reiz (z. B. Futter), der üblicherweise eine sofortige Reaktion (z. B. Speichelabsonderung und Freßtrieb) auslöst. Entsprechende Beobachtungen wurden erstmalig von I. P. PAWLOW (1849 – 1936) in seinen klassischen Konditionierungsversuchen mit Hunden gemacht. Danach wird einem Hund, kurz bevor er sein Futter erhält, ein Klingelzeichen dargeboten. Das Tier sezerniert zunächst nur beim Anblick oder Geruch der Nahrung Speichel. Wird aber das Klingelzeichen genügend oft und immer wieder unmittelbar vor Darbietung des Futters gegeben, sondert das Tier bereits bei Ertönen der Klingel Speichel ab. Auf diese Weise ist das Klingelzeichen zum bedingten Auslöser geworden, indem es dem Tier die Verabreichung des Futters »signalisiert«.

Dagegen betonen die »Effekttheoretiker« – je nach Schulrichtung – mehr den Faktor des Erfolges, der Zielorientierung, der Bedürfnisreduzierung oder der gezielten Verhaltensverstärkung als wesentliche Voraussetzung des Lernens. Neu ist innerhalb dieses zweiten lerntheoretischen Ansatzes der Aspekt der Motivation, der etwa in den (Tier-)Versuchen von E. L. THORNDIKE (1879 – 1949), E. C. TOLMAN (1886 – 1959), von C. L. HULL (1884 – 1952) und B. F. SKINNER (geb. 1904) darin zum Ausdruck kam, daß die Tiere darum bemüht waren, sich selbst aus einem Käfig (Skinner-Box) zu befreien oder aber Futter zu erlangen. So geht es in dem Experimentierkäfig von SKINNER für das Tier darum, eine bestimmte instrumentale Manipulation, zum Beispiel das Niederdrücken eines Hebels, zu erlernen und auf ein Lichtsignal hin mit der Darbietung des Futters zu verbinden. Zunächst wird das Tier rein zufällig die richtige Bewegung ausführen, bis es schließlich nach einer Reihe von Mißerfolgen zu einem zielgerichteten Verhalten gelangt. Dabei wird nach behavioristischer Ansicht dem Organismus die Fähigkeit zugeschrieben, »sich vom Erfolg des eigenen Verhaltens bei späteren Gelegenheiten leiten zu lassen« (HOFSTÄTTER, 1964, S. 190).

Die »Gestaltpsychologie« faßt demgegenüber Lernen als einen Prozeß auf, in dem es gelingt, die Situation zu überschauen und im Sinne einer adäquaten Problemlösung umzustrukturieren. Die daraus gewonnene Einsicht ermöglicht es, Gelerntes zu verallgemeinern (Generalisierung), zu unterscheiden (Differenzierung) und zu übertragen (Transfer). Der wesentliche Vorteil des einsichtsvollen Lernens liegt darin, daß es ökonomischer und dauerhafter ist, vor allem aber die Reduzierung der Lernanstrengungen auf wenige beispielhafte, ausgewählte Probleme erlaubt (exemplarisches Lernen) und dadurch die allgemeine Lernmotivation erhöht.

Da der Mensch weniger instinkt-gesichert ist als das Tier, ist seine Fähigkeit, lernen zu können, die Voraussetzung einer optimalen Verhaltenssteuerung und Anpassung an die Umwelt.

3.4. Motivation

Sich psychologisch verhalten heißt u. a. auch, Menschen und Ereignisse nicht vorschnell von einem einzigen Standpunkt her zu beurteilen. Die richtige, d. h. (relativ) objektive und faire Einschätzung unserer Mitmenschen basiert auf der eben notwendigen Kenntnis und Berücksichtigung der wirklichen *Motive* (= Beweggründe) ihres Verhaltens. Nur so können wir eine spezifische Handlungsweise verstehen, nachvollziehen und gegebenenfalls auch ändern. Verständnis – etwa im erzieherischen Sinne – erfordert außer einem gewissen Grad an Sympathie vor allem die Beschaffung angemessener Informationen und das Wissen um Zusammenhänge. Denn ein und dasselbe Verhalten kann auf einer Vielzahl von (unterschiedlichen) Motiven beruhen, wie auch ein einzelnes Motiv gänzlich verschiedene Handlungsformen auszulösen vermag.

Während in den übrigen Teilgebieten der Allgemeinen Psychologie die strukturellen Gesetzmäßigkeiten und die Dynamik der psychischen Funktionen beschrieben, klassifiziert und erklärt werden, geht es in der *Motivationspsychologie* darüber hinaus um die zentrale Frage nach dem »Warum« jeglichen Tuns und Handelns und, seitdem die Motivation in zunehmendem Maße in der Lern-, Arbeits- und Erziehungspsychologie Beachtung findet, auch um die Frage nach der Veränderbarkeit von Verhaltensstilen.

Der Begriff *Motivation* hat erst in neuerer Zeit Eingang in die Terminologie der psychologischen Wissenschaft gefunden. Er ist ein Sammelbegriff für all jene psychischen und physischen Bedingungen, welche das Verhalten des Menschen in Gang bringen und auf bestimmte Ziele hinlenken. Geschichtlich leitet sich dieser Begriff aus der »Bewußtseinspsychologie«, der »psychoanalytischen Trieblehre« (S. FREUD) sowie der »Instinkt- und Verhaltenslehre« her (C. F. GRAUMANN, 1970). Diese Richtungen sind auch heute noch in der Motivationspsychologie als mehr oder weniger abgrenzbare theoretische Ansätze erkennbar. Unterschiedlich sind hingegen die Akzente, die in den einzelnen Theorien gesetzt werden.

So wird das motivationale Geschehen im wesentlichen auf »physiologische Bedingungen« (D. O. HEBB), »Erfahrungsniederschläge« (E. C. TOLMAN) und am »maximalen Nutzen orientierten Erwartungshaltungen« (J. W. ATKINSON) sowie auf die »Tendenz zur Selbstverwirklichung« (G. W. ALLPORT, Ch. BÜHLER) und die »Zukunftsbezogenheit« (G. A. KELLY) zurückgeführt (H. THOMAE). Innerhalb der angloamerikanischen Persönlichkeitsforschung wird mit Hilfe der »faktorenanalytischen Methode« der Versuch unternommen, voneinander unabhängige *Motivationsdimensionen* nachzuweisen; zum Beispiel unterscheidet hier J. P. GUILFORD (1965) Bedürfnisse, Interessen und Einstellungen. In der einen oder anderen Form immer wieder aufgegriffen wird das »Prinzip der Homöostase« (CANNON), gemäß dem das Geschehen im körperlichen und (nach KRECH und CRUTCHFIELD) auch sozialen Bereich darauf ausgerichtet ist, in einem stabilen Gleichgewichtszustand zu verbleiben. Wird dieses Gleichgewicht in Richtung auf eine Mangel- oder auch Überflußsituation verschoben, setzen homöostatische Selbstregulierungsmechanismen Aktionen in Gang, welche die Aufgabe haben, den ursprünglichen Zustand wiederherzustellen. In Verbindung mit der »Informationstheorie«, der es um die Analyse von aufgenommenen, umgewandelten und übermittelten Daten geht, erweitert sich diese »Gleichgewichtstheorie« zu einer »kybernetischen Theorie des Verhaltens«. Es wäre allerdings eine unzulässige Vereinfachung, wollte man das Motivationsgeschehen lediglich als einen autonomen Regulationsmechanismus verstehen, ohne zugleich auch die für das menschliche Verhalten charakteristische Spontaneität und Expansivität miteinzubeziehen.

Allen theoretischen Ansätzen nach wie vor gemeinsam ist das Bemühen, menschliches Handeln aus einigen wenigen Grundtrieben, Grundbedürfnissen, Grundtendenzen oder Dimensionen abzuleiten. KRECH und CRUTCHFIELD (1971) grenzen die Vielfalt der Motive auf die Ziele des Überlebens, der Sicherheit, der Befriedigung und der Reizung ein. A. H. MASLOW (1954) hat im Hinblick auf die (Höher-)Entwicklung der Motive eine »Motivhierarchie« aufgestellt, in der physiologische, Sicherheits-, Liebes- und Geborgenheits-, Geltungs- und schließlich Selbstgestaltungsbedürfnisse aufeinander aufbauen.

Wenn wir einmal von den unterschiedlichen Versuchen der Veranschaulichung des Motivationsgeschehens absehen, können wir in Anlehnung an GRAUMANN (1970) den Ausgangspunkt einer motivierten Handlung beispielsweise in einer Mangelsituation sehen, die sich in primären (= angeborenen) und/oder sekundären (= erworbenen) Bedürfnissen manifestiert. Es kommt zu Empfindungen und Gefühlen, die eine auf die Befriedigung hin orientierte Erwartungshaltung begleiten und verstärken. Damit eng verbunden ist eine selektive Wahrnehmungstendenz (vgl. soziale Wahrnehmung), die das der Behebung des Mangelzustandes dienende instrumentale Verhalten unmerklich beeinflußt. Über die konsumatorische Endhandlung kommt es zum befriedigenden Erfolg und damit zum Abschluß der motivationalen Dynamik – bis diese durch andere, auch vorstellungsmäßig vorweggenommene Mangelsituationen erneut angeregt wird.

Dieser Standpunkt, der die Motivation in erster Linie auf Mangelerscheinungen zurückzuführen sucht und von der Annahme einer Spannungs- oder »Triebreduktion« ausgeht, ist hauptsächlich von C. L. HULL vertreten worden. Aber bereits K. S. LASHLEY und zahlreiche experimentelle Untersuchungen nach ihm haben zu einer Modifizierung dieses Konzepts beigetragen. Das motivationale Geschehen wird heute nicht mehr im Sinne einer linearen Reiz-Reaktions-Verbindung gesehen, sondern als ein komplexes System verstanden, in dem Lern- und Erfahrungseinflüsse auch zu einer Verselbständigung von Motiven führen. G. W. ALLPORT spricht hier von einer »funktionellen Autonomie der Motive« (1959). Sehr anschaulich hat R. B.

CATTELL (1950) die Komplexität der Motivationsstruktur in seinem »Schema der motivationalen Verflechtung« dargestellt.

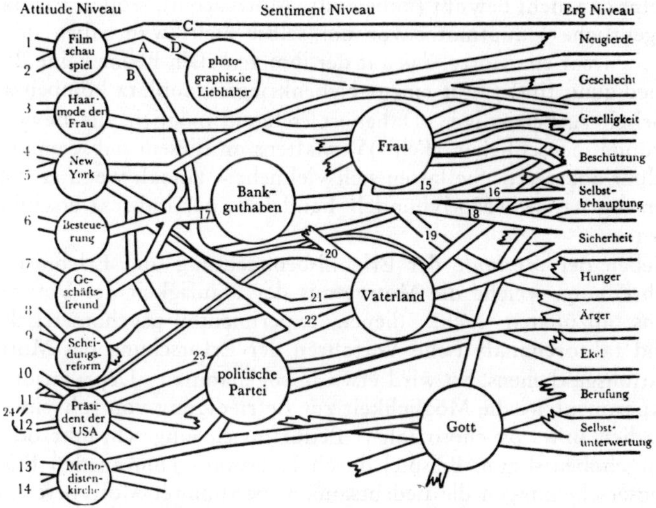

Abb. 13: Schema der »motivationalen Verflechtung« (nach: R. B. CATTELL, 1950; aus: J. C. BRENGELMANN, S. 325, in: R. MEILI und H. ROHRACHER (Hg.), 1963).

CATTELL hebt hierbei die angeborenen, zielgerichteten Motivationsfaktoren (Erg-Niveau) von den erworbenen Gesinnungen (Sentiment-Niveau) und den aus dem Zusammenwirken von »ergs« und kulturellen Einflüssen resultierenden spezifischen Haltungen und Interessen (Attitude-Niveau) ab. Die Dynamik des motivationalen Geschehens ergibt sich aus den vielfältigen Beziehungen, die zwischen den einzelnen Antriebsfaktoren der genannten Ebenen möglich sind. Es muß allerdings darauf verwiesen werden, daß dieses Motivationssystem von CATTELL nicht unumstritten ist; denn manche der von ihm als angeboren behaupteten Motivationsfaktoren dürften sich kaum bestätigen lassen.

Generell können wir zwischen »überdauernden Motivationslagen« und »aktuellen situationsspezifischen Motiven« unterscheiden (C. F. GRAUMANN, 1970), je nach den vorherrschenden Motivarten (z. B. Angst, Sexualität, Machtstreben usw.), welche kurzfristig oder auf Dauer in bestimmten Motivationsformen

(z. B. Trieb, Neigung, Interesse, Affekt, Einstellung usw.) zum Ausdruck gelangen.

Sehr oft sind wir uns der eigentlichen Triebfedern unseres Handelns gar nicht bewußt (unbewußte Motivation), wollen wir das eigentliche Hauptmotiv vor uns selbst nicht wahrhaben oder suchen wir ein Motiv, das auf der ihm gemäßen Ebene keine Befriedigung findet, auf einem Nebenkriegsschauplatz kompensatorisch zu befriedigen. Daher ist es kaum möglich, die Beweggründe menschlichen (Fehl-)Verhaltens an diesem selbst unmittelbar abzulesen. Sie lassen sich vielmehr – zumal, wenn es sich um sogenannte »Motivbündel« handelt –, nur indirekt erschließen.

Neben der *Methode* der Erlebnisbeobachtung und Erlebnisbeschreibung, welche die Motive aus der Häufigkeit des Verhaltens abzuleiten sucht, dienen experimentell-psychometrische und faktorenanalytische Verfahren der Erforschung des Motivationsgeschehens. So wird etwa in sogenannten »Deprivationsexperimenten« die Möglichkeit zur Befriedigung von (physiologischen bzw. psychosozialen) Bedürfnissen eingeschränkt oder aufgehoben – zum Beispiel durch Isolation –, um an den Entzugserscheinungen die Bedeutsamkeit bestimmter Motivbereiche für die Entwicklung und Verhaltenssteuerung zu erkennen. Dagegen wird in »Obstruktionsexperimenten« das durch die Einführung von Hindernissen erzeugte Frustrations- und Konfliktverhalten etwa unter dem Aspekt der Zielerreichung oder dem der Anpassungsfähigkeit untersucht.

Ein in unserer heutigen Gesellschaft hoch bedeutsames Motiv ist das der Leistung. Leistungsverhalten – nicht zu verwechseln mit dem Betätigungsdrang – ist durchaus nicht angeboren wie beispielsweise die Neugierde, sondern das Ergebnis einer »Verstärkungskonditionierung« (W. CORRELL, 1971) in früher Kindheit. Bereits im Alter von drei bis vier Jahren, in dem das Kind erstmalig Mißerfolge auf sein eigenes Leistungsverhalten zu beziehen vermag, werden die Voraussetzungen für die zukünftige *Leistungsmotivation* des Kindes geschaffen. Nach M. WINTERBOTTOM resultiert hohe Motivation aus einem Erziehungsstil, der es dem Kind früh ermöglicht, selbständig zu sein und eigene Verantwortung zu tragen. H. HECKHAUSEN spricht in diesem Zusammenhang von der »Selbständigkeitsmotivation« als einem »Vorläufermotiv« der Leistungsmotivation (O. W. HASELOFF, 1970). Allerdings ist hier mit Selbständigkeit und Verantwortung nicht gemeint, schon frühzeitig hohe Anforderungen an das Kind zu stellen. Es geht vielmehr um eine Erziehungshaltung, die dem Kind die Möglichkeit zu Erfolgen offenläßt und nicht durchweg die Überlegenheit des Erwachsenen in den Vordergrund rückt. Überforderung und Unterforderung sind für die Ausbildung der Leistungsmotivation gleichermaßen ungünstig. Eine ausschlaggebende Rolle spielt nicht zuletzt das als Vorbild dienende Leistungsverhalten der Eltern selbst. Ihre Erwartungen sollten jedoch sowohl in leistungsmäßiger als auch moralischer Hinsicht zunächst an der Leistungsfähigkeit des Kindes (siehe seine Intelligenz, Begabungsausrichtung und Einsichtsfähigkeit) orientiert sein und erst mit zunehmendem Leistungsvertrauen allmählich erhöht werden. Denn das Kind versucht, die Forderungen des Erwachsenen zu übernehmen und sie sich – nach S. FREUD in der Ausformung des »Über-Ichs« oft in der gleichen unerbittlichen Einstellung – zu eigen zu machen. Vor diesem Hintergrund eines allgemeinen, auf die Leistung bezogenen Wertmaßstabes bildet sich ein spezifisches *Anspruchsniveau* des Individuums aus. Liegt das persönliche Anspruchsniveau erheblich über dem möglichen »Erfolgsniveau«, stellen sich allmählich Frustrationen ein, die zur Resignation führen können und damit zu einer Senkung der Leistungsmotivation auf einem oder mehreren Gebieten. Während eine zeitweilige Senkung oder generelle Überprüfung des persönlichen Anspruchsniveaus nach mehrmaligem Mißlingen eine flexible und einsichtsvolle (Anpassungs-)Reaktion gegenüber den eigenen Fähigkeiten und äußeren Bedingungen darstellt, steht die extreme und starr beibehaltene Erhöhung bzw. Senkung des Anspruchsniveaus bei mißerfolgsgewohnten Individuen fast ausschließlich im Dienste der Erhaltung und Wiedergewinnung der Selbstachtung. Jede Art von Strafe nach Mißerfolgen steigert das entmutigende Gefühl der persönlichen Unfähigkeit und bewirkt – zur Stützung des Selbstwertbewußtseins – eher Trotz und Aggression als sachliches Engagement. Diese Fixierung auf sich selbst erschwert die realitätsgerechte Einschätzung der eigenen Leistungsfähigkeit und setzt über neuerliche Mißerfolgserlebnisse einen »circulus vitiosus« in Gang. Daher ist bei Mißerfolgen ein neutrales Verhalten angebrachter, da es keinen zusätzlichen emotionalen Streß erzeugt und die trotz Leistungsversagen immer auch noch vorhandene Anstrengungsbereitschaft nicht zu einer generellen »Abwendungsmotivation« (CORRELL) werden läßt, die dann vordergründig als Faulheit oder Oberflächlichkeit erscheinen mag.

Eine sachbezogene, dauerhafte Leistungsmotivation beruht somit auf Leistungserfolgen, welche den persönlichkeitsspezifischen Bewertungsnormen entsprechen und von der Umwelt anerkannt werden. Sie ist abhängig von der *Erfolgszuversicht*, mit der ein Individuum der jeweiligen Lage einer Situation begegnen kann. Die Erfolgszuversicht ist allerdings keineswegs nur ein individuelles oder familiäres Problem. Gesellschaftlich gesehen ist sie in der sozialen Unterschicht niedriger als in der Mittelschicht, und auch zum Beispiel bei Frauen ist sie in beruflicher Hinsicht allgemein geringer als bei Männern, da eben die Aufstiegschancen der Frau in höhere Positionen de facto nach wie vor begrenzt sind und dadurch die Entwicklung einer selbstbewußten beruflichen Leistungsmotivation rollenspezifisch erschwert wird. Insofern kann die soziale und/oder geschlechtliche Unterlegenheit von Frauen auch als »persönliches Versagen« erlebt werden. In diesem Punkte zeigt sich die enge Verbindung, welche die Motivationspsychologie u. a. zur Soziologie, Sozialpsychologie und auch Differentiellen Psychologie hat.

IV. Differentielle Psychologie

1. Abgrenzung zur Allgemeinen Psychologie

1.1. Entstehungsgeschichte

Als W. WUNDT im Jahre 1879 in Leipzig das erste Psychologische Laboratorium der Welt einrichtete und damit die moderne, naturwissenschaftliche Psychologie »institutionalisierte«, hatte man das Individuum in der Psychologie noch nicht entdeckt. Leipzig wurde zum internationalen Wallfahrtsort für Psychologen, die sich als Anhänger WUNDTS noch zu sehr um die experimentelle Erforschung psycho-physiologischer Zusammenhänge bemühten, als daß sie das Einmalige und Ganzheitliche in der Persönlichkeit hätten sehen können. Forderungen nach der Beachtung der »individuellen Unterschiede« wurden von WUNDT noch zurückgewiesen. Doch die Entstehung einer neuen wissenschaftlichen Disziplin, die sich unter der Bezeichnung *Differentielle Psychologie* aus der weithin verbreiteten Allgemeinen Psychologie abspalten sollte, war geistesgeschichtlich lange vorbereitet worden.

Erste Ansätze einer differentiellen Betrachtungsweise finden sich bereits in der Antike bei PLATON, der Temperamentenlehre von G. GALENUS (ca. 131–201 n. Chr.), im Zeitalter der Renaissance sowie schließlich in den Charakterologien des 19. Jahrhunderts. In neuerer Zeit stellte die »Psychopathologie«, die sich mit der Untersuchung der Ursachen und des Verlaufs schwerer seelischer Störungen befaßt, immer wieder die Unterscheidbarkeit psychischer Phänomene fest. Auf dem Gebiet der »Entwicklungspsychologie« führte im Jahre 1787 D. TIEDEMANN die »Methode der Kinderbiographie« ein, und etwa hundert Jahre später entwickelte St. HALL für individuelle Untersuchungen die »Fragebogenmethode«. F. W. BESSEL (1784–1846) überprüfte 1823 eine im Bereich der Astronomie

gemachte Entdeckung: Die bei Sternbeobachtungen vorgenommenen Zeitschätzungen mehrerer Astronomen stimmten nicht miteinander überein, sondern wichen in einer jeweils individuell konstanten Weise voneinander ab. Diesen durchgehenden, für das betreffende Individuum charakteristischen Beobachtungsfehler nannte BESSEL »persönliche Gleichung«. In der »Pädagogik« zeigten sich ebenfalls die praktischen Konsequenzen einer veränderten Einstellung. A. BINET (1857–1911) und V. HENRI betonten in ihrem Aufsatz »La psychologie individuelle« (1896), daß es weniger auf exakte Messungen als vielmehr auf das Erkennen gerade derjenigen Eigenschaften ankomme, welche individuelle Unterschiede aufwiesen. In Deutschland wurden um 1900 im sogenannten »Mannheimer Schulsystem« (K. J. GROFFMANN, 1971, S. 147) drei Begabungsbereiche unterschieden und daher schon Haupt-, Förder- und Hilfsklassen eingerichtet. Wenn es auch innerhalb der Pädagogik, sowohl in Deutschland als auch in Frankreich, zunächst nur um die Unterscheidung zwischen Normal- und Minderbegabten und die Auslese der letzteren ging, so war doch die Orientierung der Psychologie auf das Individuum hin vorgezeichnet – zumal auch S. FREUD (1856–1939) in seiner »Psychoanalyse« das seelisch kranke Individuum entgegen der herrschenden Lehrmeinung in der Medizin mehr in den Vordergrund stellte, und er seine auf 1900 datierte »Traumdeutung« veröffentlichte.
Der entscheidende Beitrag für die Entwicklung der Differentiellen Psychologie kam letztlich von seiten der (englischen) »Erbforschung«. Beeinflußt von den Gedanken Ch. DARWINS (1809–1882) über die »Entstehung der Arten« und die »Abstammung des Menschen« beschäftigte sich F. GALTON (1822–1911), dem u. a. auch die Einführung des Fingerabdruckverfahrens als persönliches Erkennungsmerkmal zugeschrieben wird (F. MERZ, 1972, S. 403), mit der Erblichkeit psychischer Eigenschaften und deren Verteilung in der Bevölkerung. Er konstruierte als erster psychologische Tests zur Erfassung von Begabungsfunktionen und richtete im Jahre 1882 in London das erste der Öffentlichkeit zugängliche Testinstitut ein. Damit wurde GALTON zum Begründer der »Psychometrie«, die in Verbindung mit der »Statistik« eine wesentliche Grundlage der differentiell-psychologischen Methodik darstellt.
Aus dem Bedürfnis heraus, die (allgemeine) Psychologie mehr auf die unmittelbare Praxis zu beziehen, findet dann die Differentielle Psychologie um die Jahrhundertwende ihre offizielle

Anerkennung, in Deutschland vor allem durch die Arbeit »Über Psychologie der individuellen Differenzen« (1900) von W. STERN.

1.2. Theoretische Grundlagen

Die Differentielle Psychologie – nicht zu verwechseln mit der (psychotherapeutisch orientierten) »Individualpsychologie« A. ADLERS – hat sich bisher noch nicht so recht als eine eigenständige Disziplin innerhalb der psychologischen Wissenschaft etablieren können. Dies ist u. a. die Folge ihrer geringen Abgrenzbarkeit sowie ihrer mangelnden theoretischen Fundierung. Da sie im Gegensatz zur Allgemeinen Psychologie praxisbezogen und daher durch den Wandel gesellschaftlicher Verhältnisse sehr viel mehr geprägt worden ist, konnte es ihr bisher nicht gelingen, ein begrifflich und theoretisch einheitliches Ordnungssystem zu entwickeln. Um aber eine bessere Vergleichbarkeit ihrer empirischen und statistischen Untersuchungsergebnisse zu erreichen, sieht die Differentielle Psychologie heute ihr Hauptproblem darin, eine allgemeingültige Begriffssprache zu schaffen. Die Entwicklung von Theorien, die entweder mehr die Anlagebestimmtheit oder aber mehr die Umweltabhängigkeit der individuellen Unterschiede herausstellen, soll es ermöglichen, Einzelbefunde in gesetzmäßige Zusammenhänge einzuordnen und von daher besser zu verstehen.

Während die Allgemeine Psychologie die seelischen Funktionen (z. B. Wahrnehmung, Denken)selbst zu ihrem eigentlichen Gegenstand hat, indem sie deren vom Einzelfall unabhängige Gesetzlichkeiten erforscht, befaßt sich die Differentielle Psychologie gerade mit den Ursachen und Bedingungen von Verhaltensunterschieden sowohl bei Individuen (intra-individueller Aspekt) als auch bei »künstlichen«, d. h. unter bestimmten Merkmalsaspekten zusammengefaßten Gruppen (interindividueller Aspekt). Beide Wissenschaftsdisziplinen bleiben jedoch aufeinander bezogen und ergänzen sich, da »wir die Besonderheit des Einzelfalles gar nicht bemerkt hätten, wenn uns nicht die allgemeine Regel bekannt wäre« (HOFSTÄTTER, 1971, S. 23). Die Differentielle Psychologie steht vor der besonders auch in methodischer Hinsicht schwierigen Aufgabe, Abweichungen und Unterschiede im Erleben und Verhalten des Menschen als überzufällig nachzuweisen. Die psychische Variabilität, wie sie in einer mehr oder weniger großen Streuung von Verhaltens- und Persönlichkeitsmerkmalen zum Ausdruck kommt, ist der Hauptgegenstand differentiell-psychologischer

Forschung. Sie untersucht Intelligenz- und Begabungsunterschiede, Temperamentsverschiedenheiten, (mögliche) Unterschiede zwischen den Geschlechtern, Rassen und Volksgruppen.

In Anlehnung an eine Arbeit von W. WINDELBAND (1848–1915) aus dem Jahre 1894 lassen sich hierbei zwei Forschungsrichtungen voneinander abheben: Bei dem idiographischen Ansatz werden einmalige, historische Ereignisse untersucht, zum Beispiel ein einzelnes Individuum hinsichtlich mehrerer Persönlichkeitseigenschaften. Dagegen wird bei dem nomothetischen Ansatz der Versuch unternommen, allgemeine Gesetzmäßigkeiten zu erkennen, etwa ein bei allen Individuen durchgehend beobachtbarer, wenn auch nicht immer mit gleicher Stärke ausgeprägter Persönlichkeitsfaktor.

Da »Wissenschaft« in erster Linie Ordnung und Analyse von Daten unter methodischen Gesichtspunkten ist, kann es auch in der Psychologie nicht darum gehen, das sogenannte »Wesen« seelischer Gegebenheiten zu entdecken. Dies wird im Alltag nicht selten als das eigentliche Anliegen der Psychologie, insbesondere der Persönlichkeitspsychologie, vermutet. Charakter-»Eigenschaften« wird von Laien gerne eine gleichsam reale Existenz zugeschrieben, indem von vereinzelten Äußerungen in bestimmten Situationen recht schnell auf unveränderliche Anlagen geschlossen wird. Vor dem Hintergrund dieser vereinfachten, klischeehaften Auffassung vom Menschen kommt es zur Einteilung der Menschen in solche mit guten Anlagen und solche mit schlechten Anlagen. Erzieherische Einflüsse, denen ansonsten eine hohe Wirkungsmöglichkeit zugeschrieben wird, finden dann plötzlich nur eine geringe Beachtung; die konstante Wiederholung der für einen Menschen typischen Verhaltensweisen wird eben oft eher als ein Beweis für deren Vererbtheit angesehen. Aber gerade die Anlagen besitzen einen gewissen Spielraum, innerhalb dessen erst die jeweiligen Sozialisationsbedingungen individuelle und gruppenspezifische Verfestigungen bewirken. Die Differentielle Psychologie stößt daher bei all ihren Überlegungen immer wieder auf die Grundfrage, ob und in welchem Maße Unterschiede erb- bzw. lernbedingt sind.

Im Vergleich mit der Allgemeinen Psychologie, die infolge ihrer geringen Praxisorientierung sowie der experimentellen Isolierung psychischer Einzelfunktionen im Laboratorium einen »homo psychologicus« (L. QUACK, 1971, S. 177) konstruieren konnte, sieht sich heute die Differentielle Psychologie in ihrem Hauptanliegen der Menschenkenntnis und der Menschenbehandlung zu einer sehr viel schnelleren und umfassenderen »Bewährungskontrolle« gezwungen, da sie ihre Forschungsergebnisse sofort auf den ganzen, »lebenden« Menschen anwenden muß. Sie wird sich in zunehmendem Maße veranlaßt sehen, »die Empirie durch das Experiment zu überprüfen und zu erklären«, d. h. ihre Ergebnisse »auf solche der allgemeinen Psychologie zu beziehen« (F. MERZ, 1972, S. 438). Insofern ist die Differentielle Psychologie sowohl Grundlagen- als auch Angewandte Wissenschaft. »Vertiefung der Menschenkenntnis unter Berücksichtigung der individuellen Varianten, das ist die theoretische Seite, und nachfolgend die Verbesserung der Menschenbehandlung, das ist die praktische Seite der Differentiellen Psychologie« (K. J. GROFFMANN, 1971, S. 148).

2. Methodische Probleme (Anlage und Umwelt)

2.1. Intuitive Betrachtungsweise

Die Differentielle Psychologie ist weit mehr als andere Disziplinen der Psychologie in einer vorwissenschaftlichen Tradition verankert. Erkenntnisse über den Menschen wurden hier fast ausschließlich auf dem Wege der *Intuition* gewonnen und aus einfachen Analogieschlüssen abgeleitet – so, wenn man von den Anmutungsqualitäten der Farben her die dunkle Hautfarbe eines Menschen mit der Reinheit seiner Seele in Verbindung brachte und etwa dem Neger hauptsächlich schmutzige Triebhaftigkeit zuschrieb. Die Tiefenpsychologie und neuere Ergebnisse der Sexologie weisen jedoch darauf hin, daß die negative Bewertung des Triebgeschehens bei anderen Menschen auch im Sinne einer Abwehr eigener Triebtendenzen, die auf den anderen projiziert werden, verstanden werden kann.

Schon früh hat der Mensch konkrete Antworten auf seine der unmittelbaren Lebenssituation entstammenden Fragen gesucht – zumal Kunst, Glaube und Philosophie durchaus nicht immer zur Aufklärung des Durchschnittsmenschen beigetragen haben. Dieser erhoffte sich darum oft mehr Hilfe von den zahlreichen Typen- und Charakterlehren, die sich im Laufe der Geschichte mit bemerkenswerter Zähigkeit am Leben erhalten haben – nicht, weil sie sich immer als allgemein zutreffend erwiesen hätten, sondern gerade auf Grund ihrer Suggestivität und Unwiderlegbarkeit im Einzelfall. Es waren noch keine wissenschaftlichen Methoden vorhanden, um den Aussagegehalt derartiger Lehren auf seine objektive Gültigkeit hin zu überprüfen.

Man entwarf das Bild vom Menschen global »von oben« her, anstatt »von der Vielheit der im Individuum feststellbaren Phänomene ausgehend langsam und vorsichtig zur Einheit der Individualität aufzusteigen« (W. STERN, 1911).

Da die Differentielle Psychologie inhaltlich wesentlich von den in einer Gesellschaft vorhandenen Konventionen und Bedürfnissen bestimmt wird, muß sich auch ihre methodische Vorgehensweise, die von der jeweiligen Untersuchungsthematik nicht unabhängig ist, darauf einstellen und den gesellschaftlichen Interpretationshintergrund mitberücksichtigen. So neigen nach MERZ (1972) europäische und eher konservativ orientierte Forscher mehr dazu, den »Anlage«-Faktor in den Vordergrund zu stellen, während nordamerikanische und nach »links« tendierende Wissenschaftler mehr den »Milieu«-Faktor betonen. Je nach dem zu untersuchenden Kriterium haben entweder die Erbanlagen (z. B. Temperament) oder aber die Umwelteinflüsse (z. B. Einstellungen) größere Bedeutung. In den meisten Fällen wird es sich allerdings bei der Erforschung intra- und interindividueller Unterschiede um die Wirkung beider Komponenten handeln (z.B. Intelligenz).

2.2. *Grundschema der differentiellen Methodik*

Grundlegend für die differentielle Methodik ist die vergleichende Betrachtungsweise, wie sie in dem auch heute noch gültigen Methodenschema von W. STERN (1911, S. 17f.) formal veranschaulicht ist (s. S. 73).

Während die Allgemeine Psychologie lediglich die den Merkmalen eigenen Gesetzlichkeiten untersucht, muß sich die Differentielle Psychologie mit dem ganzheitlichen und dennoch abgrenzbaren Individuum beschäftigen. Sie hat es daher (zunächst) mit zwei Forschungsdimensionen zu tun: den *Merkmalen* und den *Individuen*.

Wird ein einziges Merkmal (z. B. Intelligenzgrad, Aufmerksamkeitstypus) bei mehreren Individuen untersucht, sprechen wir von der »Variation« dieses Merkmals. Werden mehrere Merkmale an einer Reihe von Personen überprüft und in entsprechenden »Koeffizienten« Richtung und Stärke ihres Zusammenhangs bestimmt (z.B. zwischen Intelligenz und Schulleistung), handelt es sich um die »Korrelation« von Merkmalen. Demgegenüber steht bei der »Psychographie« die Individualität als solche im Blickfeld der Untersuchung. Vorhandene Merkmale und Eigenschaften werden auf ihr Zusammenwirken hin und in ihrer Bedeutung für das Leben der betreffenden Persönlichkeit analysiert (z.B.

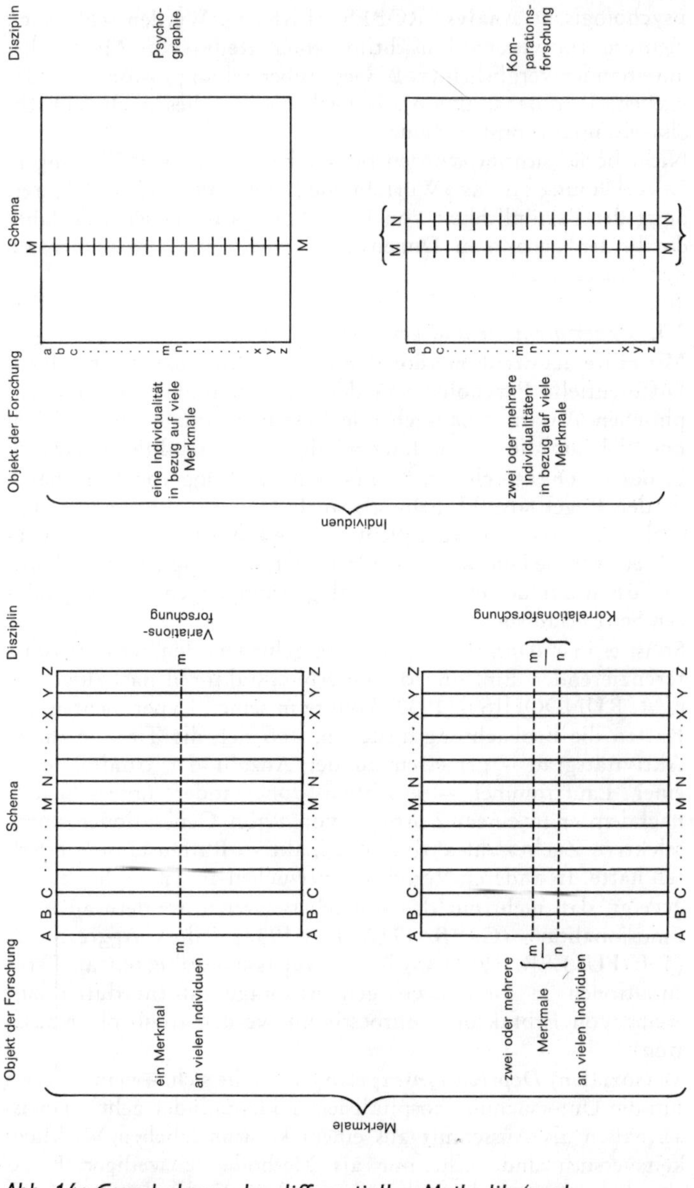

Abb. 14: Grundschema der differentiellen Methodik (nach: W. STERN, 1911, S. 18).

psychologische Analyse ROBESPIERRES). Werden schließlich mehrere Individuen hinsichtlich einer Reihe von Merkmalen miteinander verglichen (z. B. Gegenüberstellung historischer Gestalten, Familienanalysen), bezeichnen wir dies nach STERN als »Komparationsforschung«.

Nicht berücksichtigt wurden bisher die situativen Bedingungen. In Anlehnung an das »Würfelmodell« zur faktoriellen Beschreibung der Persönlichkeit von R. B. CATTELL lassen sich daher die beiden genannten Dimensionen noch durch die Dimension der *Zeit* ergänzen.

2.3. Experimentelle und genetische Methoden

Mit Hilfe des dreidimensionalen Methodenschemas sieht sich die Differentielle Psychologie in der Lage, eine über den idiographischen Ansatz hinausgehende Systematisierung zu erreichen und sich um die Auffindung möglicher Variabilitätsgesetze zu bemühen. Dies geschieht, da an der Ausprägung von Merkmalen in der Regel sowohl Erb- als auch Umweltfaktoren beteiligt sind, mit Hilfe von experimentellen und humangenetischen Verfahren, welche eine weitgehende Differenzierung zwischen Lerneinflüssen auf der einen und Anlagebedingungen auf der anderen Seite erlauben.

So ist es in *Züchtungsexperimenten* gelungen, den verhaltensdifferenzierenden Einfluß von Vererbungsfaktoren nachzuweisen. E. A. RUNDQUIST (1933) konnte in seinen Experimenten mit Ratten die Beobachtung anstellen, daß sich die Tiere in ihrem Aktivitätsgrad – gemessen an der Anzahl der Umdrehungen einer Lauftrommel – erheblich voneinander unterschieden, nachdem er in einem Zeitraum von zwölf Generationen durch selektive Zuchtwahl aktive und inaktive Rattenstämme erhalten hatte. In anderen Vererbungsversuchen an Tieren hat es sich gezeigt, daß nicht nur das Antriebsverhalten, sondern auch die Emotionalität (C. S. HALL, 1937), die Aggressivität (J. L. FULLER, 1954) sowie die Anpassungsfähigkeit an Lernsituationen in ihrer jeweiligen Ausprägungsform durch eine Reihe von Erbfaktoren mitbestimmt werden (multiple Kausation).

In (sozialen) *Deprivationsexperimenten,* die sich – wenn es etwa um die Untersuchung hospitalisierter Heimkinder geht – gewissermaßen als Ausschnitt aus einem kontinuierlichen Wirklichkeitsversuch und nicht nur als Methode zeitweiliger Funktionsbehinderung darstellen, in solchen Verhinderungsexperimenten sucht man ebenfalls die Wirkung genetischer Programme gegenüber den jeweils spezifischen Milieubedingungen festzustellen. Denn erst nach Kenntnis der Wechselwirkung zwischen Anlage und Umwelt sowie der Klärung der Frage, welchen Anteil beide Bereiche an der Ausformung bestimmter Merkmale, Funktionen und Verhaltensweisen haben, ist es sinnvoll, den differenzierenden Einfluß konkreter Sozialisationsbedingungen zu untersuchen.

Daß Unterschiede in der Ausbildung seelischer Funktionen, die für die spätere geistige Befähigung eines Menschen von Bedeutung sind, von der zu schwachen oder aber zu starken Anregung eines Säuglings unmittelbar nach der Geburt abhängig und somit umweltbedingt sein können, haben B. L. WHITE und R. HELD (1966) nachgewiesen. Sie beobachteten in einem staatlichen Kinderheim geborene und dort in den ersten Monaten aufgewachsene Babys. Die beiden Forscher stellten u.a. fest, daß Säuglinge in den ersten beiden Monaten noch nicht in der Lage sind, ein Überangebot an sensorischen Reizen zu verarbeiten und sie vielmehr mit wenigen Anregungen, was die Einfachheit der Spielgegenstände betrifft, auszukommen vermögen. Zu viele Wahrnehmungsreize bewirken vor dem dritten Monat eher eine Verlangsamung der visuell-motorischen Entwicklung, da die visuelle Aufmerksamkeit und das Greifverhalten – beides Kriterien frühkindlicher Intelligenzentwicklung – dadurch überfordert werden.

Im wesentlichen hat sich auch bei dieser Untersuchung gezeigt, daß die Reihenfolge des Auftretens von Verhaltensmerkmalen in der Regel zwar erbbedingt, der Zeitpunkt des Entwicklungsbeginns und die qualitative Ausprägung der Merkmale hingegen recht stark von funktionsgerechten Lerneinflüssen abhängen. Inwieweit dies in den einzelnen psychischen Bereichen möglich ist, läßt sich in *Lernexperimenten* durch unterschiedliche Übungsvoraussetzungen demonstrieren. –

Einen breiten Raum innerhalb der differentiell-psychologischen Methodik nehmen humangenetische Fragestellungen ein. Sie beziehen sich in erster Linie auf die (statistische) Analyse familiärer Ähnlichkeiten und Unterschiede – einmal hinsichtlich der Verebbarkeit von Spezial- und Hochbegabungen sowie von Verhaltensanomalien, zum anderen im Hinblick auf die Wirkung unterschiedlicher Umwelt- und Lebensbedingungen (z. B. Größe und sozio-ökonomischer Status einer Familie, Erziehungsstil, Stellung in der Geschwisterreihe, usw.). Eine der auch heute noch bekanntesten *Familienanalysen* geht auf F. GALTON (1869) zurück. Er vertrat mit besonderem Nachdruck die Ansicht, daß die Begabungen und Fähigkeiten des Menschen vorwiegend erbbedingt seien und sich analog den äußeren Merkmalen (z. B. Körpergröße) verteilten. Um diese These der unterschiedlichen Ausprägung geistiger Eigenschaften in Abhängigkeit von familiären Erbkonstellationen nachweisen zu können, untersuchte er die verwandtschaftlichen Verhältnisse berühmter Persönlichkeiten in auf- und absteigender Folge. Dabei zeigte es sich, daß in diesen Familien weit mehr hervorragende Personen anzutreffen waren, als man nach den Gesetzen der Wahrscheinlichkeit hätte erwarten dürfen. Darüber hinaus stellte GALTON fest, daß sich bei engerem Verwandtschaftsgrad die Anzahl der ebenfalls berühmten Männer deutlich erhöhte:

Verwandte	%	Verwandte	%
Söhne	48	Vettern	10
Brüder	41	Großneffen	10
Väter	31	Großonkel	5
Neffen	22	Urgroßväter	3
Onkel	18	Urgroßenkel	3
Großväter	17	Urgroßonkel	0
Enkel	14	Urgroßneffen	0

Tab. 2: Familienanalysen

Bei genauerer Betrachtung lassen sich diese Prozentwerte allerdings kaum verallgemeinern und schon als Beweis für die Erblichkeit von Persönlichkeitsmerkmalen ansehen, da GALTON in zweifacher Hinsicht methodische Fehler unterlaufen sind. Die von ihm untersuchten Personen gehörten ausschließlich dem männlichen Geschlecht an; Frauen wurden nicht berücksichtigt. Daneben hat er es versäumt, die direkten Erziehungseinflüsse und familiären Umweltbedingungen in seine Überlegungen miteinzubeziehen. Daß in der überwiegenden Zahl der Fälle gerade die Söhne und Brüder der untersuchten Persönlichkeiten hervorragten und sich auszeichneten, ließe sich ebenso durch bessere Entwicklungsmöglichkeiten der Kinder sowie günstigere Aufstiegschancen im Beruf auf Grund des bekannten Familiennamens erklären. Vor dem Hintergrund der Frage nach den Bedingungen und Ursachen intra- und interindividueller Unterschiede zeigt sich hierin einmal mehr die methodische Schwierigkeit, in so komplexen Zusammenhängen, wie sie sich in der Familienanalyse darstellen, Erb- und Umwelteinflüsse klar voneinander zu trennen. –

Neben einer großen Anzahl von Familienanalysen, in denen etwa die »Kriminalität« (R. L. DUGDALE), die Erblichkeit des »Schwachsinns« (H. H. GODDARD) und die familiäre Häufung der »Schizophrenie« (F. J. KALLMANN) über mehrere Generationen hinweg verfolgt worden sind, sind die Stammbäume großer Familien aus der Wissenschaft, der Kunst- und Musikgeschichte zu erwähnen. So hat die schweizerische Gelehrtenfamilie BERNOULLI in einem Zeitraum von vier Generationen acht anerkannte Mathematiker hervorgebracht (G. RÉVÉSZ, 1952). Auf dem Gebiet der darstellenden Kunst sind es zum Beispiel Familien wie VAN EYCK, BREUGHEL, HOLBEIN, GAGGINI DA BISSONA, während innerhalb der Musik der Stammbaum der Familie BACH in eindrucksvoller Weise die Weitergabe der künstlerischen Begabung erkennen läßt.

Eine andere, methodisch besser zu kontrollierende Vorgehensweise bietet sich der menschlichen Erblehre mit der u.a. auf GALTON (1875) und E. L. THORNDIKE (1905) zurückgehenden *Zwillingsforschung* an. In zahlreichen Untersuchungen ist seitdem immer wieder die naturgegebene Möglichkeit genutzt worden, Zwillinge mit gleichen Erbanlagen solchen mit unterschiedlichen Anlagen gegenüberzustellen und beide Gruppen in dem Grad der jeweils innerpaarigen Merkmalsübereinstimmung (Konkordanz) bezw. -unterschiedlichkeit (Diskordanz) miteinander zu vergleichen. Im wesentlichen lassen sich hierbei nach K. GOTTSCHALDT (1960, S. 233 ff.) vier methodische Ansätze unterscheiden:

1. Eineiige Zwillinge (EZ), die voneinander getrennt in unterschiedlichen Umweltverhältnissen aufgewachsen sind, werden daraufhin untersucht, inwieweit sie sich in bestimmten Persönlichkeitszügen und Leistungskriterien dennoch ähneln oder aber mehr oder weniger voneinander abweichen.
2. Bei der von GESELL und seinen Mitarbeitern im Jahre 1941 entwickelten »Co-twin-control-Methode« geht es um die Auswirkungen eines zeitlich begrenzten Trainings auf die Entwicklung etwa motorischer Fertigkeiten oder sprachlicher Fähigkeiten. Während sich die Motorik als deutlich reifungsbestimmt herausgestellt hat (vgl. Treppenversuch von GESELL), zeigt sich die Sprache, abgesehen von der Entwicklung der Sprech-»Motorik«, als vorwiegend lernabhängig.
3. Die »Zwillingslager-Methode« ermöglicht es demgegenüber, Zwillingsgruppen in mehrwöchiger Dauerbeobachtung hinsichtlich ihres Leistungsverhaltens und ihrer Umweltbezogenheit miteinander zu vergleichen. Tagebuchaufzeichnungen,

Testergebnisse und willkürlich erzeugte Konfliktsituationen dienen dazu, nicht nur einzelne Funktionen, sondern die gesamte Persönlichkeit in ihrer emotionalen, sozialen und intellektuellen Ausrichtung zu erfassen.

4. In »Längsschnittstudien« werden schließlich die Lebensläufe der einzelnen Zwillinge über einen längeren Zeitraum hinweg verfolgt, um – etwa bei gleicherbigen Zwillingen – etwas über die Einflüsse unterschiedlicher Lebensumstände auf die Persönlichkeitsentwicklung zu erfahren.

In umfangreichen Untersuchungen haben sowohl H. H. NEWMAN, F. N. FREEMAN und K. J. HOLZINGER (1937) als auch C. BURT (1966) Intelligenz, Schulleistung und körperliche Merkmale bei Zwillingen miteinander verglichen. Dabei hat sich ergeben, daß erbgleiche Zwillinge nicht nur in körperlichen Merkmalen sehr viel mehr übereinstimmen als zweieiige Zwillinge (ZZ), sondern auch im Bereich der allgemeinen Intelligenz und der schulischen Leistungsfähigkeit; allerdings hat sich die (sprachliche) Schulleistung im Gegensatz zur Intelligenz und mathematischen Begabung als mehr milieuabhängig erwiesen. Nach statistischen Analysen, die in erster Linie über die Berechnung von Durchschnittswerten und Korrelationskoeffizienten vorgenommen werden, erreichen erbgleiche Zwillinge eine Konkordanz der intellektuellen Leistung von $r = 0{,}90$; selbst getrennt aufgewachsene monozygotische Zwillinge zeigen trotz unterschiedlicher Umweltbedingungen eine immer noch höhere Korrelation der Intelligenzleistungen als gemeinsam erzogene zweieiige Zwillinge. Letztere lassen nach K. GOTTSCHALDT (1960) eine in der Regel fast doppelt so hohe Unterschiedlichkeit in ihren Leistungsergebnissen erkennen als die erbgleichen Zwillinge.

Darüber hinaus enthält die Zwillingsmethode die Möglichkeit, »nicht nur die Psychologie des Paares zu erforschen, sondern auch ... die grundlegenden Prozesse der Individualitätsentwicklung zu untersuchen« (R. ZAZZO, 1972, S. 816). Diese Entwicklung vollzieht sich zwischen den nicht immer zu vereinbarenden Bedürfnissen nach Identifikation (Angleichung an andere) und Individualisierung (Abhebung von anderen) vor dem Hintergrund des Zusammenwirkens von Anlage und Umwelt (vgl. HOFSTÄTTER, 1971, S. 260).

Die im Rahmen differentiell-psychologischer Fragestellung auf empirischem und experimentellem Wege erhaltenen Ergebnisse dienen letztlich der Auffindung von »Variabilitätsgesetzen« und damit der Schaffung eines objektiven Bezugsrahmens für die psychologische Beurteilung von Individuen und deren Vergleich in einer Reihe von Persönlichkeitsmerkmalen und Leistungskriterien.

2.4. Psychodiagnostische Verfahren

Die für die moderne Industriegesellschaft immer bedeutsamer werdende Einschätzung des Menschen gemäß seiner individuellen Eigenart und spezifischen Leistungsfähigkeit setzt die Entwicklung von Methoden voraus, mit deren Hilfe es gelingt, Persönlichkeits- und Verhaltensunterschiede in zuverlässiger Weise zu diagnostizieren, d. h. zu erkennen und zu beschreiben. Solche Methoden stehen heute der Differentiellen und der Angewandten Psychologie in Form qualifizierter *Tests* zur Verfügung. Diese »erhöhen unsere Chance, einen Menschen zu finden, der bestimmte uns interessierende Merkmale besitzt« (HOFSTÄTTER, 1971, S. 160).

Obwohl Tests durchaus keine Erfindung unserer Zeit sind und immer schon als Rätsel, Mutproben oder (Aufnahme-)Prüfungen Verwendung fanden, um individuelle Begabungen, Fertigkeiten und Kenntnisse festzustellen, liegt der Beginn ihrer Entwicklung zum wissenschaftlichen Meßinstrument dennoch erst um die Jahrhundertwende. Als Hauptanlaß dieser Entwicklung kann das zunehmende gesellschaftliche Interesse jener Zeit an der Erforschung und Differenzierung der geistigen Fähigkeiten gesehen werden. J. McKEEN CATTELL (1860–1944) führte mit seinen »mental tests« derartige Verfahren in den USA ein. In Deutschland waren es C. RIEGER (1888), H. MÜNSTERBERG (1891) und E. KRAEPELIN (1895), welche sich mit diesem Problem befaßten. Aber erst mit den von den Franzosen A. BINET und Th. SIMON um 1905 konstruierten Testserien gelang es, einen wirklichen Durchbruch in der Untersuchung von Begabungsunterschieden zu erzielen. Erstmalig differenzierten die Autoren zwischen mehreren Altersstufen und berechneten ein sogenanntes »Intelligenz-Alter« (IA), je nachdem, wieviele Aufgaben bezogen auf das »Lebens-Alter« (LA) gelöst worden waren. In der Folgezeit wurden diese Tests verfeinert und in weiteren Auflagen neu bearbeitet. Andere Tests zur Messung der Gedächtnisleistung, Aufmerksamkeit und Konzentration als auch besonderer Begabungen und motorischer Fertigkeiten kamen mit der Zeit hinzu.

1921 publizierte H. RORSCHACH (1884–1922) seinen »Formdeutetest« und leitete damit, nachdem bereits ein Jahr zuvor sein Werk »Psychodiagnostik« erschienen war, innerhalb

des Testwesens eine gänzlich neue Entwicklungsrichtung ein. Während bis dahin mit *psychometrischen* Tests lediglich Einzelfunktionen untersucht worden waren und das Hauptproblem in der Frage nach der Meßbarkeit des Menschen bestanden hatte, rückte mit den *projektiven* Verfahren die Gesamtpersönlichkeit in ihrer individuellen Einmaligkeit in den Vordergrund, wenn sich auch jetzt das Problem der Objektivität und Vergleichbarkeit der gewonnenen Daten stellte. Denn im Unterschied zu den psychometrischen Leistungstests, denen ein einheitliches Bewertungssystem zugrunde liegt und die bestimmte Aufgaben vorgeben, welche gelöst werden müssen, bieten die projektiven Verfahren dem einzelnen die Freiheit, den »Aufforderungscharakter« des ihm dargebotenen (Bild-)Materials in persönlicher Weise zu erfassen und zu deuten; hier erhält der Untersuchte die Möglichkeit, sich in seiner individuellen Eigenart zu entfalten, weswegen bei solchen Verfahren auch von »Entfaltungstests« (R. HEISS) gesprochen wird. Neben dem *Rorschachtest* zählen hierzu beispielsweise der *Thematische Apperzeptionstest* von H. A. MURRAY, der *Bilder-Frustrations-Test* von S. ROSENZWEIG, der *Wartegg-Zeichentest*, der *Farbpyramidentest* von M. PFISTER und R. HEISS, der *Sceno-Test* von G. von STAABS und der *Welt-Test* von Ch. BÜHLER.
Weitere Methoden, mit deren Hilfe inter-individuelle Unterschiede festgestellt werden können, sind vor allem die im angloamerikanischen Bereich viel verwendeten *Persönlichkeitsfragebogen.* Die bekanntesten unter ihnen sind der »Minnesota Multiphasic Personality Inventory« (MMPI) zur Erfassung der wichtigsten Persönlichkeitsbereiche, von J. EYSENCK der »Maudsley-Persönlichkeitsfragebogen« (MMQ) zur Feststellung neurotischer Tendenzen sowie das »Maudsley-Persönlichkeitsinventarium« (MPI) zur Untersuchung der beiden Dimensionen »Neurotizismus« und »Extraversion«. Darüber hinaus sind als Verfahren der Persönlichkeitsdiagnostik *Interessen-* und *Neigungstests, Einstellungsskalen, Interviewtechniken* und die wissenschaftlich betriebene *Graphologie* zu nennen; außerdem das *Psychologische Gespräch* (Exploration), die *Gezielte Verhaltensbeobachtung* und die *Ausdrucksanalyse.*
Will sich der Psychologe ein umfassendes Bild von der Individualität eines Menschen machen, muß er beide Testarten – sowohl die »messenden« Verfahren, zu denen in erster Linie die Intelligenztests gehören, als auch die »charakterisierenden« Verfahren – komplementär anwenden. Leistungstests können zwar Aufschluß darüber geben, welche Begabungen und Fertig-

keiten ein Mensch besitzt; ob und unter welchen Bedingungen er sie allerdings einsetzen kann, vermag der Psychologe erst mit Persönlichkeitstests (im engeren Sinne) herauszufinden, die u. a. auch die Einstellungen und Verhaltensmotive des Menschen feststellen.

Jegliche Leistung vollzieht sich im Rahmen sozio-kultureller Normen und individueller Wertsysteme, die sich in der Persönlichkeit als Einstellungen manifestieren. Sie stellen ebenso wie die Intelligenz ein wichtiges Kriterium für das Erfassen von Unterschieden zwischen Individuen und zwischen Gruppen dar. Damit erhält die Einstellungsforschung für die Differentielle Psychologie und die *Psychodiagnostik*, die das einzelne Individuum in das durch die Differentielle Psychologie erstellte System einzuordnen sucht, eine entscheidende Bedeutung (F. SÜLLWOLD). Im Vergleich mit dem Merkmal der Intelligenz zeichnen sich Einstellungen nach HOFSTÄTTER jedoch durch eine vergleichsweise niedrige Stabilität aus:

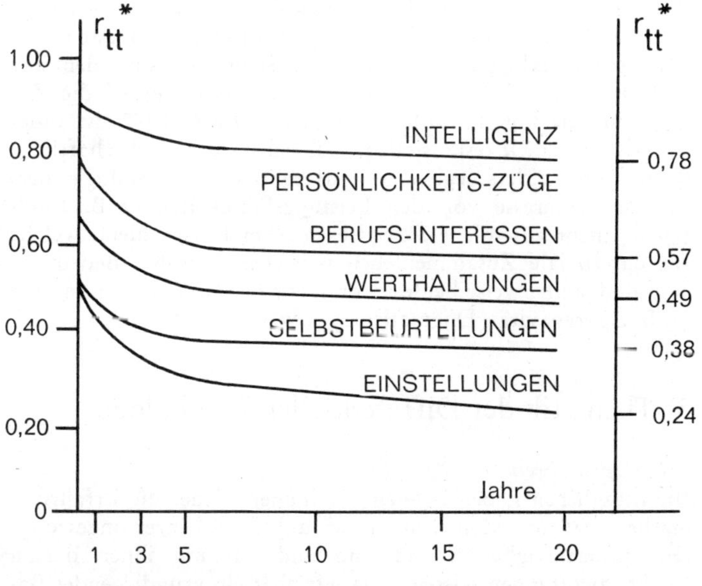

*Abb. 15: Die Stabilität menschlicher Merkmale (nach: P. R. HOFSTÄTTER, 1971, S. 123). * „r" (= Korrelation) bezeichnet die Abhängigkeitsbeziehung zweier Merkmale; der Grad der Abhängigkeit wird in einem Korrelationskoeffizienten ausgedrückt.*

Während der Grad der intellektuellen Leistungsfähigkeit noch nach Jahren eine hohe Konstanz aufweist, tendieren Einstellungen dazu, sich im Laufe der Zeit mehr oder weniger stark zu verändern. »Man weiß daher so gut wie nichts von der heutigen Einstellung eines Probanden, dessen damalige Einstellung man zu kennen glaubt« (HOFSTÄTTER, 1971, S. 124).
Im Gegensatz zu der im Alltag oft vertretenen Ansicht geht es der *Diagnostischen Psychologie* nun nicht einfach um eine bloße »Vermessung« des Menschen mit Hilfe unpersönlicher Tests. Sie bemüht sich unter dem Aspekt einer jeweils individuellen Fragestellung vielmehr um die Erstellung einer sachlichen und verläßlichen *Diagnose,* die auf einem ausgedehnten Prozeß der systematischen Sammlung und wissenschaftlich kontrollierten Verarbeitung von Informationen basiert. Sie soll letztlich eine Entscheidungshilfe sein und u. U. den Grad der Wahrscheinlichkeit angeben, mit dem ein bestimmtes Leistungs- und Verhaltensziel erreicht werden kann. Daß sich bei der Erarbeitung solcher Diagnosen die Psychologen zunächst einmal an der Intelligenz orientieren, hat nichts mit Intellektualismus zu tun, sondern ist dadurch bedingt, daß die Psychologie dieses Merkmal bisher am eingehendsten erforscht hat, sich die Intelligenz messen und somit schon recht gut objektivieren läßt und sie außerdem auf Grund ihrer Stabilität am ehesten eine *Prognose* auf die Zukunft hin erlaubt. In Anlehnung an F. MERZ (1972) ist andererseits aber auch festzustellen, daß sich in der gesellschaftliche Bedürfnisse widerspiegelnden Differentiellen Psychologie derzeit das Interesse von den Leistungsfähigkeiten (z. B. Intelligenz) mehr auf solche Verhaltensmerkmale verschiebt, welche für das soziale Zusammenleben von ebenso großer Bedeutung sind und stellenweise heute schon mehr beachtet werden müssen (z. B. Aggressivität, Dogmatismus, usw.).

3. Thematik der Differentiellen Psychologie

3.1. Typenlehren

Im alltäglichen Leben können wir immer wieder die Erfahrung machen, daß uns Menschen einfach auf Grund ihrer ungewohnten Andersartigkeit fremd sind und wir mit ihnen darum »nichts anzufangen wissen«. Da wir aber ein grundlegendes Bedürfnis haben, uns zu orientieren und in der sozialen Umwelt zurechtzufinden, suchen wir diesen Zustand der Unsicherheit in der Einschätzung anderer zu beheben, indem wir uns recht schnell »ein Bild von ihnen machen« und sie einem bestimmten Typ zuordnen. Von einigen wenigen *Eigenschaften* und Verhalteneigentümlichkeiten schließen wir dabei oft voreilig auf einen »Charakter«, der in der allgemeinen Anschauung bereits vorgezeichnet ist und der es uns dann erlaubt, den einzelnen Menschen von daher zu verstehen. Gelingt es uns jedoch nicht, das Verhalten eines Menschen in irgendeiner Weise als typisch anzusehen (Ein typischer Beamter! – Das ist doch typisch Frau!), macht der betreffende Mensch leicht einen befremdenden Eindruck auf uns und läßt uns unter Umständen sogar mit Angst oder Aggressivität reagieren.

Warum nun ist es für so viele Menschen von Wichtigkeit, ihr Gegenüber unmittelbar in ein vorgefertigtes *Typenschema* einzuordnen, anstatt es individuell zu sehen? Nach der »Typenschauregel« von W. HELLPACH (1877–1955) gehen Lebewesengruppen »für unsere Wahrnehmung desto mehr in einem Typus auf, je ferner sie uns stehen oder je fremder sie uns sind – und lösen sich für unsere Wahrnehmung desto mehr in Individuen auf, je näher sie uns stehen oder je vertrauter sie uns sind« (1936). Darüber hinaus ist für den Menschen die allgemeine Orientierung zunächst von größerer Bedeutung als die persönliche Erkenntnis. Unerwartete Einflüsse sollen dadurch in ihrem möglicherweise bedrohlichen Charakter vermindert, augenblickliche Bedingungen überschaubarer und zukünftige Ereignisse voraussehbarer werden. Nicht zuletzt aber ist es auch auf einen Mangel an Informationen oder eine zu geringe Aufgeschlossenheit zurückzuführen, daß wir typisieren und uns von Menschen ein mehr oder weniger starres Bild (Stereotyp) machen.

Die geschichtlichen Anfänge der zahlreichen *Typenlehren* finden sich schon in der Antike bei HIPPOKRATES und GALEN. Auf sie geht die auch heute noch bekannte Einteilung des Menschen in die vier Typen »Sanguiniker« (leicht ansprechbar), »Phlegmatiker« (schwer ansprechbar), »Choleriker« (heftig) und »Melancholiker« (schwermütig) zurück. Später wurde diese Typologie von dem Philosophen I. KANT, dem Psychologen W. WUNDT und dem Physiologen I. P. PAWLOW innerhalb ihrer Lehren zum Teil wiederaufgegriffen und erweitert.

Sehr viel umfassender ist die von dem Psychiater E. KRETSCHMER (1888–1964) aus der klinischen Praxis heraus entwickelte *Konstitutionstypologie* (1961). KRETSCHMER konnte bei der Behandlung seiner Patienten immer wieder die Beobachtung machen, daß die beiden großen Geisteserkrankungen Schizophrenie und Manisch-Depressives Irresein gehäuft bei Menschen mit jeweils ganz bestimmtem Körperbau auftraten. Während sich die schizophrene Krankheit, für die ein gestörter Realitätsbezug kennzeichnend ist, vorwiegend bei lang aufgeschossenen, hageren Menschen (leptosomer Typus) zeigte, war die manisch-depressive Psychose mit ihrem charakteristischen Wechsel zwischen heiterer und trauriger Gemütsverfassung dagegen mehr bei kleinen, fettleibigen Menschen (pyknischer Typus) anzutreffen. Die mit Krämpfen und Bewußtlosigkeit einhergehende Anfallserkrankung Epilepsie ließ sich schließlich bei großen, muskulös-kräftigen Menschen (athletischer Typus) vermehrt nachweisen.

Aber auch gesunde Menschen lassen nach KRETSCHMER diese leib-seelische Parallelität erkennen. Leptosome haben ein »schizothymes Temperament«, das sich durch hohe Sensibilität, Kühle, Distanz nach außen hin, Ungeselligkeit, Introvertiertheit, selektive (Form-)Wahrnehmung und mehr formales Denken auszeichnet (Abb. 16). Demgegenüber ist das »zyklothyme Temperament« des Pyknikers durch Gemüthaftigkeit, Geselligkeit, Lebensnähe, fluktuierende Aufmerksamkeit, (Farb-)Wahrnehmung und mehr anschauliches Denken gekennzeichnet (Abb. 17). Athletische Menschen sind in ihrem »viskösen Tempera-

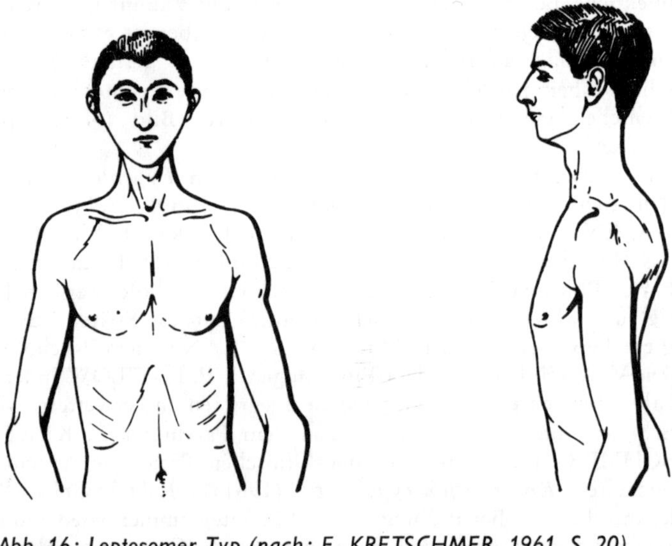

Abb. 16: Leptosomer Typ (nach: E. KRETSCHMER, 1961, S. 20).

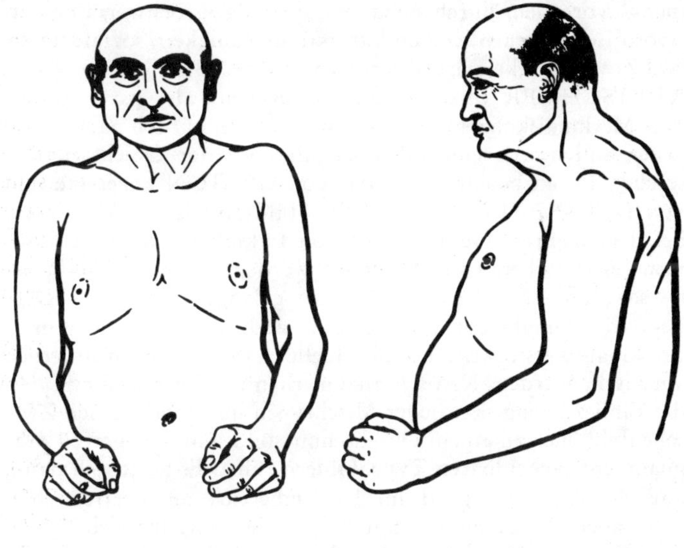

Abb. 17: Pyknischer Typ (nach: E. KRETSCHMER, 1961, S. 32).

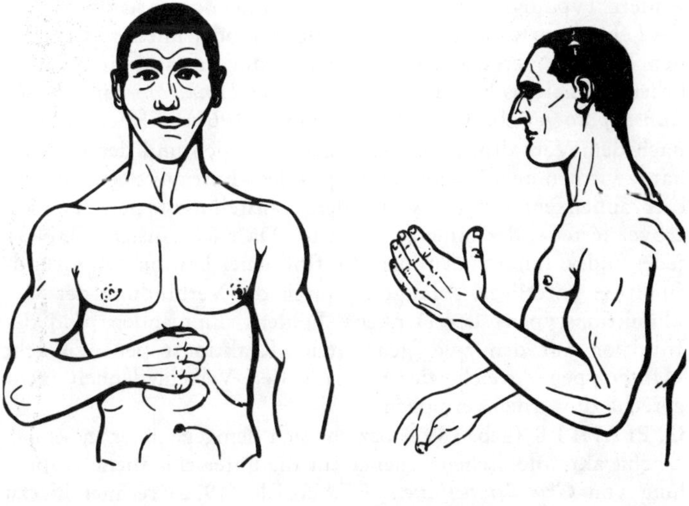

Abb. 18: Athletischer Typ (nach: E. KRETSCHMER, 1961, S. 28).

ment« vor allem durch Beharrungsvermögen, Schwerfälligkeit, (motorische, sprachliche und affektive) Zähigkeit, soziale Treue und Zuverlässigkeit charakterisierbar (Abb. 18, s. S. 85).

KRETSCHMER verstand seine »Biotypen« als »psychophysische Merkmalskonzentrate«, die sich auch empirisch nachweisen lassen sollen. Als eine mögliche Methode der Objektivierung solcher Typen beschreibt er das von GALTON angeregte und von D. KATZ (1953) entwickelte »bildstatistische Verfahren«, bei dem mehrere Gesichtsfotos von Pyknikern sowie Leptosomen jeweils übereinander kopiert werden, um auf diese Weise zu sogenannten »Typenbildern« zu gelangen (Abb. 19). Dem liegt die Annahme zugrunde, daß dadurch die gemeinsamen Merkmale verstärkt, die individuellen Abweichungen hingegen verwischt werden. Kritisch anzumerken ist hier allerdings, daß die Einbeziehung sämtlicher Mischtypen im typologischen Zwischenfeld eher zu einem Durchschnittsbild und weniger zu prägnant unterscheidbaren Typenbildern führt. Es zeigt sich dann, daß Typen vorwiegend im Extrembereich anzutreffen sind, nicht aber sich gleichmäßig auch über den Mittelbereich hinziehen. Da zum Beispiel mit zunehmendem Alter der pyknische Habitus allgemein mehr in den Vordergrund tritt, ist es fraglich, inwieweit die statisch ausgerichtete Typenlehre E. KRETSCHMERS der Entwicklungsdynamik des Menschen gerecht zu werden vermag.

Andere Typologien, welche sich bis zu einem gewissen Grade an die Lehre von KRETSCHMER anlehnen oder mit ihr in einzelnen Punkten vergleichbar sind, leiten die Variabilität menschlichen Verhaltens beispielsweise aus einer *Funktions-* und *Reaktionstypologie* ab. C. G. JUNG (1875–1961) differenziert je nach dem Verhältnis, das der einzelne zu sich und der Umwelt hat, zwischen dem Einstellungstypus des »Extravertierten«, welcher außenzentriert ist, sowie dem Einstellungstypus des »Introvertierten«, der innenzentriert ist. Da nach Ansicht JUNGS jedes Individuum zudem dem Einfluß einer bestimmten Grundfunktion unterliegt, gelangt er durch die Verbindung der vier »Funktionstypen« des Denkens, Fühlens, Empfindens und der Intuition mit den zwei genannten »Reaktionstypen« zu acht »Untertypen«, welche der individuellen Verschiedenheit mehr gerecht zu werden vermögen.

G. PFAHLER (geb. 1897) bezieht sich demgegenüber in seinem erbcharakterologischen Schema auf die unterschiedliche Koppelung von *Grundfunktionen.* PFAHLER (1932) rechnet hierzu im Gegensatz zu JUNG die »Aufmerksamkeit«, die »Persevera-

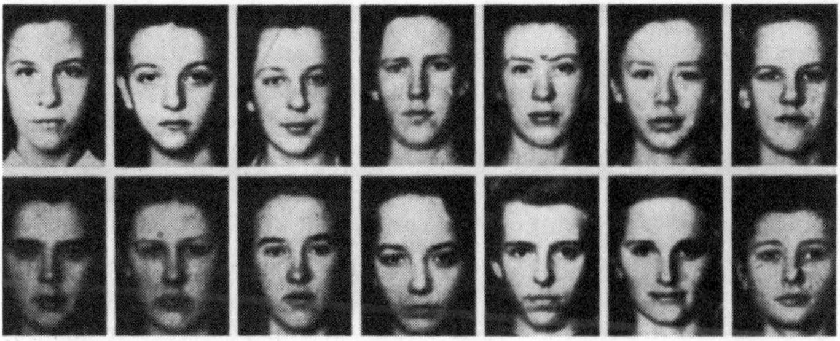

leptosome Frauen

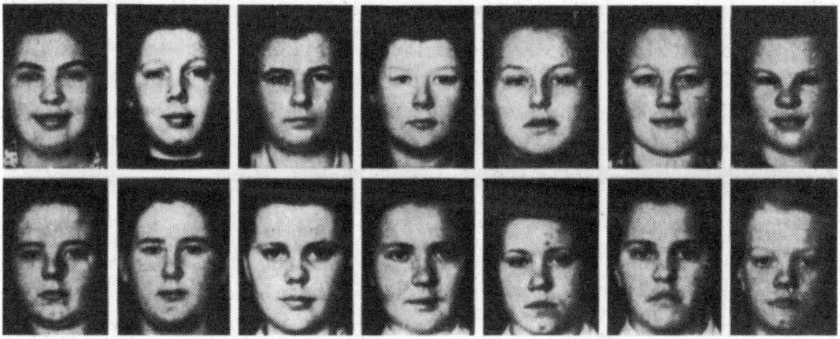

pyknische Frauen

»Typenbild« der leptosomen Frau.

»Typenbild« der pyknischen Frau.

Abb. 19: Typenbilder (nach: D. KATZ, 1953; aus: E. KRETSCHMER, 1961, S. 411).

tion«*, die »Gefühlsansprechbarkeit« und die »vitale Energie«. Durch Kombination der beiden ersten Funktionen kommt er zu zwei weiteren »Haupttypen«: enge, fixierende Aufmerksamkeit und starke Perseveration bilden den »Typus der festen inneren Gehalte«, für den allgemein die Innenorientierung charakteristisch ist. Der »Typus der fließenden inneren Gehalte« ergibt sich aus der Verbindung von weiter, fluktuierender Aufmerksamkeit und schwacher Perseveration; hier handelt es sich allgemein um eine Außenorientierung des Menschen. »Untertypen erhält PFAHLER schließlich dadurch, daß er die zwei übrigen Grundfunktionen Gefühl und Lebensenergie hinzunimmt und mit den genannten Haupttypen in Beziehung setzt.

Eine weitere Typenlehre stammt von E. R. JAENSCH (1883–1940). Er unterscheidet in seiner – durch Untersuchungen zum »eidetischen Phänomen«** angeregten – *Integrationstypologie* (1929) zwischen »Integrationstypen« und »Synästhetikern«, je nach dem Ausmaß der wechselseitigen Durchdringung, Einheitlichkeit und Stabilität psychischer Funktionen. Die Bedeutung dieser ansonsten umstrittenen Lehre liegt in der Beschreibung der Persönlichkeit in Abhängigkeit von der heute mehr beachteten Wahrnehmungsfunktion.

Im Anschluß an W. DILTHEY (1833–1911), der die geisteswissenschaftlich-verstehende Psychologie begründet hat, entwerfen K. JASPERS (1883–1969) und E. SPRANGER (1882–1963) weltanschauliche *Idealtypen,* bei denen jeweils ein einziger Wert- oder Kulturbereich als in erster Linie lebensbestimmend angesehen wird. SPRANGER (1950) differenziert zwischen einer Reihe von »Lebensformen«, welche er mit den sechs einfachen »Grundtypen« des theoretischen, ökonomischen, ästhetischen, sozialen, religiösen und politischen Menschen sowie den drei »komplexen Typen« des technischen Menschen, des Rechtsmenschen und des Erziehers darstellt.

In der Differentiellen Psychologie finden nun derartige Typensysteme, von denen hier nur einige Erwähnung gefunden haben, eine ganz unterschiedliche Bewertung. Liegt der Vorteil typologischen Denkens zunächst darin, die für das Verhalten eines

* Überlanges Verharren und stereotype Wiederkehr von Bewußtseinsinhalten.

** Ursprüngl. »subjektive Anschauungsbilder« (V. Urbantschitsch); »eidetisch« veranlagte, vorwiegend jüngere Menschen sind in der Lage, nur sehr kurzfristig (etwa 30 Sek.) wahrgenommene Dinge nach der Darbietung noch in voller Klarheit vor sich zu sehen und in allen Einzelheiten wiederzugeben.

Menschen wesentlichen Bedingungen und Eigenschaften gleichsam in einem Brennpunkt vereinfachend zusammenzufassen und damit zu verdeutlichen sowie Gruppen gegeneinander abzugrenzen, engt es im gleichen Maße aber auch die Offenheit des Beobachters ein, andere Verhaltenstendenzen, andere Reaktionen bei Individuen und Gruppen wahrzunehmen und überhaupt für möglich zu halten. Typen sind darum lediglich eine Vereinfachung, die zwar einer vorläufigen Information und Orientierung dienen kann, auf Grund ihrer perspektivischen Einseitigkeit aber korrigierende Informationen nicht zuläßt und objektive Urteile letzten Endes erschwert. Vor allem können typologische Beurteilungen von Menschen oder Gruppen im Rahmen bestimmter Verhältnisse nicht unbesehen auf andere Situationen übertragen werden. Ein Angestellter etwa, der bei seiner Arbeit einen unzuverlässigen Eindruck hinterläßt, muß durchaus nicht ein unzuverlässiger Familienvater oder gar generell ein unzuverlässiger Typ sein; die Bedingungen am Arbeitsplatz, das Betriebsklima, der Führungsstil und nicht zuletzt die im Berufssektor immer noch zu wenig beachteten und als »private Angelegenheiten« abgetanen familiären Einflüsse mögen Gründe einer zu geringen Arbeitsmotivation sein, die in diesem Beispiel als Unzuverlässigkeit mißdeutet wurde.
Die mit der typologischen Sehweise verbundene Gefahr liegt somit in der Endgültigkeit der Einschätzung von Menschen, in der (Schein-)Gewißheit des Urteils, in der mangelnden Bereitschaft, umzudenken. Aufgabe einer psychologischen Schulung kann es daher nicht sein, Anhaltspunkte für die Einordnung der Menschen in »Typen« zu vermitteln und sie dadurch zu klassifizieren, sondern sie hat vielmehr auf die Vielseitigkeit, die Entwicklungsfähigkeit, aber auch unterschiedliche Abhängigkeit des Menschen von situativen und personalen Bedingungen hinzuweisen.

3.2. Persönlichkeitsmodelle

Mehr als die klassischen Typenlehren betonen die modernen Persönlichkeitstheorien die Dynamik menschlichen Erlebens und Verhaltens. Dies spiegelt sich nicht zuletzt auch in der Offenheit und Vielgestaltigkeit der Persönlichkeitsforschung selbst wider. Die zahlreichen Versuche, den Begriff der *Persönlichkeit* zu definieren und im Modell zu veranschaulichen, sind lediglich Ansätze auf dem Wege zu einer umfassenden, allgemeingültigen »Persönlichkeitstheorie«. So hat G. W. ALLPORT 50 Definitionen zu diesem wichtigen Untersuchungsthema der

Differentiellen Psychologie zusammengetragen, und in der einschlägigen Literatur finden sich hierzu über ein Dutzend Theorien, welche sich von ganz unterschiedlichen Standpunkten aus um die Klärung der Frage bemühen, was eigentlich unter der Persönlichkeit eines Menschen zu verstehen ist.

Von der Wortschöpfung her wird dieser Begriff heute meist mit dem lateinischen »persona« oder dem etruskischen »phersuna« in Verbindung gebracht, was beidesmal die Maske eines Schauspielers bezeichnet. Davon abgeleitet ließe sich die Persönlichkeit als etwas beschreiben, was man eben ähnlich einer Maske oder Rolle zu besitzen vermag, dessen man sich aber ebensogut entledigen oder das man (z. B. infolge Versagens) wieder verlieren kann. Persönlichkeit würde hier dann verstanden als eine Art Auszeichnung, die man vor anderen erwerben kann. Obwohl diese Vorstellung im alltäglichen Leben nicht selten anzutreffen ist, ist sie für eine differenzierte Menschenkenntnis dennoch wenig brauchbar. Sie beinhaltet keine objektive Aussage über die Bedingungen und Faktoren der Persönlichkeitsbildung und erfüllt darüber hinaus kaum die Forderung nach Abgrenzbarkeit und Voraussagbarkeit menschlichen Verhaltens im Sinne konstanter inter-individueller Unterschiede.

Im Verständnis der Psychologie zeichnet sich die Persönlichkeit je nach dem Zusammenspiel psychischer Funktionen und Strukturen durch ihre individuelle Einmaligkeit, Geschlossenheit und entwicklungsbedingte Veränderlichkeit aus. Insofern »ist« jeder Mensch eine Persönlichkeit, wenn auch mit einem unterschiedlich hohen Differenziertheitsgrad, und er »hat« sie nicht nur. Während die behavioristisch orientierten Persönlichkeitstheorien in Amerika hauptsächlich die Beeinflußbarkeit und Formbarkeit des Individuums durch die jeweiligen Umwelteinflüsse herausstellen, tendieren europäische Forscher im allgemeinen mehr zur Anlagebestimmtheit der Persönlichkeit. Auch hier zeigt es sich wieder, daß selbst wissenschaftliche Bestrebungen nicht losgelöst von dem gesellschaftlichen Hintergrund gesehen werden können. Von den zahlreichen theoretischen Ansätzen innerhalb der Persönlichkeitspsychologie sollen hier beispielhaft drei Modelle dargestellt werden: der schichttheoretische, der feldtheoretische (oder gestaltpsychologische) und der faktorenanalytische Ansatz.

Das *Schichtenmodell* der Persönlichkeit findet sich bereits bei PLATON in der Unterteilung des Seelischen in den Bereich der »Begierde«, des »Willens« und der »Vernunft«. Aber auch in der neueren Philosophie (M. SCHELER, N. HARTMANN),

in der Tiefenpsychologie (S. FREUD, C. G. JUNG) und in der vergleichenden Neurologie (L. EDINGER) wird in der einen oder anderen Form auf die Unterscheidbarkeit einer triebbestimmten »Tiefenperson« und einer geistbestimmten »Kortikalperson« (F. KRAUS) hingewiesen. Mit Beendigung des 1. Weltkrieges setzt sich dann dieser Denkansatz auch in der neueren Psychologie durch. Neben E. ROTHACKER (1888–1965) ist es im deutschsprachigen Raum vor allem Ph. LERSCH (geb. 1898), der den »Aufbau der Person« (1970) schichttheoretisch zu erklären versucht. Ausgehend von dem »Lebensgrund«, mit dem das vorpsychische, organische Leibgeschehen gemeint ist, gelangt LERSCH zu dem »endothymen Grund« (Abb. 20). Dieser Bereich seelischen Lebens umfaßt außer den Begierden, Trieben und Strebungen die Affekte, Gemütsbewegungen, Gefühle und Stimmungen. Vom endothymen Grund grenzt sich mit den Ichfunktionen des Denkens und bewußten Wollens der »personelle Oberbau« ab. Aktiviert und gesteuert werden diese Funktionen von der Ich-Instanz, die inhaltlich gebunden und nicht direkt in den Schichtaufbau einbezogen ist.
Die einzelnen Schichten sind integrativ miteinander verflochten und bilden an der Stelle ihres Zusammenwirkens das »personale Selbst« aus, das LERSCH als die Mitte und Einheit der Person beschreibt; Kernstücke des personalen Selbst sind das Gemüt und das Gewissen.

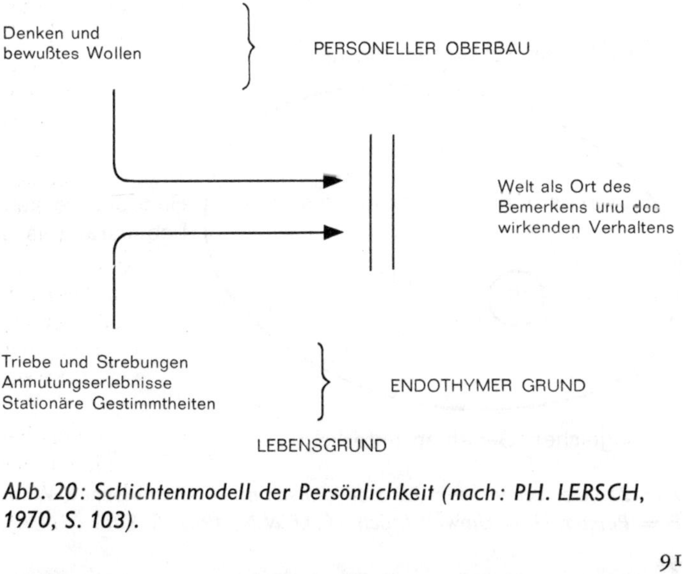

Abb. 20: Schichtenmodell der Persönlichkeit (nach: PH. LERSCH, 1970, S. 103).

Gelingt es nicht, die einzelnen Schichten miteinander zu integrieren, kommt es zu krankhaften Auffälligkeiten im Verhalten und schließlich zum Zerfall (Dissoziation) der Persönlichkeit. Seelische Stabilität und Lebensfähigkeit eines Menschen hängen somit im wesentlichen von dem Grad der erreichbaren Einheit aller Erlebensbereiche ab. Die Individualität der Persönlichkeit zeichnet sich durch die jeweils unterschiedliche Akzentuierung und Harmonisierung der Schichten aus. Die am Schichtenmodell orientierten Theorien betonen mehr als die Typenlehren die Ganzheitlichkeit der Person. Die Abhängigkeit der Persönlichkeitsformung von Umfeldbedingungen wird aber auch hier noch nicht entscheidend berücksichtigt.
Erst mit dem aus der Gestaltpsychologie heraus entwickelten *Topologischen Persönlichkeitsmodell* K. LEWINS (1890–1947) erhält die Dynamik zwischen Individuum und Umwelt mehr Beachtung. LEWIN entlehnt die Begriffe zur Beschreibung des individuellen Verhaltens der Topologie, die sich im Rahmen der Geometrie mit der Untersuchung von Lage und Anordnung räumlicher Gebilde zueinander befaßt. Anders als die übrigen Persönlichkeitstheorien stellt LEWIN den Menschen nicht einer von ihm getrennten physikalischen Außenwelt gegenüber, sondern er betrachtet ihn als Teil eines »psychologischen Feldes« oder »Lebensraumes«, in dem das Verhalten durch die Wechselwirkung zwischen Person und Umfeld bestimmt wird.

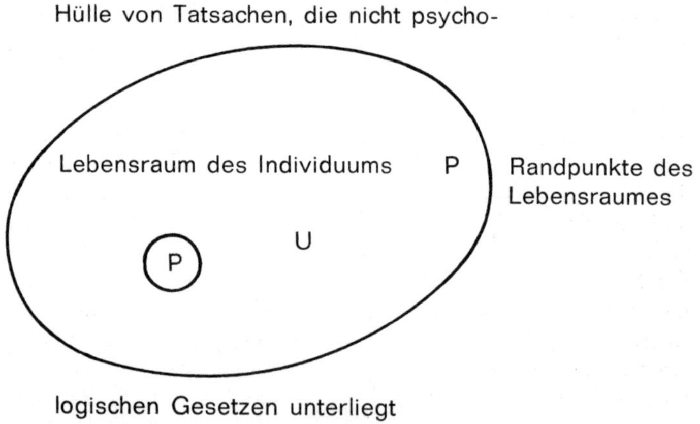

Abb. 21: Der Lebensraum als »dynamisch nicht geschlossene« Welt; P = Person, U = Umwelt (nach: K. LEWIN, 1969, S. 90).

Als Umfeld wird hier die subjektiv bedeutsame Situation bezeichnet, wie sie sich dem Individuum auf Grund seiner Bedürfnisse und Ziele darbietet. Insofern ist die persönliche (psychologische) Umgebung eines Menschen erlebnismäßig stets unterschiedlich strukturiert – trotz gleicher physikalischer Bedingungen – und je nach der Veränderung der individuellen Interessen einem fortwährenden Wandel unterworfen. Aber auch die Bedürfnisse in ihrem zeitlichen Auftreten und in ihrer jeweiligen Ausprägung sind selbst wieder von dem Standort abhängig, den das Individuum in dem persönlich bedeutsamen Umfeld einnimmt. Sowohl die Person als auch das sie umgebende Feld sind daher als strukturierte »Regionen« eines Gesamtfeldes dynamisch aufeinander bezogen.

Da LEWIN die Persönlichkeit hauptsächlich als ein System von Bedürfnissen und bewußten Vorsätzen versteht, kommt es zwischen den einzelnen, auf unterschiedlich hohem Energieniveau befindlichen Regionen dieses »Kraftfeldes« immer wieder neu zu Feld-»Spannungen«. Diese erzeugen gerichtete »Kräfte«, die in der auch als *Vektorpsychologie* bezeichneten Feldtheorie LEWINS durch »Vektoren« dargestellt werden; sie unterscheiden sich nach Stärke, Richtung und Angriffspunkt. Gegenstände, welche von dem Individuum in ihrer Eigenschaft als Befriedigungsobjekte wahrgenommen werden, erhalten dadurch »Aufforderungscharakter« (Valenz). Ist es nicht möglich, die vorhandenen Bedürfnisse infolge unüberwindlicher Barrieren zu befriedigen, reagiert das Individuum u. U. damit, daß es »aus dem Felde geht«, wie LEWIN sagt, und sich auf diese Weise der Konfliktsituation entzieht. Bei langanhaltenden Versagungen (Frustrationen) kann es dazu kommen, daß die Persönlichkeit auf frühere (Entwicklungs-)Stufen zurückfällt (Regression). Als ausschlaggebend hat sich hierbei nach den experimentellen Untersuchungen LEWINS und seiner Schüler die Höhe des individuellen »Anspruchsniveaus« herausgestellt. Leistungshöhe und Anspruchsniveau eines Menschen stehen in einem Abhängigkeitsverhältnis zueinander und sind darin für den betreffenden Menschen weitgehend individuell kennzeichnend.

Begriffe wie Anspruchsniveau, psychische Sättigung und Regression beinhalten, daß psychisches Geschehen an sich schon umfeldverhaftet ist und nicht erst außerhalb einer geographisch-physikalischen (Um-)Welt zustandekommt. Denn entsprechend der »relationalen Theorie der Persönlichkeit« von J. NUTTIN sind »die Bedürfnisse nicht als Organzustände zu betrachten, sondern vielmehr als Grundmodelle von ›Organismus-Umwelt‹ – oder ›Ich-Welt‹ – Beziehungen, die für das Funktionieren des Organismus oder der Persönlichkeit aktuell erforderlich sind« (aus: J. HELM, 1960, S. 380).

Im Sinne der gestaltpsychologisch orientierten Feldtheorie LEWINS wäre nun ein Mensch etwa dann als ausgeglichen und erfolgszufrieden zu bezeichnen, wenn es ihm gelingt, sein durch Feldspannungen ausgelöstes Handeln auf Ziele hinzulenken, diese zu erreichen, in der Befriedigung die Bedürfnisspannung aufzuheben und damit die »Ausgeglichenheit des Kraftfeldes« wiederherzustellen.

Das *Faktorenanalytische Persönlichkeitsmodell* greift nun wieder ein mehr statisches Konzept auf, das die Persönlichkeit von einigen, möglichst wenigen »Grundfaktoren« her zu begreifen sucht. Doch im Unterschied zu den bereits erwähnten Typenlehren werden hier die Faktoren oder »Dimensionen« statistisch ermittelt und als voneinander unabhängig betrachtet. Sie sind nach Auffassung der Faktorenanalytiker bei allen Menschen vorhanden (nomothetischer Aspekt), variieren jedoch in ihrem jeweiligen Ausprägungsgrad (idiographischer Aspekt).

Neben R. B. CATTELL (geb. 1905) und H. J. EYSENCK (geb. 1916) hat auch J. P. GUILFORD (geb. 1897) ein Faktorenschema der Persönlichkeit entwickelt. GUILFORD (1965) weist darauf hin, daß sich Persönlichkeiten kaum als Ganzheiten miteinander vergleichen lassen, sondern lediglich einzelne Merkmale (traits) einander gegenübergestellt werden können. Diese Persönlichkeitsmerkmale sind entweder ganz allgemeiner Art (z. B. Einstellung zum Kriege) oder aber sehr spezifischer Art (z. B. Muskelreaktion auf einen optischen Reiz hin). Sie werden von GUILFORD zu übergreifenden Persönlichkeitsdimensionen zusammengefaßt. Er unterscheidet »Somatische Dimensionen« (Morphologie, Physiologie), »Eignungsdimensionen«, »Temperamentsdimensionen«, »Motivationsdimensionen« (Bedürfnisse, Interessen, Einstellungen) und auch Dimensionen der »Psychopathologie« (Neurosen, Psychosen). Während GUILFORD die Bedürfnisse als »konstante Wünsche nach bestimmten Zuständen« (z. B. Behagen) definiert, versteht er unter Interessen konstante Wünsche nach bestimmten Betätigungen (z. B. Handarbeit, Denken, Unterhaltung). Einstellungen beziehen sich auf konstante Haltungen und Meinungen im Hinblick auf soziale Sachverhalte (z. B. Geburtenkontrolle, Judenfrage). Der noch nicht klar abgegrenzte Temperamentsbereich beinhaltet demgegenüber Persönlichkeitszüge wie Zuversichtlichkeit, Impulsivität, Vorsorglichkeit, Selbstsicherheit, Toleranz u. a. Die Faktoren der Wahrnehmung, der Psychomotorik und der Intelligenz werden schließlich in der Dimension der Eignung zusammengefaßt.

Die von GUILFORD betonte Einmaligkeit einer jeden Persönlichkeit ergibt sich aus der einzigartigen Struktur der zahlreichen »traits«. Um anzudeuten, daß die Persönlichkeit aus unterschiedlichen Blickwinkeln gesehen werden kann, veranschaulicht GUILFORD sein Faktorenschema an einem »Stern«-Modell:

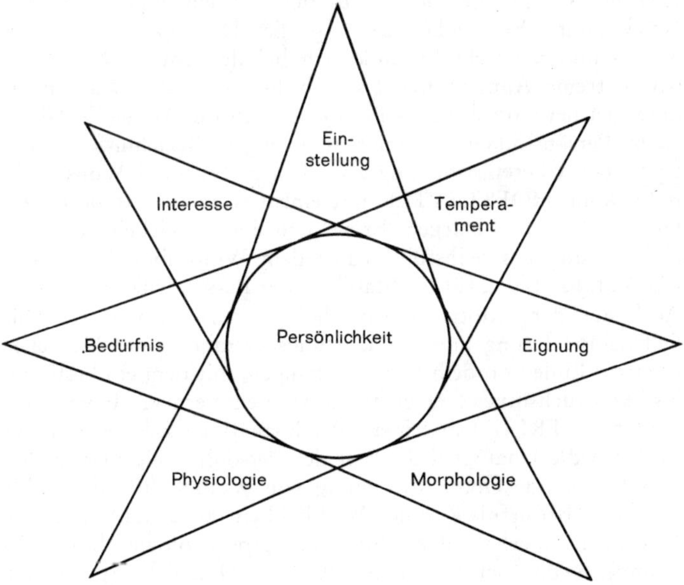

Abb. 22: Faktorenmodell der Persönlichkeit (nach: J. P. GUILFORD, 1965, S. 9).

GUILFORD entwirft sein Bild von der Persönlichkeitsstruktur, indem er die quantitativen Ergebnisse experimenteller Einzeluntersuchungen korrelationsstatistisch auswertet und faktorenanalysiert. Da aber noch nicht genügend empirische Daten zur Verfügung stehen, wird das Persönlichkeitsmodell teils auch durch logische Erwägungen vervollständigt. Dynamische Bedingungen, wie sie sich beispielsweise im Konfliktgeschehen oder in zeitabhängigen Entwicklungstendenzen manifestieren, werden allerdings kaum berücksichtigt.

»Sozialpsychologische« und »tiefenpsychologische Persönlichkeitstheorien« betonen demgegenüber sehr viel mehr den Entwicklungsprozeß der Person, deren seelische Gesundheit (Psychohygiene) hier im wesentlichen vor dem Hintergrund einer geglückten Einordnung in soziale Gemeinschaften beschrieben wird.

Nach HOFSTÄTTER (1971, S. 106 ff.) ist die Ausgeglichenheit und Selbstzufriedenheit eines Menschen davon abhängig, inwieweit das individuelle »Selbstbild« dem erstrebten »Wunschbild« nahekommt. Eine übermäßig große Diskrepanz zwischen Selbst- und Wunschbild finde sich bei depressiven Menschen, eine extreme Annäherung des Selbstbildes an das Wunschbild hingegen bei narzißtischen Personen. Daß die Ausgeglichenheit einer Persönlichkeit in einer sehr engen Beziehung zu der Höhe der Übereinstimmung zwischen Selbst- und Wunschbild steht, kann HOFSTÄTTER mit einem Korrelationskoeffizienten von $r = 0.70$ belegen. Er sieht in der ausreichenden Übereinstimmung des Selbstbildes mit dem Wunschbild eine wichtige Voraussetzung für die Stabilität der Persönlichkeit.

Auch aus der »Motivationspsychologie« wissen wir, daß die Selbsteinschätzung und das Leistungsvertrauen eines Menschen in erster Linie von dem Erfolg abhängen, mit dem ein bestimmtes Anspruchsniveau erreicht zu werden vermag. Ebenso beschreibt S. FREUD in seiner »Psychoanalyse« zahlreiche Fälle, in denen die Unausgeglichenheit der Persönlichkeit letztlich auf eine mangelnde Übereinstimmung von Wunsch (im Sinne verdrängter Bedürfnisse) und Wirklichkeit zurückzuführen ist. Und auch innerhalb der »Entwicklungspsychologie« liegen Erkenntnisse darüber vor, daß selbst vorgeburtliche (pränatale) Entwicklungsbedingungen bereits einen deutlichen Einfluß auf die spätere Ausformung der Persönlichkeit haben können. Nach A. GESELL (1880–1961) müssen innere Gleichgewichtsvorgänge, Atmungsvorgänge, Bewußtseinszustände, Muskeltonus und motorische Tätigkeit zur Zeit der Embryonalentwicklung richtig zusammenwirken, da die spätere Einheitsbildung der Persönlichkeit auf dieser Basis der psychophysischen Ausgeglichenheit zustandekomme (aus: Ch. BÜHLER, 1962, S. 219).

3.3. Intelligenz, Hochbegabung und Genialität

Ein wichtiges Gebiet der Differentiellen Psychologie ist das der Begabungsforschung. Wenn wir *Begabung* als einen der Intelligenz übergeordneten Begriff verstehen, können wir grob zwischen der Durchschnittsbegabung, der Hochbegabung und der Minderbegabung unterscheiden. Üblicherweise ist hiermit zunächst der intellektuelle Bereich gemeint. Begabung kann allerdings auch, wie wir bereits gesehen haben, in schöpferischen Vollzügen zum Ausdruck kommen (vgl. Kreativität). Im Vergleich mit der Intelligenz ist Begabung sehr viel umfassender (W. ARNOLD). Sie kann zwar in einem erheblichen Maße auf Intelligenz beruhen, muß es jedoch nicht immer, wie dies etwa bei der zeichnerischen Begabung der Fall ist. Ein weiteres Unterscheidungskriterium ist deren Anlagebedingtheit; *Fähigkeiten* können demgegenüber auch unmittelbar durch Lernerfahrungen zustandekommen.

Die *Intelligenz* wird in der Psychologie uneinheitlich definiert. Je nach Schulrichtung werden unterschiedliche Akzente gesetzt. Weithin anerkannt ist die Beschreibung der Intelligenz als einer Fähigkeit, sich in neuartigen und mit unbekannten Schwierigkeiten verbundenen Situationen, für die noch keine erprobten Verhaltensmuster zur Verfügung stehen, im Sinne der Problemlösung sachgerecht zu verhalten und zurechtzufinden. Auf diese Fähigkeit, die in der faktorenanalytisch ausgerichteten Denkpsychologie mit einer bestimmten Anzahl von Faktoren genauer umschrieben wird (z. B. numerischer Faktor, sprachlicher Faktor, räumlicher Faktor, usw.), sind interindividuelle Leistungsunterschiede größtenteils zurückzuführen. Dabei zeichnet sich eine hohe Intelligenz vornehmlich dadurch aus, daß Probleme sehr viel schneller (Zeit) und auch eleganter (Originalität) gelöst werden können als dies bei einer nur mittleren intellektuellen Befähigung möglich wäre. Im Unterschied zu GUILFORD, der über 100 Intelligenzfaktoren (zum großen Teil bereits empirisch) ermittelt hat, faßt R. MEILI die Intelligenz in den vier Hauptfaktoren der »Komplexität«, »Plastizität«, »Ganzheit« und »Flüssigkeit« zusammen.

Nach Auffassung von J. PIAGET (geb. 1896) ist Intelligenz nicht ein isolierbares und klar abgrenzbares geistiges »Vermögen«, sondern vielmehr eine Struktur, die sich »in der Richtung einer reversiblen Beweglichkeit entwickelt« und somit einen »Gleichgewichtszustand« darstellt, »zu dem alle aufeinanderfolgenden senso-motorischen und erkenntnismäßigen Anpassungen und Austauschprozesse (Assimilation und Akkomodation) zwischen Organismus und Umwelt streben« (J. PIAGET, 1966, S. 14). PIAGET unterscheidet in seiner Intelligenztheorie fünf Stufen der *Intelligenzentwicklung:*

1. senso-motorische Periode	0 – 1;6/2	Jahre
2. symbolische, vorbegriffliche Periode	2 – 4	„
3. anschauliche Periode	4 – 7/8	„
4. konkret-operationale Periode	7/8 – 11/12	„
5. formal-operationale Periode	ab 11/12	„

Tab. 3: Entwicklung der Intelligenz (nach: J. PIAGET, 1966, S. 135 ff).

Ein wesentliches Kriterium der Intelligenz ist die Sprache. Sie ist nicht nur Instrument des Denkens, sondern auch dessen Form, die Denken konkretisiert und über den (zunehmend differenzierter werdenden) Wortschatz selbst wieder »bahnt«. Außer durch frühe körperliche und soziale Einflüsse wird die Entwicklung der Intelligenz auch durch emotionale Bedingungen entscheidend gefördert oder aber gehemmt. So haben L. W. SONTAG u. a. (1958) auf die große Bedeutung, die dem Faktor der »emotionalen Unabhängigkeit« für die Intelligenzentwicklung zukommt, hingewiesen. Wenn also Kinder die Umwelt mit ihrer Neugierde und Spontaneität entdecken dürfen – ohne die Furcht, für ihr »vorlautes Verhalten« bestraft zu werden –, haben sie von daher eine bessere Chance der intellektuellen und sprachlichen Reifung als solche Kinder, die in ihrer »Entdeckerfreude« behindert sind.

Die Intelligenz ist, da sie im Grunde lediglich ein psychologisches »Konstrukt« darstellt, nicht direkt beobachtbar und meßbar. Wenn dennoch von dem Intelligenztest als einem »Meßinstrument« gesprochen wird, dann in dem Sinne, daß von meßbaren Leistungen auf die zugrundeliegende intellektuelle Kapazität geschlossen wird. Als Maß für die »Höhe« der Intelligenz wird der *Intelligenzquotient* (früher nach der STERN'schen Formel: $IQ = \frac{IA}{LA} \times 100$) berechnet. Er beinhaltet den Vergleich mit dem in Voruntersuchungen festgestellten Leistungsstand der Gleichaltrigengruppe. Der »IQ«, heute oft einseitig überbewertet und zuweilen geradezu als persönliche Kennmarke mißverstanden, erfaßt nun keineswegs die gesamten Leistungs- und Verhaltensmöglichkeiten eines Menschen. So ist beispielsweise der schulische oder berufliche Erfolg nicht nur von dem Intelligenzniveau und der Intelligenzstruktur abhängig, sondern auch von dem Grad des »Selbstvertrauens«, der »sozialen Kontaktfähigkeit«, der »emotionalen Stabilität« sowie den persönlichen »Einstellungen«, »Neigungen« und »Interessen«.

Ein besonderes Problem innerhalb der Begabungsforschung ist das der Auslese und Förderung hochbegabter Menschen. Nach A. ANASTASI (1971) kann die Intelligenz eine notwendige Bedingung für die *Hochbegabung* sein, aber sie ist keinesfalls eine ausreichende Bedingung. Entgegen einer landläufigen Meinung zeichnen sich Hochbegabte (als statistische Gruppe) durchaus nicht durch eine vermehrte Krankheitsanfälligkeit und höhere emotionale Labilität aus, sondern sie sind in der Regel physisch gesünder und emotional ausgeglichener als schwachbegabte Menschen. Dies wird im wesentlichen durch eine Längsschnittuntersuchung bestätigt, die von L. M. TERMAN (1877–1956) im Jahre 1922 in Kalifornien begonnen wurde. TERMAN erfaßte seinerzeit insgesamt 1528 Kinder beiderlei Geschlechts im Alter von drei bis neunzehn Jahren. Diese Kinder, die mit Hilfe von Tests und nach dem Urteil der Lehrer ausgewählt worden waren, wiesen einen überdurchschnittlich hohen Intelligenzquotienten (IQ = 135–200) auf, entwickelten sich früher, waren belesener und hatten intensivere Interessen als Kinder aus den Kontrollgruppen. In mehrjährigen Untersuchungsabständen wurde nun die Entwicklung dieser hochbegabten Kinder weiterverfolgt. Es zeigte sich u. a., daß der durchschnittliche Gruppen-IQ der inzwischen erwachsen gewordenen Kinder um 17 Punkte gefallen war. ANASTASI kommt daher in diesem Zusammenhang zu der Schlußfolgerung, daß sich Voraussagen über einen Zeitraum von 25 Jahren hinaus als fragwürdig erweisen. Dennoch lagen die Hochbegabten der zitierten Untersuchung nach wie vor über dem allgemeinen Bevölkerungsdurchschnitt und zeichneten sich durch besonders hervorragende Leistungen und berufliche Erfolge aus. In einem speziellen Vergleich der erfolgreichsten mit den am wenigsten erfolgreichen hochbegabten Personen ergab sich, daß die erfolgreichen Hochbegabten auch leistungsmotivierter und ausdauernder waren, einen größeren Erfolgswillen und mehr Selbstvertrauen besaßen und zudem Eltern hatten, welche sich durch ein höheres Erziehungs- und Sprachniveau auszeichneten. Neuere (Vergleichs-)Untersuchungen weisen darauf hin, daß gerade der sozio-ökonomische Status der Eltern und der allgemeine Erziehungshintergrund für die intellektuelle und soziale Überlegenheit der Hochbegabten in erster Linie verantwortlich zu machen sind.

Allerdings möchte HOFSTÄTTER (1971) bei den von TERMAN und Mitarbeitern untersuchten Hochbegabten nicht von »Genialität« sprechen, da dieser Begriff über den Leistungsbereich hinausweise. *Genialität* liegt dann vor, wenn zu der geistigen Hochbegabung eine hohe schöpferische Befähigung hinzutritt, die sich in zeitlich unabhängigen Werken von hoher Geschlossenheit und Objektivierbarkeit manifestiert. Als »Persönlichkeitseigenschaften« genialer Menschen im künsterlischen Bereich nennt G. RÉVÉSZ (1952, S. 164, 190) »stetig wachsende Unabhängigkeit der schöpferischen Tätigkeit«, »unerschütterlicher Glaube an die eigene Mission«, »Schaffen einer eigenen geistigen Welt«, »Streben nach Vollkommenheit« sowie auf wissenschaftlichem Gebiet »weitgehende Unabhängigkeit vom Einfluß der Leistungen anderer«, »Unanfechtbarkeit der methodischen Prinzipien«, »Schaffen neuer Grundbegriffe« und »große Tragweite der Forschungsergebnisse«. Die Auffassung, wonach hochbegabte, insbesondere geniale Menschen in irgendeiner Art zur Abnormität neigen sollen, läßt sich kaum aufrechterhalten. Es wird oft übersehen, daß im Laufe der Geschichte geniale Menschen nicht selten ihrer Zeit weit voraus waren und gerade darum von ihrer Umwelt, die stets von sich selbst als einer allgemeinverbindlichen Normengrundlage ausgeht, nicht mehr verstanden werden konnten. So wurden geniale Menschen von der jeweils bestehenden Gesellschaft mit negativen Vorurteilen belegt und in einem allgemeinen Abwehrmechanismus zu Sonderlingen, Außenseitern und Geisteskranken erklärt, weil eben Genialität und Wahnsinn gleichermaßen »unverständlich« und von daher gemeinhin angstauslösend sind.

3.4. Unterschiede zwischen Gruppen

Aber auch heute noch können wir im alltäglichen Leben immer wieder die Erfahrung machen, daß uns Menschen einfach auf Grund ihrer Zugehörigkeit zu einer anderen sozialen, nationalen, rassischen oder auch geschlechtlichen *Gruppe* fremd sind und wir schnell dazu neigen, sie allein deswegen abzulehnen oder ihnen gar ihre Andersartigkeit unbewußt zum Vorwurf zu machen, weil wir in unserem persönlichen Weltbild unsicher geworden sind. Wir sprechen von Mentalitätsunterschieden und setzen dabei nicht selten voraus, daß diese Unterschiede auch erbbedingt und somit unabänderlich sind. Inwieweit jedoch Erbeinflüsse tatsächlich eine entscheidende Rolle spielen, hängt oft mehr von dem in Frage stehenden Persönlichkeitsmerkmal selbst ab und weniger von der Gruppe, welcher ein Mensch angehört. Zudem gehen wir gewöhnlich von der Annahme aus, daß Unterschiede zwischen Gruppen konstant größer sind als

solche innerhalb von Gruppen. Dies hat sich jedoch keineswegs als zutreffend erwiesen.
Unterschiede im Erleben und Verhalten des Menschen kommen sehr viel mehr durch die zum Teil erheblich voneinander abweichenden Erziehungseinflüsse und prägenden Milieubedingungen zustande, als dies bis vor nicht allzu langer Zeit auch im Bereich der Wissenschaft noch vermutet worden war. So haben zahlreiche Auffassungen über den *Unterschied zwischen den Geschlechtern* sich letztlich als soziale Vorurteile oder nach HOFSTÄTTER als »kulturelle Selbstverständlichkeiten, die ... als Normen der Naturgemäßheit präsentiert zu werden pflegen« (1964, S. 133), erwiesen. HOFSTÄTTER betont, daß die Geschlechter-»Stereotypen« (männlich/weiblich) nicht polar einander entgegengesetzt seien (Abb. 23), sondern in einem zweidimensionalen Modell veranschaulicht werden müßten (Abb. 24).

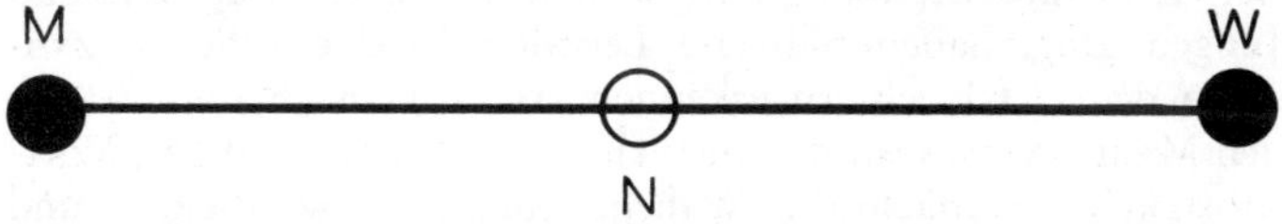

Abb. 23: »Irreführendes« Modell des Geschlechterverhältnisses (in Anlehnung an P. R. HOFSTÄTTER, 1964, S. 133).

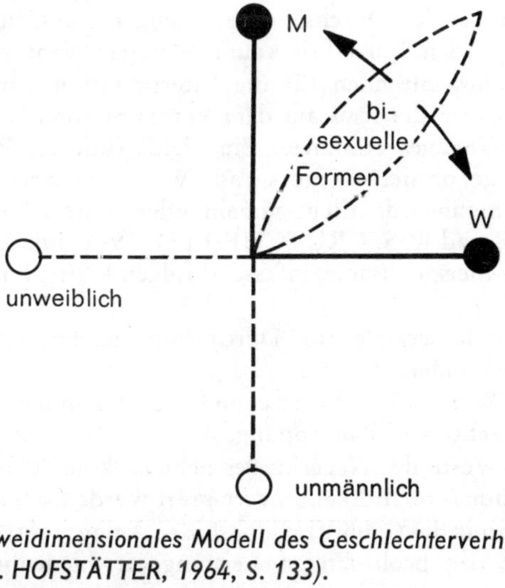

Abb. 24: Zweidimensionales Modell des Geschlechterverhältnisses (nach: P. R. HOFSTÄTTER, 1964, S. 133).

Mit diesem zweidimensionalen Modell wird eher der Tatsache Rechnung getragen, daß beide Geschlechter sowohl weibliche als auch männliche Sexualhormone besitzen, sie also bis zu einem gewissen Grade immer auch bisexuell angelegt sind. HOFSTÄTTER spricht die Vermutung aus, daß es hinsichtlich des Sexualverhaltens beider Geschlechter bereits vor-kulturelle Unterschiede gebe, die allerdings nicht auf die beliebte Formel vom sogenannten »starken« und »schwachen Geschlecht« gebracht werden könnten. So zeichne sich die Frau gegenüber der körperlichen Überlegenheit des Mannes durch ihre höhere Lebenszähigkeit und längere Lebenserwartung aus. Die psychischen Geschlechtsunterschiede sucht HOFSTÄTTER vornehmlich aus der Tendenz von Gruppen, eine »Tüchtigkeits«-Rangordnung (Mann, Vater) und eine »Beliebtheits«-Rangordnung (Frau, Mutter) zu entwickeln, herzuleiten. Die Ergebnisse einer Reihe von psychologischen Untersuchungen, in denen es in erster Linie um Begabungsunterschiede zwischen Mädchen und Jungen ging, haben teilweise Leistungsverschiedenheiten zwischen den Geschlechtern erkennen lassen. Danach sind Frauen den Männern meist in den Bereichen Sprachgewandtheit (Wortflüssigkeit), Gedächtnis, Wahrnehmungsgeschwindigkeit und Fingergeschicklichkeit überlegen, während sich die Männer im allgemeinen durch bessere (Test-)Leistungen auf mathematischem, räumlichem und mechanisch-technischem Gebiet auszeichnen. Es handelt sich hierbei jedoch lediglich um Tendenzen, die sich aus den Durchschnittsleistungen von Gruppen ergeben, also auf den Einzelfall kaum oder gar nicht zuzutreffen brauchen. Dies gilt auch für die Interpretation von Untersuchungsresultaten, die etwa aus dem Vergleich von *rassischen* und *nationalen Gruppen* stammen. Ein vieldiskutiertes Problem ist hier die Frage, ob sich »Neger« und »Weiße« in ihrer intellektuellen Befähigung deutlich voneinander unterscheiden? Mit D. KRECH und R. S. CRUTCHFIELD (1971, Bd. 2, S. 228 ff.) können wir hierzu zusammenfassend folgende Ergebnisse anführen:

»1. Negerkinder erzielen im Durchschnitt niedrigere IQ-Werte als weiße Kinder,
2. Die IQ-Werte für schwarze und weiße Kinder zeigen eine sehr beträchtliche Überlappung,
3. Die IQ-Werte des Negerkindes nehmen konsistent zu, wenn seine Bildungsmöglichkeiten verbessert werden.«

Zwar ist damit die Grundfrage nach der Anlage- resp. Umweltbedingtheit der beobachteten Leistungsverschiedenheiten noch nicht erschöpfend beantwortet, doch besteht nach L. E. TYLER (1956) ein sehr enger Zusammenhang zwischen der Höhe des Intelligenzquotienten und dem sozio-ökonomischen Status – ein Ergebnis, das durch andere psychologische Untersuchungen immer wieder bestätigt worden ist. Dabei ist dieser Zusammenhang keineswegs nur einseitig zu verstehen, denn es gelangen Menschen nicht nur in die oberen sozialen Schichten, »weil« sie eine höhere intellektuelle Befähigung haben, sondern es bilden viele Menschen auch eine höhere Intelligenz aus, weil sie in den oberen sozio-ökonomischen Schichten »sind«.

V. Entwicklungspsychologie

1. Allgemeine Probleme

1.1. Vorgeschichte

Der Entwicklungsbegriff hat in der Geschichte der Philosophie zahlreiche und zum Teil recht unterschiedliche Auslegungen erfahren. Während ARISTOTELES die Psyche als das dem Körper innewohnende Gestaltungsprinzip ansah (Prinzip der Entelechie), faßten die englischen Empiristen Entwicklung als das Ergebnis von Lernen und Erfahrung auf. DARWIN führte im Bereich der Biologie die phylogenetische Entwicklung des Menschen auf die »Variation« von Urarten zurück (Evolutionstheorie). Als bestimmende Prinzipien der Entwicklung nahm er die »Selektion« (Auslese) und die »Mutation« (plötzliche Erbänderung) an. Unter dem Einfluß DARWINS stellte E. HAECKEL (1834–1919) sein »biogenetisches Grundgesetz« auf. Danach ist die (Embryonal-)Entwicklung des einzelnen Menschen eine verkürzte Wiederholung der Stammesentwicklung. St. HALL (1846–1924) übertrug diese von biologischer Seite nicht unangefochtene These auch auf die psychische Entwicklung des Menschen und sprach von einem »psychogenetischen Grundgesetz«.
Waren derartige Ansätze einer Erklärung des Entwicklungsgeschehens noch weitgehend spekulativer Natur und lediglich auf biologischem Gebiet bis zu einem gewissen Grade empirisch untermauert, so hatten sie dennoch den Entwicklungsgedanken, vor allem seit Beginn des 19. Jahrhunderts, entscheidend gefördert. Insbesondere Ch. DARWIN, der u. a. eine Arbeit über den »Ausdruck der Gemütsbewegungen bei dem Menschen und den Tieren« (1874) verfaßte, sowie H. SPENCER (1820–1903) haben wesentlich zur Entstehung einer vergleichenden Entwicklungspsychologie, die auf dem Vergleich völker-, tier- und pathopsychologischer Untersuchungsergebnisse basiert, beigetragen.

Der eigentliche Beginn der wissenschaftlichen *Entwicklungspsychologie* wird gewöhnlich mit dem Erscheinen des Buches »Die Seele des Kindes« von W. Th. PREYER im Jahre 1882 angesetzt. 1890 brachte J. M. BALDWIN (1861–1934) seine »Kinderbeobachtungen« heraus, und kurz nach der Jahrhundertwende veröffentlichten C. und W. STERN Aufzeichnungen, die sie vom Entwicklungsverlauf ihrer eigenen Kinder in mehrjähriger Beobachtungszeit angefertigt hatten. Andere Autoren wie beispielsweise Ch. BÜHLER trugen umfangreiches Material an Tagebuchnotizen junger Menschen zusammen oder sammelten eine Fülle von Kinderzeichnungen, um u. a. Aufschluß über die Entwicklung der kindlichen Wahrnehmung und des Denkens zu erhalten. Nachdem auf diese Weise zahlreiche Beobachtungsdaten über die Entwicklung des Kindes und des Jugendlichen gesammelt worden waren, bestand für die Entwicklungspsychologie die Aufgabe, das vorliegende Material nach wissenschaftlichen Kriterien zu ordnen und auszuwerten. Heute ist die Entwicklungspsychologie als vergleichende Gesamtdisziplin wieder etwas mehr in den Hintergrund getreten. Sie hat sich dafür in den Einzelbereichen der *Kinder- und Jugendpsychologie,* der *Erwachsenen- und Alterspsychologie* weiter spezialisiert. Auf theoretischem Gebiet hat sie zudem Einflüsse aus der Tiefenpsychologie und der Sozialpsychologie stärker in sich aufgenommen.

1.2. Theoretische Grundlagen

Unter *Entwicklung* wird im alltäglichen Sprachgebrauch oft einfach biologisches Wachstum verstanden. Im Rahmen der Entwicklungspsychologie beinhaltet dieser Begriff jedoch sowohl Reifungs- als auch Lernprozesse, denn jede Entwicklung wird von Anlagefaktoren und von Umwelteinflüssen bestimmt. Entgegen früheren Auffassungen, die oft einseitig die Vererbung in den Vordergrund stellten (Präformationstheorie) oder vorwiegend Umweltbedingungen als allein ausschlaggebend ansahen (Milieutheorie), besteht heute weitgehende Einigkeit darüber, daß die Entwicklung als das Ergebnis des Zusammenwirkens von Erbdispositionen und auslösenden Umweltsituationen aufzufassen ist (Konvergenztheorie). In Anlehnung an das »Gesetz der Entwicklungskorrelationen« von E. MEUMANN, wonach sich die Veränderung eines Merkmales niemals isoliert, sondern in Verbindung mit weiteren Eigenschaften vollzieht, können wir hier auch von einer »entwicklungssteigernden Korrelation« (F. DORSCH, 1959, S. 87) zwischen Reifen und Lernen sprechen. Somit läßt sich Entwicklung »als Reihe von miteinander zusammenhängenden Veränderungen, die bestimmten Orten des zeitlichen Kontinuums eines individuellen Lebenslaufs zuzuordnen sind« (H. THOMAE, 1959, S. 10), definieren. L. SCHENK-DANZINGER führt zusammenfassend einige Merkmale an, die für das Entwicklungsgeschehen allgemein kennzeichnend sind. Wichtigstes Kennzeichen jeder (normalen) Entwicklung ist die zunehmende Differenzierung psychischer Prozesse. Daneben wächst jedoch auch die Fähigkeit der Integration, die es etwa dem Kinde ermöglicht, Einzelheiten miteinander in Beziehung zu setzen und in einen Kausalzusammenhang zu bringen. Demgegenüber bedeutet Zentralisation, daß die zufälligen Aktionen des Kindes immer mehr durch Überlegungen und Zielsetzungen koordiniert und zentral gesteuert werden. Die Selektivität in der Entwicklung manifestiert sich in einer einseitigen Wahrnehmung der Umwelt, was gemäß SCHENK-DANZINGER vornehmlich durch verschiedene Interessen, unterschiedliche Ausbildungsgrade der geistigen Funktionen und spezifische, individuelle Umweltorientierungen bedingt ist. Weiterhin kommt es im Rahmen der (kindlichen) Entwicklung zur Ausformung von Strukturen des geistigen, sozialen, spontanen und reaktiven Verhaltens. Diese Verhaltensstrukturen sind im besonderen Maße von den jeweiligen Altersstufen abhängig und nicht umkehrbar (Irreversibilität). Und schließlich ist das Entwicklungsgeschehen dadurch gekennzeichnet, daß es auf der Basis überlieferter Wertsysteme zur Verfestigung von Verhaltensformen und Erfahrungen kommt; typische Verfestigungen dieser Art sind Stereotypen und Vorurteile oder (nach SCHENK-DANZINGER, 1970, S. 14) Eßgewohnheiten und das Heimweh. Diese Entwicklungsprinzipien und Gesetzmäßigkeiten lassen sich immer wieder im Verlaufe einer Entwicklung nachweisen. Während hierüber innerhalb der Entwicklungspsychologie kaum mehr Zweifel bestehen, weichen die Ansichten über die Darstellung und Veranschaulichung des Entwicklungsgeschehens je nach Schulrichtung zum Teil erheblich voneinander ab.

Zu den wichtigsten *Modellen der Entwicklung* zählen nach THOMAE (1959, S. 13 ff.): das »Stufen- oder Phasenmodell« (O. TUMLIRZ, Ch. BÜHLER, O. KROH), das »Spiralenmodell« (A. GESELL, A. BUSEMANN), das »Schichtenmodell« (Ph. LERSCH), das »Differenzierungsmodell« der Gestalt- und Ganzheitspsychologie (H. WERNER, F. KRUEGER, F. SANDER, K. KOFFKA, K. LEWIN), das »Prägungs- oder Verfestigungsmodell« (C. BONDY, M. MEAD) und das »Modell der aktiven Gestaltung« (F. BLÄTTNER, M. J. LANGEVELD).

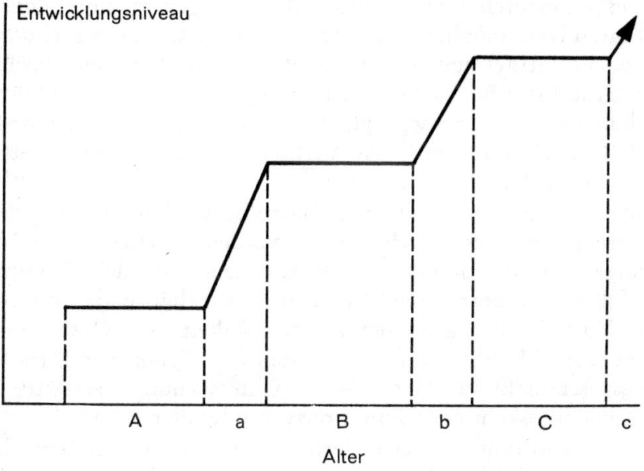

Abb. 25: Beispiel eines Entwicklungsmodells, das von dem Wechsel zwischen Entwicklungsstufen (A, B, C) und Übergangsphasen (a, b, c) ausgeht: »Stufenmodell« (nach: R. OERTER, 1972, S. 54).

THOMAE kritisiert in diesem Zusammenhang mit Recht den Absolutheitsanspruch mancher Modellvorstellungen und verweist auf die Notwendigkeit einer Integration der vorhandenen Ansätze zu einem einheitlichen Entwicklungsmodell.
Ziel der Entwicklung ist das Erreichen einer optimalen Funktionstüchtigkeit und psycho-physischen Ausgeglichenheit sowie das Freisein von neurotischen Abwehrmechanismen und unangemessenen, kompensatorischen Lebensleitlinien (Lebenslügen), die die Entwicklung spontaner Liebes- und Gemeinschaftsfähigkeit verhindern.

1.3. Forschungsmethoden

Die Forschungsmethoden der Entwicklungspsychologie unterscheiden sich allgemein nicht von den Methoden, die auch in anderen Disziplinen der psychologischen Wissenschaft Anwendung finden; allerdings sind sie zum Teil mehr auf die jeweilige Altersstufe und die jeweilige Entwicklungssituation abgestellt. Als besonderes Kennzeichen entwicklungspsychologischer Methodik ist nach THOMAE (1959, S. 46) der Versuch anzusehen, Verhaltensbeobachtungen, die in der natürlichen Lebensumgebung des Menschen vorgenommen werden, mit solchen unter experimentell kontrollierten Bedingungen zu kombinieren. Dadurch ist es möglich, die Nachteile von Laboruntersuchungen (z. B. Beeinträchtigung der spontanen Äußerungsbereitschaft auf Grund der Beobachtungssituation) als auch von Felduntersuchungen (z. B. Schwierigkeit der systematischen Kontrolle und Beobachtung sämtlicher Verhaltensdeterminanten) weitgehend zu beheben.

Beobachtungen, die unter den kontrollierten Bedingungen eines Laborexperimentes durchgeführt werden, greifen zwar nur wenige Aspekte und Reaktionstendenzen aus dem gesamten Verhaltensinventar eines Menschen heraus, haben dafür jedoch den Vorteil einer größeren Zuverlässigkeit und Objektivität. Gerade im Hinblick auf die Feststellung allgemeiner Entwicklungsgesetzmäßigkeiten sowie die Untersuchung der Altersabhängigkeit psychischer Funktionsveränderungen sind derartige Versuchsanordnungen erforderlich. So sind in der Entwicklungspsychologie zahlreiche Wahrnehmungs-, Denk- und Lernversuche an Kindern auf diese Weise durchgeführt worden. A. GESELL (1945) und R. A. SPITZ (1957) verwendeten dabei u. a. Filmaufzeichnungen, mit deren Hilfe sie die Entwicklung des Kleinkindes in den ersten Lebensmonaten systematisch verfolgen konnten. Eine andere, recht vielseitige Methode zur Erforschung der kindlichen Entwicklung ist das »kontrollierte Spiel« (THOMAE). Es konfrontiert das Kind in einer von sonstigen Reizeinwirkungen abgeschirmten Beobachtungssituation mit bestimmten, unter entwicklungspsychologischen Gesichtspunkten ausgesuchten Spielgegenständen, die einen individuell unterschiedlichen Bedeutungsgehalt haben und je nach ihrem »Aufforderungscharakter« zu spezifischen Handlungen und Reaktionen anregen.

Als Beispiel der unmittelbaren Beobachtung von Menschen innerhalb ihres alltäglichen Lebensrahmens haben wir bereits die »teilnehmende Beobachtung« kennengelernt. Sie kann in Jugend- wie in Altengruppen durchgeführt werden und gewährt dem fachlich geschulten Beobachter, der sich hier allerdings zunächst keiner (technischen) Aufzeichnungsmittel bedienen darf, um das zu Beobachtende nicht durch den Beobachtungsvorgang zu beeinflussen, einen unverfälschten Einblick in die Lebens- und Arbeitsgewohnheiten einer Gruppe.

Es gehört zu den bevorzugten Forschungsaufgaben der Entwicklungspsychologie, Verhaltensänderungen und Entwicklungsverschiebungen, wie sie als Folge von Übungs- oder Deprivationsbedingungen auftreten können, zu untersuchen. Da nun umfassende Verhaltensbeobachtungen, speziell unter den einschränkenden Bedingungen einer Experimentalsituation, nicht unbegrenzt lange durchführbar sind, wird in vielen Fällen die Methode der »fraktionierten Beobachtung« angewandt, die sich dann über einen längeren Zeitraum – bei »Längsschnittuntersuchungen« über Jahrzehnte – erstrecken kann. Während die Längsschnittuntersuchung an einer einzigen, meist repräsentativen Gruppe von Individuen in Form sich regelmäßig wiederholender Einzelversuche vorgenommen wird, um z. B. etwas über die Intelligenz- oder Persönlichkeitsentwicklung der betreffenden Personen zu erfahren (vgl. TERMAN-Untersuchung), werden bei der »Querschnittuntersuchung« mehrere repräsentative Gruppen im gleichen Zeitraum miteinander verglichen. Dabei kann es sich entweder um Gruppen handeln, die sich beispielsweise dem Alter ihrer Mitglieder nach jeweils voneinander unterscheiden und in den gleichen Situationen beobachtet werden, oder um Gruppen, deren Mitglieder durchweg derselben Altersstufe angehören, dafür aber unter jeweils verschiedenen Situationseinflüssen untersucht werden. Beide Forschungsmethoden, die Querschnittuntersuchung und die Längsschnittuntersuchung, können je nach der Fragestellung auch miteinander verbunden werden. Als weitere Verfahren der Entwicklungspsychologie seien schließlich noch die »biographische Methode«, die »kasuistische Methode« und die »Analyse von Werkgestaltungen« sowie die »Einstellungsskalen«, »Persönlichkeitsfragebögen«, »projektiven Tests« und »Leistungstests« erwähnt.

2. Phasen der menschlichen Entwicklung

2.1. Vorgeburtliche Entwicklung

Der Entwicklungsbeginn des Menschen wird im alltäglichen Leben eigentlich zu Unrecht erst mit dem Geburtsvorgang angesetzt. Daß sich zu diesem Zeitpunkt schon viel ereignet und das gerade eben geborene Kind bereits einen neunmonatigen, vorgeburtlichen »Lebenslauf« hinter sich hat, läßt sich nach W. STERN u. a. daraus ersehen, daß der Reifestand Neugeborener interindividuell verschieden ist, also bestimmte Fähigkeiten und Fertigkeiten im einen Fall vorhanden sind, im anderen Falle sich erst im Laufe der nachgeburtlichen Entwicklung ausbilden.

ARISTOTELES hatte noch angenommen, daß die Beseelung (Animation) mit der Geburt stattfindet, und nach AUGUSTIN sollte sie bei den Knaben um den 40. Tag, bei den Mädchen jedoch erst am 80. Tag erfolgen. Wenn wir auch heute über derartige Vorstellungen hinaus sind und sie belächeln mögen, so ist doch die Frage, wann die Entwicklung der psychischen Funktionen beginnt, noch immer unbeantwortet geblieben. In der psychologischen Fachsprache wird dieses Problem mit dem Begriff des »ontogenetischen Nullpunktes« umschrieben (Abb. 26). Dieser hypothetische Nullpunkt liegt vor der Geburt und wird mittels Extrapolation errechnet, indem die nach der Geburt mit einem gewissen Entwicklungsniveau auftretenden psychischen Funktionen bis zu ihrem (in der graphischen Darstellung linearen) Anfangspunkt zurückverfolgt werden. Der ontogenetische Nullpunkt ist für die psychologische Wissenschaft insofern von Bedeutung, als der Vergleich individueller Entwicklungsverläufe letztlich einen gemeinsamen Bezugspunkt voraussetzt.

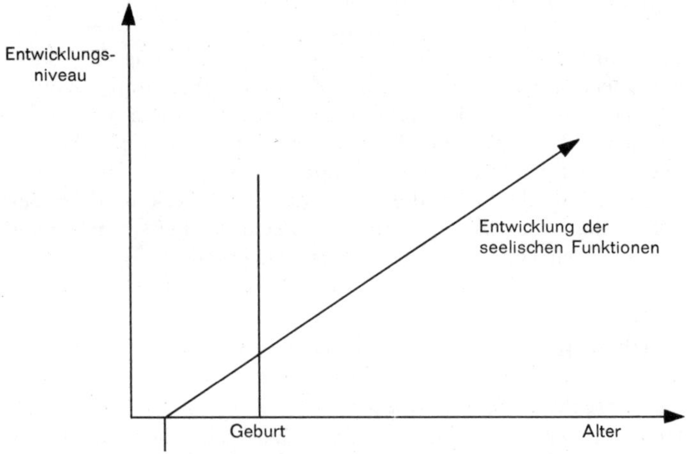

Abb. 26: Der »ontogenetische Nullpunkt« seelischer Funktionen und Fähigkeiten (vgl. U. Undeutsch, Verl. f. Psychol. Dr. Hogrefe, Göttingen, 1959, S. 88 und P. R. Hofstätter, J. A. Barth Verlag, München 1953).

Die vorgeburtliche (pränatale) Entwicklung des Kindes wird ebenso wie die nachgeburtliche (postnatale) Entwicklung

sowohl von Erbfaktoren als auch von Umwelteinflüssen bestimmt. Welchen uterinen Milieubedingungen der Embryo* und später der Foetus** ausgesetzt ist, hängt im wesentlichen von der Einstellung und dem Verhalten der Mutter ab. Sehr oft werden hier die äußeren, mechanischen Einflüsse auf die Leibesfrucht, wie sie von der sich normal bewegenden und arbeitenden Mutter ausgehen, ängstlich überbewertet, während die chemischen und psycho-physischen Einwirkungen auf das entstehende Kind als bedeutungslos angesehen oder gar in naiver Weise geleugnet werden. So können sich extreme seelische Spannungen und Erregungen der Mutter zwar nicht unmittelbar über das Nervensystem, wohl aber über den Blutkreislauf, in dem sich nervliche Erregungen als chemische Veränderungen niederschlagen, auf das Kind übertragen und erst nach der Geburt u. U. zu Entwicklungsstörungen führen. Weitere schädigende Einwirkungen auf die vorgeburtliche und damit oft auch nachgeburtliche psycho-physische Entwicklung des Kindes können sich aus Infektionskrankheiten der Mutter (z. B. Röteln, Toxoplasmose), falscher Ernährung sowie übermäßigem Rauchen ergeben.
Wie sehr gerade die Ernährung der Mutter im Hinblick auf die zukünftige Intelligenzentwicklung des Kindes eine ausschlaggebende Rolle spielt, haben R. F. HARRELL et al. (1955, zitiert aus O. M. EWERT, 1972, S. 27) nachgewiesen. Sie untersuchten schwangere Frauen aus den unteren Einkommensschichten und stellten fest, daß die Kinder derjenigen Mütter, die während der Gravidität und der Stillzeit eine verbesserte Nahrung erhalten hatten, später im Alter von drei bis vier Jahren einen auffallend höheren Intelligenzwert in der Testuntersuchung erzielten als jene Kinder, deren Mütter keine verbesserte Nahrung erhalten hatten.
Im allgemeinen ist die Erforschung der pränatalen Entwicklung auf psychologischem Gebiet bisher noch relativ stark vernachlässigt worden. Erst in neuerer Zeit befassen sich Psychologen zunehmend mehr auch mit diesem Abschnitt menschlicher Entwicklung. So wurde im Juli 1971 in Wien eine »Studiengemeinschaft für pränatale Psychologie« (SPP) ins Leben gerufen, die sich in Zukunft in verstärktem Maße mit den Möglichkeiten der medizinischen und psychologischen Erforschung vorgeburtlicher Lebensvorgänge zu befassen sucht.

* Bis zum 3. Monat
** Lat. »fetus« = das Junge, der Nachkomme; vom 4. Monat ab

2.2. *Geburt und Säuglingsalter*

Mit der *Geburt*, die im allgemeinen um den 265. Tag herum erfolgt, verliert das Kind nahezu schlagartig die Ausgeglichenheit und Sicherheit seiner vorgeburtlichen Lebensbedingungen. Die Härte dieser physiologischen Umstellung ist im nachhinein aus dem Blickwinkel des Erwachsenen heraus schwerlich genau zu bestimmen. A. GESELL sprach in diesem Zusammenhang von einer »Geburtskatastrophe« und O. RANK (1924) von einem »Geburtstrauma«, das ein »Angstreservoir« schaffe und sich von daher auch auf das spätere Verhalten noch auswirke. Diese vornehmlich von psychoanalytischer Seite vertretene Auffassung der Angstentstehung wird jedoch keineswegs allgemein anerkannt. R. MEILI (1972) weist die These, zukünftige Angsterlebnisse aus der traumatischen Situation der Geburt abzuleiten, zurück und erklärt die *Angst* vielmehr als Folge von »Erregungsstauungen«, die bei Verarbeitungsschwierigkeiten entstehen. Sicher feststellbar sei bei der Geburt nur eine »Unlustreaktion«. Für die Auslösung seelischer Störungen und neurotischer Erkrankungen entscheidender als das Einzelereignis der Geburt sind nach W. & E. S. MOOG (1972) die »sich ständig wiederholenden und in ihren Wirkungen sich kumulierenden Erfahrungen« (S. 23) des Kindes. Dabei spielen vor allem schlechte sozio-ökonomische Verhältnisse, die nach G. L. FLANAGAN (1968) auch Frühgeburten begünstigen, eine wesentliche Rolle.

Welchen Verlauf eine Geburt nimmt und mit welchen das Kind schädigenden Komplikationen die Geburt verbunden ist, hängt nicht zuletzt auch von der emotionalen Haltung der Mutter gegenüber dem Geburtsvorgang selbst ab. Daß dieser nicht notwendigerweise ein schmerzliches Erlebnis für die Mutter zu sein braucht, haben bereits völkerkundliche (ethnologische) Beobachtungen an Naturstämmen nachweisen können. Auch bei uns sind hie und da Ansätze zu erkennen, das Geburtsereignis sachlicher und positiver darzustellen. Im allgemeinen wird jedoch der Vorgang der Geburt nach wie vor noch weitgehend tabuiert und den jungen Mädchen von ihren Müttern und Erzieherinnen im Heim als etwas Schreckliches oder Angsterregendes beschrieben. Auf diese Weise kann bei einem Mädchen schon früh eine tiefverwurzelte, nicht selten auch verdrängte Furcht vor diesem Ereignis entstehen, eine Furcht, welche kaum durch kurzfristige Beruhigungen während der Niederkunft zu beheben ist. Zahlreiche Komplikationen während der Schwangerschaft und der Geburt sind daher oft mehr auf seelische Verkrampfungen der

Mutter und nicht so sehr auf körperliche Ursachen wie beispielsweise Steißlage des Kindes zurückzuführen. –
In den ersten beiden Wochen nach der Geburt muß sich das *Neugeborene* den veränderten Umweltbedingungen anzupassen suchen. Es entbehrt dabei nicht nur die intrauterine Geborgenheit, sondern muß nun auch ohne die vertrauten Reize, auf die es in seiner vorgeburtlichen Lebenssituation hin geprägt worden ist, auskommen. Wie MOOG und MOOG in ihrer Schrift über »Die entwicklungspsychologische Bedeutung von Umweltbedingungen im Säuglings- und Kleinkindalter« (1972) berichten, sind bereits Versuche unternommen worden, derartige Reizbedingungen auch nach der Geburt teilweise wieder herzustellen und die Auswirkungen auf den Säugling zu überprüfen. So haben L. OURTH und K. BROWN (1961) in ihrer Untersuchung festgestellt, daß Neugeborene, welche von ihren Müttern nach jeder Fütterung noch in den Armen gehalten und gewiegt worden waren (sogenanntes »handling«), signifikant weniger schrieen und sich wohler fühlten als jene, die diese zusätzliche kinästhetische Stimulation nicht erfahren hatten. In einer anderen experimentellen Untersuchung von L. SALK (1962) wurde den Neugeborenen für die Dauer von vier Tagen der menschliche Herzschlag als akustischer Reiz dargeboten. Es zeigte sich auch hier, daß die Säuglinge darauf mit vermindertem Schreien, zudem mit einer Erhöhung des Körpergewichts und (als Ergebnis einer weiteren Untersuchung desselben Autors) mit einer verkürzten Einschlafdauer reagierten.
Auf die alltägliche Praxis der Säuglingspflege angewandt, würde dies bedeuten, daß Neugeborene in den Kliniken und Kleinstkinder in den Säuglingsheimen länger als bisher allgemein üblich bei ihren Müttern und Pflegepersonen verbleiben müßten. Allerdings stehen der Verwirklichung derartiger Erkenntnisse der Psychologie oft noch erhebliche Vorurteile und festgefahrene Traditionen entgegen.
In der Folgezeit bilden sich nun bei dem *Säugling** unter normalen Bedingungen sehr schnell die für die weitere menschliche Entwicklung notwendigen motorischen und psycho-physischen Funktionen aus. Das Kind erwirbt in der engen Symbiose mit der Mutter seine »emotionale Bindungsfähigkeit« (SCHENK-DANZINGER) und sein »Urvertrauen« (ERIKSON) in die Umwelt. Nach neuesten Erkenntnissen vermag das Kleinstkind bereits im Alter von sechs Wochen seine Mutter von Fremden zu

* Zeit bis zum 12./13. Monat

unterscheiden (H. E. FITZGERALD, 1968). Verhaltensauslösende Merkmale des Kindes (»Kindchenschema«) sichern diesem die konstante schützende Zuwendung der mütterlichen Bezugsperson.
Im Alter von ungefähr drei Monaten lächelt der Säugling erstmalig seine Mutter an, ein Ereignis, das von Psychologen meist als angeborenes Verhalten betrachtet wird, da auch blinde Kinder zur gegebenen Zeit mit Lächeln reagieren. Aber erst mit acht Monaten, dem Zeitpunkt der sogenannten »Acht-Monate-Angst«, vermag das Kind, das jetzt vorübergehend Angst vor allen fremden Menschen zeigt, die mütterliche Person bewußt zu erkennen. Mit vier Monaten beginnt das Kind, sich unter Hilfe aufzusetzen und nach Gegenständen zu greifen; mit acht Monaten versucht es zu stehen, drei Monate später auch zu gehen. Allerdings werden diese Funktionen, die bis zu einem gewissen Grade instinktgebunden, darüber hinaus jedoch übungsabhängig sind, in der Regel erst nach jeweils drei bis fünf weiteren Monaten des Trainings voll beherrscht.

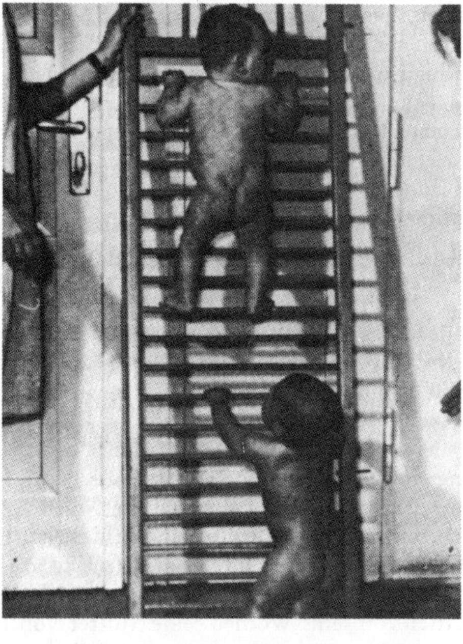

Abb. 27: Im 5. Monat stehen die Säuglinge fest auf einer Leiter (nach: J. KOCH, 1969, S. 418).

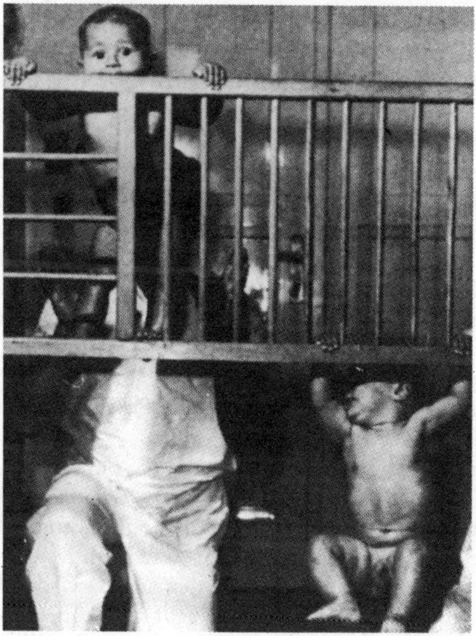

Abb. 28: Die Bewegungsstimulation führt zu einer raschen Gewichtszunahme ohne größere Fettschichtverstärkung (Alter der Kinder 5½ Monate) (nach: J. KOCH, 1969, S. 417).

Wie J. KOCH in einer Untersuchung aus dem Jahre 1969 hat nachweisen können, läßt sich nun die selbständige Beherrschung der motorischen Funktionen durch Kleinstkinder zeitlich vorverlegen, wenn Erwachsene in dieser Hinsicht gezieltere, doch keineswegs überfordernde Anregungen geben. So war es den von KOCH beobachteten Kindern bereits mit vier bis fünf Monaten möglich, auf einer Leiter sicher zu stehen (Abb. 27) oder im Alter von sieben Monaten an einem Trapez hängend zwei Meter durch die Luft zu schwingen. Diese mit Lustgefühlen verbundenen motorischen Übungen wirkten sich bei den Kindern u. a. in einer deutlichen Gewichtszunahme, in einer verbesserten motorischen Beweglichkeit und Anpassungsfähigkeit und vor allem in einer besonders guten Stimmungslage aus (Abb. 28).

Daher kommen W. MOOG und E. S. MOOG in diesem Zusammenhang zu der weitreichenden Schlußfolgerung, »daß die in den Lehrbüchern aufgeführten Entwicklungsnormen ihre Gültigkeit verlieren, sobald man die üblichen Pflegemaßnahmen durch zusätzliche Stimulation bereichert« (1972, S. 20 f.).

2.3. Entwicklung des Kindes

Die zunehmende »Sprachnot« (W. STERN, 1930) des Kindes veranlaßt dieses bereits gegen Ende des ersten Lebensjahres, die sprachlichen Äußerungen der Erwachsenen nachzuahmen. Als offiziellen, wenn auch nur ungefähren Beginn des Spracherwerbs ist mit STERN der Zeitraum zwischen dem neunten und achtzehnten Monat zu nennen. Entsprechend dem »Gesetz der Entwicklungsperiodizität« ist die Sprachentwicklung mehr oder minder großen Schwankungen unterworfen; Perioden, in denen sich der kindliche Wortschatz vermehrt, wechseln mit Perioden der Konsolidierung ab.

Nach zahlreichen Untersuchungen (u. a. von D. McCARTHY) besteht ein deutlicher Zusammenhang zwischen der beruflichen Stellung des Vaters und der sprachlichen Leistungsfähigkeit des Kindes. So sind Akademikerkinder und Kinder aus der Mittelschicht ihren Alterskollegen aus den unteren sozialen Schichten in sprachlicher Hinsicht schon sehr früh überlegen. Ebenso sind Einzelkinder Geschwisterkindern und Zwillingen in der Regel sprachlich voraus. Ausschlaggebend für diesen sprachlichen Vorsprung sind die jeweils intensiven Anregungen, die die betreffenden Kinder in den Gesprächen mit ihren Eltern erhalten. Im Alter von zweieinhalb bis drei Jahren (Fragealter) erreicht die Sprachentwicklung des *Kleinkindes** ihren Höhepunkt, setzt sich jedoch noch bis in das Schulalter hinein fort.

Etwa gleichzeitig mit der sprachlichen Entwicklung lernt das Kleinkind allmählich die Beherrschung der Ausscheidungsfunktionen (Reinlichkeitserziehung). Doch erst mit der Ausbildung einer zentralnervösen Verbindung zwischen dem Gehirn und den für die Ausscheidungsvorgänge verantwortlichen Reflexzentren im Verlaufe des zweiten Lebensjahres wird es dem Kind möglich, seine Schließmuskelfunktionen willentlich zu regulieren (vgl. A. DÜHRSSEN, 1960). Nach H. ZULLIGER (1963) kann es letztlich »keine Reinlichkeitserziehung, sondern nur eine Entwicklung zur Reinlichkeit« (S. 44) geben. Daher sollten Eltern entgegen der üblichen Praxis das Kind schon sehr früh unter Strafandrohung zur Sauberkeit zu zwingen, lediglich eine abwartende und geduldige Haltung einneh-

* Zeit vom 2. bis zum 5./6. Lebensjahr

men, weil Kinder erfahrungsgemäß mit Vollendung des dritten Lebensjahres im allgemeinen von selbst trocken werden.

Im Alter von etwa drei Jahren kann es bei dem Kleinkind vorübergehend zu heftigen Trotzreaktionen kommen (sogenannte »Trotzphase«), die von Erziehungspersonen gewöhnlich als Ungehorsam und bewußte Aufsässigkeit des Kindes mißverstanden werden. In der Psychologie bis vor kurzem noch als eine allgemeine Gesetzmäßigkeit des Entwicklungsgeschehens angesehen, handelt es sich hierbei jedoch nach heutiger Auffassung im wesentlichen um eine Reaktion des älter werdenden Kindes auf die unverändert starren, strafenden Erziehungsmaßnahmen der Eltern (vgl. H. J. KORNADT und M. WIRSING, 1960). Wie völkerkundliche Untersuchungen ergeben haben, pflegt das kindliche Trotzverhalten – je nach den vorherrschenden Erziehungspraktiken – keineswegs in allen Kulturen zwangsläufig aufzutreten. Es sei hier nur an die Felduntersuchungen von R. BENEDICT, M. MEAD oder R. LINTON erinnert. Eltern und Erzieher sind im allgemeinen wenig darüber informiert, daß das Kind zu dieser Zeit sein Ich entdeckt (Ich-Abhebung, SCHENK-DANZINGER) und von nun an mehr innere Selbständigkeit anstrebt – ein Entwicklungsschritt, der im Hinblick auf die spätere Loslösung des Kindes von den Eltern und das Hineinwachsen in die Gemeinschaft der Gleichaltrigen notwendig ist.

In Wetteifersituationen zeigt das Kind jetzt in zunehmendem Maße »leistungsmotiviertes« Verhalten; Mißerfolge, die es anfangs fast ausschließlich auf sich selbst und weniger auf die gemeinsame Wettbewerbssituation bezieht, werden zunächst noch mit starken affektiven Reaktionen beantwortet. In seinem Bedürfnis, sich an Vorbildern zu orientieren, identifiziert sich das Vorschulkind mit Personen seiner näheren Umgebung und übernimmt allmählich deren Forderungen und Einstellungen – aber auch deren Stereotypen und Vorurteile über andere Menschen. Im Rollenspiel sucht es die Verhaltensformen der Erwachsenen nachzuahmen und eigene Erlebnisse und Erfahrungen emotional zu bewältigen.

Erziehungspersonen, die sich diesen Entwicklungsveränderungen des Kindes nicht flexibel anzupassen vermögen und die noch ungelenken Versuche der kindlichen Verselbständigung unterbinden, können damit Entwicklungsstörungen auslösen, die sich bis in die Schulzeit hinein auswirken und hier schließlich zu weiteren Verhaltensauffälligkeiten und Lernstörungen führen.

Etwa gleichzeitig mit dem Eintritt in das Schulleben vollzieht sich bei dem Kind eine seelisch-körperliche Umstellung, die nach außen hin in einer allgemeinen Streckung des Körpers (»1. Gestaltwandel«, W. ZELLER) und in verstärkter emotionaler Labilität zum Ausdruck kommt. Ob ein Kind zu dieser Zeit schulreif ist, ergibt sich nicht allein – wie oft angenommen – aus der Altersreifung, sondern ist zudem abhängig von dem vorhandenen Begabungsniveau, dem Ausmaß der vorschulischen Anregung sowie der familiären Geborgenheit des Kindes. So können etwa Kinder, die über eine durchschnittliche Intelligenz verfügen, auf Grund sozial-deprivativer Lebensbedingungen aber noch wenig aufgabenbezogen und belastbar sind, dennoch schulunreif sein. SCHENK-DANZINGER differenziert daher den Begriff der *Schulreife* und spricht stattdessen von der »Schulfähigkeit« im objektiven Sinne und der »Schulbereitschaft« im subjektiven Sinne (1970, S. 109).

Während für das Kleinkind die Wirklichkeit noch magischen und physiognomischen Charakter hat, ist es dem *Schulkind** bereits möglich, seine Umwelt in einer »naiv-realistischen«, später auch »kritisch-realistischen« Einstellung zu erfassen (O. KROH, 1967). Das Denken, zunächst noch vorwiegend an die Anschauung gebunden, wird mit der Zeit beweglicher und umstellungsfähiger. Das Raumvorstellungsvermögen erweitert sich, Beziehungen können erfaßt werden, und schließlich bildet sich gegen Ende des »Großkindalters« die Fähigkeit aus, Probleme nicht nur wie bisher auf der Ebene der »konkreten Operationen« (PIAGET), sondern auch auf der Ebene der »formalen Operationen« (PIAGET) abstrakt zu lösen.

Das reife Schulkind löst sich aus seiner egozentrischen Verhaftung und wendet sich aus einem allgemeinen Expansionsdrang heraus anderen Lebensbereichen zu, die es in der Identifikation mit neuen Bezugspersonen und Interessen – etwa auf historischem Gebiet – findet. Das Gemeinschaftsleben der Gruppe steht jetzt für das Kind mehr im Vordergrund. Es kommt zu verbindlichen Rangordnungen innerhalb der Gruppe und auf der Basis eines starken Gerechtigkeitsgefühls des Schulkindes zur Ausbildung fester Normen und kollektiver Wertmaßstäbe. Damit erreicht das Schulkind, das sich durch ein ausgeprägtes Selbstwertgefühl und eine allgemein positive Lebensgrundstimmung zu dieser Zeit auszeichnet, den Höhepunkt seiner kindlichen Entwicklung.

* Zeit zwischen dem 6. und 11./12. Lebensjahr

2.4. *Entwicklung des Jugendlichen*

Die *Jugendpsychologie* untersucht im Rahmen der Entwicklungspsychologie die Faktoren und Einflüsse, welche für die spezifischen Entwicklungsveränderungen im *Jugendalter** verantwortlich sind. Dabei handelt es sich im wesentlichen um die psycho-biologischen Faktoren der Geschlechtsreifung und des beschleunigten Körperwachstums (»2. Gestaltwandel«) sowie um die psycho-sozialen Faktoren der schulischen und beruflichen Neuorientierung, der Loslösung vom Elternhaus und der Eingliederung des jungen Menschen in die Subkultur der Gleichaltrigen.

Eingeleitet wird die Reifeentwicklung des Jugendlichen mit der Phase der *Vorpubertät*, die gemäß SCHENK-DANZINGER die »Zeitspanne zwischen dem ersten Erscheinen der sekundären Geschlechtsmerkmale und dem ersten Funktionieren der Geschlechtsorgane« (1970, S. 185) umfaßt. Die heute allgemein zu beobachtende zeitliche Vorverlegung des »präpuberalen Wachstumsschubes« gegenüber früher ist auf die veränderten Lebensbedingungen des Menschen in der Industriegesellschaft zurückzuführen. Die Ursachen dieser Entwicklungsbeschleunigung (säkulare Akzeleration) werden hauptsächlich in der vitamin- und eiweißreicheren Ernährung, aber auch in der Reizüberflutung und der erhöhten Streßbelastung des Großstadtmenschen gesehen.

Die im Zusammenhang mit dem Akzelerationsproblem oft vertretene These vom allgemeinen Begabungsrückgang in der heutigen Jugend läßt sich nach neueren Forschungsergebnissen nicht aufrechterhalten. Neben leichten Begabungsverschiebungen, beispielsweise in Richtung auf den technischen Sektor hin, sind im Vergleich zu früher lediglich zeitbedingte Interessenunterschiede bei den heutigen Jugendlichen festgestellt worden.

Mit dem Eintritt in die *Pubertät*, deren individueller Verlauf schicht- und kulturspezifisch ist, gerät der Jugendliche in eine Situation der allgemeinen Verhaltensunsicherheit. Diese kommt dadurch zustande, daß die Werte und Bezugsnormen der Kindheit jetzt ihre Gültigkeit verlieren und für den jungen Menschen, der zum Teil noch als Kind, zum Teil auch schon als Erwachsener angesprochen wird, noch keine adäquaten Verhaltensmuster zur Verfügung stehen. Bei Jugendlichen, die noch in der Ausbildung sind und erst relativ spät ihre wirtschaftliche

* Zeit zwischen dem 11./12. und 25. Lebensjahr; Beginn der »Adoleszenz« mit dem 18. Lebensjahr.

Unabhängigkeit erlangen, andererseits aber den Höhepunkt sowohl der Geschlechtsreife als auch der Intelligenzausbildung längst erreicht haben, kann die Rollenunsicherheit und gesellschaftliche Statuslosigkeit zur Isolation führen. Diese verstärkt sich u. U. noch dadurch, daß der Jugendliche jetzt in zunehmendem Maße über sich selbst und andere Menschen zu reflektieren beginnt und Forderungen der Erwachsenen von ihm nicht mehr vorbehaltlos anerkannt und übernommen werden. Allgemeine Lebensprinzipien werden von dem Heranwachsenden jetzt ebenso auf ihren Sinn und ihre Berechtigung hin überprüft wie gesellschaftliche Institutionen vorübergehend mehr oder minder heftig in Frage gestellt werden können. Dahinter steht das Bedürfnis des jungen Menschen, sich von überlieferten Leitbildern zu lösen und sich in einer zeitbezogeneren Weise neu zu orientieren. Die Suche nach der persönlichen Identität hat für lange Zeit eine verhaltenssteuernde Funktion. Von daher kann sich bei dem Jugendlichen die Tendenz zeigen, die eigene Persönlichkeit überzubewerten – besonders, wenn sie in der Erwachsenenwelt noch nicht die ersehnte Anerkennung findet – und mit sexuellem und aggressivem »Imponiergehabe« zur Schau zu stellen.

Zwischen der Loslösung vom Elternhaus und dem Aufbau einer eigenen Familie orientiert sich der junge Mensch an der Gleichaltrigengruppe, die für ihn in erster Linie eine emotional stabilisierende Funktion hat, darüber hinaus als soziale Gemeinschaft auch auf den zukünftigen Erwachsenenstatus vorbereitet. »Die Jugendgruppe ist kein Familienersatz, sondern sie ist Übungsfeld, um die innere Labilität und ihre Folgen für die sozialen Beziehungen zu überwinden« (L. RÖSSNER, 1963, S. 90). Nach D. P. AUSUBEL (1971) hat die jugendliche Interimsgesellschaft außerdem die Funktion, dem Heranwachsenden den Erwerb eines »primären Status« – anstelle des »abgeleiteten Status« in der Familie – zu ermöglichen, über das »Wir-Gefühl« dessen Selbstachtung zu erhöhen, ihm ein neues Bezugssystem zu geben, ihn gegen die alten Autoritäten zu schützen, seine Interessen zu vertreten, ihm ein Übungsfeld auch für die Erprobung seiner Geschlechtsrolle zu sein und ihm nicht zuletzt einen Ausgleich zu bieten für die Frustrationen und Schwierigkeiten, die sich aus seiner Übergangssituation ergeben.

Hauptproblem des Jugendlichen in dieser Zeit ist die Tatsache, daß er in der Phase seiner größten seelischen und sozialen Unsicherheit weitreichende Lebensentscheidungen zu treffen gezwungen ist, die Gesellschaft ihm jedoch hierin nicht immer das notwendige Maß an Aufgeschlossenheit entgegenbringt und ihn in den wichtigen Fragen der Berufsfindung, Partnerwahl, Sexualität, Ehe und Erziehung der Kinder nach wie vor ohne ausreichende Informationen läßt. Von daher erscheint es dringend notwendig, bereits während der Schulausbildung in einem neu einzurichtenden Fach »Psychologie« auf derartige Fragenkomplexe und Probleme einzugehen.

2.5. Psychologie des Erwachsenen

Erst in neuerer Zeit findet die Lebensphase des *Erwachsenen* auch in entwicklungspsychologischer Hinsicht zunehmend mehr Beachtung und Interesse. Hatten sich psychologische Erkenntnisse bisher in recht allgemeiner Form auf den erwachsenen Menschen schlechthin bezogen, so geht es nach U. LEHR in der *Entwicklungspsychologie des Erwachsenenalters* vornehmlich um die »Analyse der für bestimmte Altersgruppen typischen Entwicklungsaufgaben« (1968, S. 503), Probleme und Lebensziele.

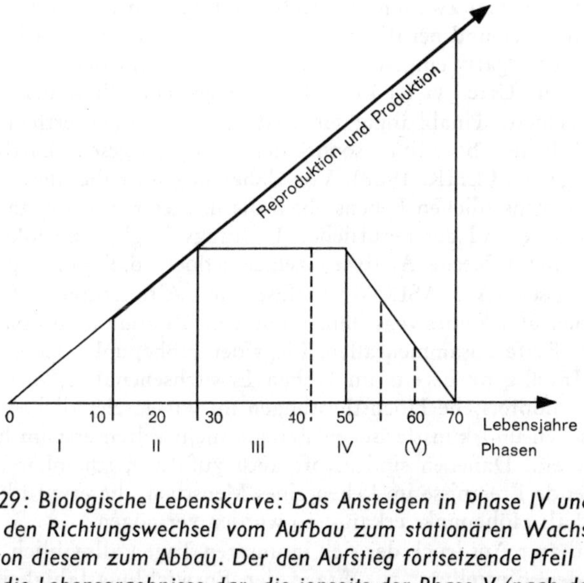

Abb. 29: Biologische Lebenskurve: Das Ansteigen in Phase IV und V zeigt den Richtungswechsel vom Aufbau zum stationären Wachstum und von diesem zum Abbau. Der den Aufstieg fortsetzende Pfeil stellt die Lebensergebnisse dar, die jenseits der Phase V (nach dem Tode) das Individuum in dem von ihm Geschaffenen (Produktion) und in seinen Kindern (Reproduktion) fortwirkend überleben (nach: CH. BÜHLER, 1972, S. 58).

Wenn auch die Abgrenzung einzelner Phasen innerhalb des menschlichen »Lebenslaufes«, wie er von Ch. BÜHLER (1959) und M. MOERS (1953) vorgenommen worden ist, nicht für jedes Individuum allgemein verbindlich sein kann, so unterscheidet sich die »Lebensthematik« des Erwachsenen mittleren Alters doch wesentlich von der des jugendlichen oder älteren Menschen. Zentrale Aufgabe der mittleren Lebensphase ist die »Individuation« (C. G. JUNG) und »Selbstbestimmung« (Ch. BÜHLER) des Menschen. Sie erfolgt je nach dem Persönlichkeitstypus und der individuellen Motivationsstruktur entweder durch »Werkschaffung« oder durch »gelingende materielle und soziale Verfügungsfreiheit« (Ch. BÜHLER, 1962, S. 292).
Für den jungen Erwachsenen stehen die Ziele der Eheschließung, Familiengründung und beruflichen Durchsetzung ganz im Vordergrund der Lebensorientierung. Wie Untersuchungen über die positive und negative Bewertung der einzelnen Lebensabschnitte übereinstimmend ergeben haben, wird in der überwiegenden Zahl der Fälle die Zeit zwischen dem 20. und 40. Lebensjahr als die glücklichste Lebensphase angesehen. Im Vergleich mit dem zweiten und sechsten Jahrzehnt, die auf Grund persönlicher und beruflicher Umstellungsprobleme im allgemeinen eher negativ eingeschätzt werden, ist der mittlere Lebensabschnitt im Urteil vieler Erwachsener meist eine Phase der Unbeschwertheit, Unabhängigkeit und Zukunftsorientiertheit, der persönlichen Stabilität sowie der beruflich-gesellschaftlichen Erfolge (U. LEHR, 1968). Von daher liegt es nahe, den Höhepunkt menschlichen Lebens ebenfalls in dieser Zeit der inneren Harmonie und der beruflichen Leistungsfähigkeit zu lokalisieren. Biographische Analysen zeigen jedoch, daß »Höhepunkterlebnisse« (A. MASLOW) in fast allen Altersstufen auftreten können und keineswegs immer mit dem Zeitpunkt der biologischen Reife zusammenfallen. Liegt der Höhepunkt der meßbaren Intelligenz bereits im frühen Erwachsenenalter, so stellen sich schöpferische Höchstleistungen im wissenschaftlichen, literarischen und künstlerischen Bereich nicht selten erst im hohen Alter ein. Daneben sind es oft auch zufällige, scheinbar unbedeutende Ereignisse im Leben eines Menschen, die erst rückblikkend als Höhepunkt erkannt zu werden vermögen.
Sichtbarer Ausdruck der sich in unseren Tagen allmählich wandelnden Einstellung zur Frage der Entwicklungsfähigkeit des Erwachsenen sind die zunehmenden Bemühungen älterer Menschen um persönliche Weiterbildung und berufliche Umschulung. Dadurch erhält die *Erwachsenenbildung*, wie sie an zahl-

reichen Volkshochschulen und Akademien unseres Landes betrieben wird, eine über den bisherigen Rahmen der Wissensvermittlung hinausgehende neue gesellschaftliche Funktion. Erwachsenenbildung kann nicht mehr nur dazu dienen, die »weite Divergenz zwischen den für das Hochschulstudium vorbereiteten und ausgelesenen und den von praktischen Berufen frühzeitig absorbierten Jugendlichen« (A. BUSEMANN, 1971, S. 345) überbrücken zu helfen, sondern sie hat als Institution darüber hinaus die Aufgabe, Kommunikationszentrum zu sein und dem Erwachsenen neue soziale Erfahrungen zu ermöglichen. Ausgehend von der Erkenntnis, daß bei der Vermittlung von Lerninhalten emotionale und gruppendynamische Faktoren eine wesentliche Rolle spielen, sind in der Erwachsenenbildung bereits Ansätze erkennbar, die traditionellen Unterrichtsformen durch neue Formen des partnerschaftlichen Lernens in Arbeits- und Selbsterfahrungsgruppen zu ersetzen. Dies entspricht auch dem zunehmenden Bedürfnis des heutigen Menschen, zwischen der Anonymität einer »bewußtlosen Gesellschaft« (T. BROCHER) auf der einen Seite und der Isoliertheit als Individuum auf der anderen Seite bessere Formen des Zusammenlebens in überschaubaren Gruppengemeinschaften zu finden.

2.6. Alterspsychologie

Die *Psychologie des Alterns** ist ein noch relativ neuer Forschungsbereich innerhalb der Entwicklungspsychologie. Fortschritte der Medizin haben nicht nur die Säuglingssterblichkeit herabgesetzt, sondern auch die allgemeine Lebenserwartung des Menschen erhöht. Dadurch sieht sich die heutige Gesellschaft in verstärktem Maße mit dem Problem konfrontiert, auch dem älteren Menschen mehr als bisher die Möglichkeit zu geben, sich noch aktiv am Leben zu beteiligen. Dem stehen allerdings in der Praxis zum Teil erhebliche Vorurteile entgegen, die u. a. darin begründet liegen, daß jüngere Menschen ihre meist negativen Vorstellungen, die sie vom Alter haben, auf den alten Menschen übertragen. Es entspricht dem allgemeinen Stereotyp von der »Rückbildung im Alter«, gleichzeitig mit den körperlichen Veränderungen auch im geistigen, emotionalen und triebhaften Bereich in ähnlicher Weise Veränderungen zu erwarten, die die psychische Leistungsfähigkeit des älteren Menschen einschränken.

* Beginn der Altersphase mit dem 7. Lebensjahrzehnt

Neuere Untersuchungen im Rahmen der Altersforschung (»Gerontologie«) haben jedoch ergeben, daß »Leistungsunterschiede verschiedener Altersgruppen weitgehender durch schulische Bildung als durch bloße Zahlenangabe des kalendarischen Alters erklärt werden können« (ARBEITSGRUPPE ALTERNSFORSCHUNG BONN, 1971, S. 54). Ebenso entschieden Erziehung, Persönlichkeitsstruktur und sozio-ökonomischer Status mehr als nur das biologische Alter darüber, inwieweit sich Menschen voneinander unterscheiden. Dies verdeutlicht, warum Verhaltensunterschiede innerhalb einer Altersstufe ebenso groß sein können wie die zwischen bestimmten Altersgruppen (vgl. Differentielle Psychologie). Daher ist es nicht möglich, (ältere) Menschen lediglich nach Kenntnis ihres Alters zutreffend zu beurteilen.

Alte Menschen sind meist gut in der Lage, die Abbauerscheinungen ihres Körpers psychisch auszugleichen und sich damit das Bewußtsein der »persönlichen Identität« zu erhalten. Wird das Leben nicht nur an der Fähigkeit gemessen, etwas zu leisten, sondern auch daran, zu erleben, dann verliert das oft beschworene Bild vom Anstieg, Höhepunkt und Abstieg des Lebens seine allgemeine Gültigkeit. Psychologisch gesehen fühlt sich der Mensch niemals am Ende seiner Vorstellungen und Bedürfnisse. Das Ziel des Lebens liegt vielmehr in der fortwährenden Ausdehnung und Bereicherung des individuellen Erlebens; das *Erleben* aber ist alterslos.

Nicht das biologische Alter ist es, das den Menschen u. U. passiv, eigensinnig oder einsam werden läßt, sondern die veränderte Lebenssituation, die durch einen allgemeinen gesellschaftlichen Rollen- und Funktionsverlust gekennzeichnet ist. Die Beendigung der Berufsausübung, die Auflösung der Familie durch Wegzug der Kinder oder Tod eines Ehepartners sowie das Fehlen primärer Lebensaufgaben sind für den alten Menschen oft einschneidendere Erlebnisse als das Wissen um die nachlassende körperliche Funktionstüchtigkeit.

Hauptsächliches Anliegen einer modernen und menschlich aufgeschlossenen *Altenpflege** sowohl im privaten als auch öffentlich-fürsorgerischen Bereich sollte es daher sein, die soziale Isolierung des älteren Menschen aufzuheben, eine weitgehende Selbstgestaltung und Selbstverwaltung des Lebens durch die Alten selbst zu ermöglichen und eine flexiblere Einstellung ge-

* Anm.: Das 2. »Fachseminar für Altenpflege« des DRK-Düsseldorf hat hierfür den Begriff *Gerotherapie* vorgeschlagen.

genüber den Bedürfnissen und Interessen alter Menschen, beispielsweise in beruflicher Hinsicht, zu entwickeln. Ältere Menschen streben nach wie vor den Kontakt zu einer Umwelt an, die ihnen ein optimales Verhältnis von Eigenständigkeit und sozialer Abhängigkeit, von Schutz und persönlicher Freiheit gewährleistet.

Von daher kommt den Altengruppen in Altenheimen, Altendörfern und Altenzentren eine besondere Bedeutung zu. Nach L. RÖSSNER besitzt die Altengruppe die Funktion, »Abbild der gesamtgesellschaftlichen Struktur« (1963, S. 66) zu sein, und sie sollte daher auch in ihrer – gemischtgeschlechtlichen – Zusammensetzung die Vielfalt und Inhomogenität der gesellschaftlichen Wirklichkeit widerspiegeln. Die Altengruppe ist wie vordem die Arbeitsgruppe und die Familie »Bezugsgruppe« für den alten Menschen, indem sie die gewohnten Normen und Lebenswerte seiner Generation weiter aufrechterhält. Sie ist kein Instrument der pädagogischen Disziplinierung, sondern Lebensrahmen für die Befriedigung der emotionalen und sozialen Grundbedürfnisse des älteren Menschen.

3. Entwicklungsstörungen

3.1. Ursachen

Die *Normalität* der menschlichen Entwicklung ergibt sich aus dem komplizierten Zusammenspiel einer Vielzahl von Vererbungsfaktoren und Umwelteinflüssen. Was im einzelnen als normal anzusehen ist, hängt von dem spezifischen Entwicklungsbereich und der jeweils vorhandenen Beurteilungsgrundlage ab. In der Psychologie werden Aussagen über das Entwicklungsgeschehen entweder an statistischen, idealen oder funktionalen Wertmaßstäben orientiert. Abweichungen vom normalen Entwicklungsverlauf treten dann auf, wenn anhaltend schädigende Einflüsse den »einem Einzelwesen hinsichtlich seiner Zielsetzungen und Leistungen gemäßen Zustand« (HOFSTÄTTER, 1964, S. 219) aufheben und die körperlichen Regulierungskräfte und seelischen Bewältigungsmechanismen nicht mehr ausreichen, das allgemeine psychophysische Gleichgewicht wiederherzustellen.

Die Ursachen von Entwicklungsstörungen können in Erbanomalien (z. B. Oligophrenie, Mongolismus), in vorgeburtlich, geburtstraumatisch oder frühkindlich erworbenen Hirnschäden (z. B. Meningitis, Encephalopathie) oder in deprivativen Umweltbedingungen liegen. Die bei weitem größte Zahl der Entwicklungsstörungen ist auf Einflüsse der Umwelt und auf unangemessenes Erziehungsverhalten der Autoritätspersonen zurückzuführen. Als entwicklungshemmend haben sich Erziehungsstile erwiesen, die das Kind oder den Jugendlichen extrem verwöhnen, übermäßig behüten und beschützen (overprotection), gefühlsmäßig ablehnen oder stark einschränken und beherrschen. Besonders in den kritischen Phasen der Entwicklung (sogenannten »Umbruchsstellen«), in denen eine Umorientierung auf neue Entwicklungsziele hin stattfindet, wie zum Beispiel während der Reinlichkeitsgewöhnung, in der Trotzzeit und in der Pubertät, kann eine unbewegliche und unnachgiebige Erziehungshaltung Fehlentwicklungen auslösen. Die nachhaltigsten Entwicklungsschäden, die in vielen Fällen therapeutisch nicht mehr zu beheben sind, werden allerdings schon früh in den ersten Monaten und Jahren des Lebens hervorgerufen, wenn Kinder in einer liebesfeindlichen Umgebung ihre Grundbedürfnisse nach emotionaler Sicherheit (Geborgenheit) und motorischer Selbstentfaltung (Spontaneität) nicht zu befriedigen vermögen und dadurch gehindert werden, die psychischen Voraussetzungen für ein Gelingen des Lebens* zu erwerben. Vor allem die längere Trennung von der Mutter bei gleichzeitigem Fehlen einer liebenden mütterlichen Ersatzperson führt – zumal, wenn das Kind bereits vor der Trennung emotional an die Mutter gebunden war – oft zu einer schwerwiegenden Beeinträchtigung der psychosomatischen Entwicklung. Dies konnte durch zahlreiche Untersuchungen, in denen emotional vernachlässigte und in sozialer Isolation aufwachsende Kinder beobachtet wurden, immer wieder bestätigt werden. Allgemein ist es der »Mangel an sensorischer, emotionaler und sozialer Stimulation« (W. MOOG und E. S. MOOG, 1972, S. 8), der über die Nichtausbildung lebensnotwendiger Funktionen und Fähigkeiten zu Entwicklungsstörungen führt.

3.2. *Erscheinungsformen*

Fehlentwicklungen können sich auf ganz unterschiedliche Weise manifestieren: als allgemeine resp. teilweise Beschleunigung (Akzeleration), als Verzögerung (Retardation), als Rückkehr zu einer früheren Entwicklungsstufe (Regression) oder als ein Verhaftetbleiben in einem bestimmten Entwicklungsstadium (Fixierung). Während es sich beispielsweise bei der vorwiegend im

* Nach Ch. BÜHLER

Säuglings- und Kleinkindalter auftretenden Gesamtretardierung um eine Entwicklungsverlangsamung sowohl im körperlichen als auch geistigen und gefühlsmäßigen Bereich handelt, wirkt sich die Teilretardierung lediglich in einem dieser Bereiche aus. Die im Alltag hin und wieder vertretene Meinung, daß sich die allgemeine Reifungsbeschleunigung der heutigen Jugendlichen zwangsläufig in einer Verzögerung der Begabungsentfaltung auswirken müsse, ist nach modernen wissenschaftlichen Erkenntnissen in dieser Weise ungerechtfertigt. Nach Darstellung von U. UNDEUTSCH (1959) liegen Kinder und Jugendliche, »die in ihrer körperlichen Entwicklung über der Altersnorm stehen, in der Mehrzahl der Fälle auch in ihrer seelischen und geistigen Entwicklung über der Altersnorm« (S. 351).

Seelisch bedingte Entwicklungsverzögerungen treten, wie wir bereits gesehen haben, nicht so sehr nach einmaligen Versagungserlebnissen auf, sondern sehr viel eher unter dem Einfluß lang anhaltender negativer Erfahrungen. So kommt es bei Kleinstkindern, die bereits wenige Monate nach der Geburt von ihren Müttern getrennt werden und in einer hygienisch zwar einwandfreien, aber reizarmen Anstaltsumgebung ohne individuellen Gefühlsaustausch aufwachsen müssen, trotz bester Ernährung sehr schnell zu einer als *Hospitalismus* bezeichneten allgemeinen Entwicklungsschädigung.

Nach R. SPITZ handelt es sich hierbei um eine Gefühlsmangelkrankheit, die sich in Weinerlichkeit, Apathie, motorischen Störungen, sprachlicher und intellektueller Retardierung, Ernährungsstörungen sowie in einer erhöhten Krankheitsanfälligkeit und in einer deutlich höheren Sterblichkeitsquote der betroffenen Kinder äußert.

Für hospitalisierte Kinder im besonderen Maße kennzeichnend sind die stereotypen Schaukelbewegungen (Jactationen), welche die Funktion haben, die durch die emotionale Mangelsituation verursachte psychische Spannung auf motorischem Wege aufzuheben und eine innere Beruhigung herbeizuführen. Werden die in Anstaltsverwahrung befindlichen Kinder nicht innerhalb eines Zeitraumes von fünf Monaten nach der Trennung der Mutter oder einer Ersatzmutter zurückgegeben, kann es zu einer irreversiblen Schädigung der Gemeinschaftsfähigkeit, zur Pseudodebilität und je nach der Konstitution des Kindes zum völligen Verfall (Marasmus) kommen.

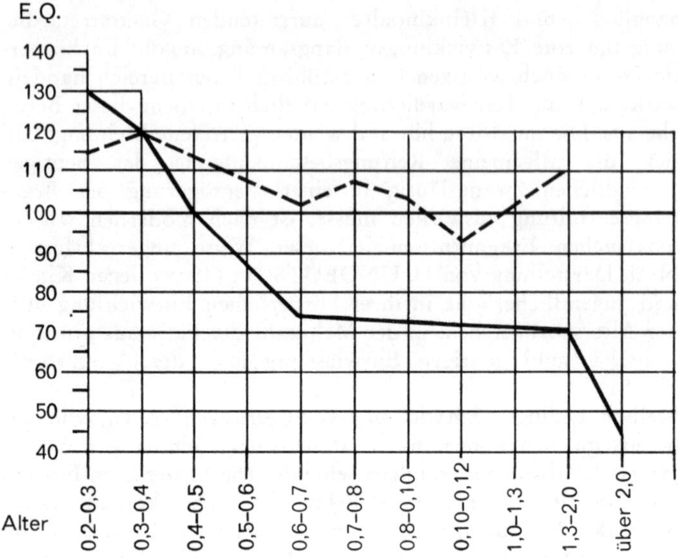

Abb. 30: Umweltbedingte Unterschiede in der Entwicklung (nach: R. SPITZ, 1967, S. 285). Säuglingsheim: 195 Kinder November 1947 — Kinder, die ohne Mutter aufwachsen, --- von der Mutter aufgezogene Kinder.

Wie sehr die Gefühlsbeziehung zwischen dem Kind und der Mutter die äußeren Wohn- und Lebensbedingungen einer Familie an Bedeutung überwiegen kann, hat eine Untersuchung von SPITZ kurz nach dem zweiten Weltkrieg überzeugend nachgewiesen. Säuglinge, die alleine in einem Findelhaus aufgewachsen und zur Adoption freigegeben worden waren, wurden hinsichtlich ihrer allgemeinen Entwicklung mit Säuglingen verglichen, die in einem Frauengefängnis aufwuchsen, jedoch täglich Kontakt zu ihren straffällig gewordenen Müttern haben konnten. Das Ergebnis dieser für die Entwicklungspsychologie grundlegenden Untersuchung war, daß sich die Gefängniskinder, die nicht von ihren Müttern getrennt worden waren, normal entwickelt hatten, währenddem die Findelhauskinder nach Ablauf eines Jahres bereits eine so starke Entwicklungsverzögerung erkennen ließen, daß sie bei einem Entwicklungsquotienten von etwa 70 (EQ = 100 ist normal) schwachsinnigen Kindern vergleichbar waren.

Nach J. BOWLBY, der ebenso wie R. SPITZ die Erscheinungsformen und Auswirkungen der Hospitalisierung untersucht hat, reagieren Kinder auf die Trennung von ihren Müttern immer wieder in gleicher Weise: Nach anfänglichen Protestversuchen verfallen sie einer depressiven Stimmung, die schließlich bei Fortdauer der Isolierung in stumpfe Gleichgültigkeit übergeht. Ähnliche Beobachtungen konnte H. F. HARLOW (1972) in seinen Versuchen mit jungen Rhesusaffen, die unmittelbar nach der Geburt von ihren leiblichen Müttern getrennt worden waren, anstellen. HARLOW und seinen Mitarbeitern war gelegentlich aufgefallen, daß Affensäuglinge zu einfachen Stofftüchern, die den Käfigboden bedeckten, eine große Zuneigung entwickelt hatten. Durch diese Beobachtung angeregt, befaßte sich HARLOW nun eingehender mit der Frage, wie »Zuneigungsreaktionen von neugeborenen und sich im Säuglingsalter befindlichen Affen zu einer künstlichen, leblosen Mutter« (S. 130) entstehen. Als Muttersatz dienten dem Forscher zwei Attrappen, von denen die eine aus Holz und mit Schaumgummi und Baumwollstoff überzogen war, während die andere lediglich aus Maschendraht angefertigt war; beide Ersatzmütter wurden erwärmt und konnten je nach Versuchsplan durch eine Flasche Milch geben. Damit war es HARLOW experimentell möglich, die beiden Variablen »Säugebehaglichkeit« und »Kontaktbehaglichkeit« voneinander zu trennen und auf ihre jeweilige Bedeutung für die Entwicklung von Zuneigungsreaktionen hin zu untersuchen. Die Wissenschaftler waren überrascht festzustellen, daß die Kontaktbehaglichkeit für die Ausbildung affektiver Reaktionen eine weitaus größere Rolle spielt als der eher nebensächliche Vorgang des Säugens. Neugeborene Affen, die von einer »Drahtmutter« aufgezogen worden waren, hatten zum Teil erhebliche psychosomatische Störungen entwickelt. Affensäuglinge, die hingegen bei einer »Stoffmutter« groß geworden waren, zeigten keine derartigen Störungen, waren gesünder und kräftiger, ausgeglichener, an allem interessierter und vor allem gemeinschaftsfähiger; für diese Affen war die Ersatzmutter eine Quelle der Sicherheit und der emotionalen Geborgenheit. Es sei am Rande noch hinzugefügt, daß das Erleben dieser Sicherheit wesentlicher ist als das bloße Wissen darum, daß diese Sicherheit vorhanden ist und von außen keinerlei Gefahr droht.

Wichtigste Funktion der Mutter ist es daher, wenn wir die genannten Untersuchungsbefunde verallgemeinern und auf die Praxis beziehen, dem Kind über den Körperkontakt und den damit verbundenen Gefühlsaustausch seelische Sicherheit zu geben. Dadurch wird dem Kind dann eine feste Basis gegeben, von der aus es seinem angeborenen Erkundungstrieb folgen und die Dinge der Umwelt kennen*lernen* kann.

Ist das Hospitalismussyndrom bereits selbst die Folge schwerwiegender Versäumnisse in der psycho-sozialen Betreuung von Säuglingen und Kleinkindern in unseren Familien und Heimen, so können sich aus ihm wiederum neue, sekundäre Entwicklungsstörungen ergeben. Diese treten dann im einzelnen als »Sprachstörung« (z. B. Agrammatismus, Stammeln, Stottern, Mutismus), »neurotische« oder »psychopathische Fehlentwicklung«, »Lern- und Arbeitsstörung« oder »Verhaltensstörung« (z. B. Einnässen, Daumenlutschen, Kontaktlosigkeit, Legasthenie) in Erscheinung.

Inwieweit Entwicklungsstörungen behoben werden können, hängt ab von der Art der Störung, dem Zeitpunkt und der Dauer der schädigenden Einflüsse, dem Alter und dem Begabungsniveau des gestörten Kindes, Jugendlichen oder Erwachsenen sowie nicht zuletzt auch von der Behandlungsform. In den meisten Fällen wird es sich um heilpädagogische, psychiatrische und psychotherapeutische Maßnahmen handeln müssen.

VI. Sozialpsychologie

1. Einführung

1.1. Geschichtliche Anfänge

Der Begriff »Sozialpsychologie« wurde erstmalig im Jahre 1897 von dem Amerikaner J. M. BALDWIN erwähnt. Zwei Jahre darauf hielt der Soziologe E. A. ROSS an der Stanford-Universität die erste Vorlesung über Sozialpsychologie und veröffentlichte 1908 – zur selben Zeit wie der englische Psychologe W. McDOUGALL – ein Lehrbuch unter diesem Titel. Neben Ch. H. COOLEY, auf den die Unterscheidung zwischen »primären« und »sekundären« Gruppen zurückgeht, G. H. MEAD, T. PARSONS und dem Deutschen M. WEBER waren es vor allem die französischen Soziologen G. TARDE, E. DURKHEIM und G. LE BON, die gegen Ende des 19. und zu Beginn des 20. Jahrhunderts die Entstehung der Sozialpsychologie wesentlich mitbestimmten.

Der eigentliche Beginn der modernen Sozialpsychologie wird von H. LINDGREN (1973) im Jahre 1924 angesetzt, als F. H. ALLPORT sein Buch »Social psychology«, das sich nun erstmals auf experimentelle Untersuchungen stützte, herausbrachte. ALLPORT stellte die programmatische Forderung auf, nicht mehr wie bisher auf spekulativem, sondern auf experimentellem Wege zu Erkenntnissen in der Sozialpsychologie zu kommen. Allgemeine Probleme wie die von McDOUGALL ausgelöste Diskussion um die Frage, inwieweit soziales Verhalten instinktgesteuert sei und auf angeborenen Trieben beruhe, traten wieder in den Hintergrund. In zahlreichen Experimenten wurden jetzt konkrete und für die alltägliche Praxis bedeutsame Fragestellungen untersucht. E. MAYO untersuchte in der Zeit zwischen 1927 und 1932 das Leistungsverhalten in betrieblichen Arbeitsgruppen, J. L. MORENO erforschte mit Hilfe der von ihm entwickelten »soziometrischen Methode« die emo-

tionalen Beziehungen in Gruppen, M. SHERIF befaßte sich in seinen Gruppenexperimenten mit dem Problem der Entstehung und Übernahme von Normen, und der nach den USA emigrierte K. LEWIN untersuchte mit seinen Schülern R. LIPPITT und R. K. WHITE das Aggressionsverhalten Jugendlicher in Abhängigkeit vom jeweils praktizierten Führungsstil.
Seit diesen, heute bereits als klassisch anzusehenden Experimenten hat sich die Sozialpsychologie zu einer eigenständigen Fachrichtung entwickelt, die einesteils auf den Erkenntnissen benachbarter Disziplinen (z. B. Persönlichkeits- und Tiefenpsychologie, Soziologie, Völkerkunde, vergleichende Verhaltensforschung, usw.) aufbaut, andererseits aber selbst wieder ihren Einfluß auf Gebiete der allgemeinen und angewandten Psychologie ausdehnt.

1.2. Gegenstand und Aufgabe

Es ist eine alltägliche Erfahrung, daß sich unsere individuelle Erlebensweise in der tatsächlichen, vermuteten oder auch nur vorgestellten Gegenwart von Mitmenschen verändert und wir uns anders verhalten, als wir es üblicherweise tun, wenn wir alleine sind. So kann eine vorerst als privat und spannungsfrei erlebte Situation von einem Moment zum anderen in eine öffentliche Situation umschlagen, wenn weitere Personen in unser Blickfeld treten und dadurch unsere Beziehung zur Umwelt eine spezifische Ausrichtung erfährt. Diese Veränderung der Erlebenssituation wird von uns nicht selten geradezu als unangenehm und unlustvoll empfunden – sei es, weil wir uns durch die anwesenden Personen in eine bestimmte Rolle gedrängt fühlen, sei es, daß in uns bestimmte Emotionen und Affekte aktiviert werden oder sei es einfach, daß wir uns in der Befriedigung augenblicklich vorhandener Bedürfnisse eingeschränkt sehen. Daneben kann jedoch die Gegenwart von Mitmenschen ebenso eine Erweiterung der individuellen Lebensmöglichkeiten bedeuten, wenn wesentliche psycho-soziale Grundbedürfnisse, wie zum Beispiel die nach Zugehörigkeit, Geltung und Selbstverwirklichung ihre Befriedigung finden, d. h. wir suchen die Nähe anderer ebenso wie wir bestrebt sind, unseren persönlichen Freiheitsspielraum zu behaupten. R. TARTLER (1961) spricht in diesem Zusammenhang von der »inneren Nähe durch äußere Distanz«. Somit wird menschliches Leben sowohl durch Bedürfnisse nach Individualität als auch Bedürfnisse nach sozialen Bezügen bestimmt.
Die *Sozialpsychologie* untersucht nun diejenigen Erlebens- und

Verhaltensformen des Menschen, deren Ausprägung im besonderen von sozialen Bedingungen und Einflüssen der gemeinschaftlichen Umwelt abhängig sind. Dabei geht sie über die individualpsychologisch begrenzte Fragestellung hinaus. Anders als die Allgemeine Psychologie, die sich um die Feststellung kulturunabhängiger Gesetzmäßigkeiten seelischen Geschehens bemüht, und auch anders als die Soziologie, welche die Analyse gesellschaftlicher Institutionen zum Gegenstand ihrer Betrachtungen hat, geht es der Sozialpsychologie um den Menschen »als soziales Wesen« (LERSCH). Sie untersucht die Dynamik zwischenmenschlicher Beziehungen, die Bedingungen, Erscheinungsformen und Auswirkungen sozialen Verhaltens. Nicht die Persönlichkeit in ihrer individuellen und durch Erbanlagen bestimmten Einmaligkeit ist Gegenstand sozialpsychologischer Forschung, sondern der Mensch im Schnittpunkt »sozialer Interaktionen«. Interaktion bezeichnet in der Sozialpsychologie ein »Feldgeschehen zwischen zwei oder mehr Personen, wobei jeder sowohl Ausgangspunkt als auch Empfänger von Wirkungen ist« (Ph. LERSCH, 1965, S. 16). Bestimmt wird dieses Feldgeschehen, das sich zwischen einzelnen Individuen, Individuen und Gruppen sowie mehreren Gruppen abspielen kann, durch »kulturelle Selbstverständlichkeiten« (HOFSTÄTTER), »soziale Normen«, »Gruppeneinflüsse«, »Kommunikationsformen« und »soziale Einstellungen«.
Die Sozialpsychologie bedient sich unterschiedlicher Modelle, um die Dynamik zwischenmenschlicher Beziehungen und kollektiven Verhaltens darstellen und erklären zu können. Neben dem auf K. LEWIN zurückgehenden feldtheoretischen Ansatz sind hier noch der rollentheoretische, lerntheoretische, mathematische und der heute u. a. von A. MITSCHERLICH vertretene psychoanalytische Ansatz zu nennen.
Als Methoden finden außer der erwähnten systematischen Beobachtung und dem Feldexperiment verschiedene Befragungstechniken, Skalierungsmethoden zur Einstellungsmessung, Sprachanalysen (z. B. »Interaktionsanalyse«, von R. F. BALES), Methoden des interkulturellen Vergleichs sowie soziometrische Techniken (z. B. soziometrischer Test, Soziodrama) Anwendung.

2. Forschungsgebiete

2.1. Soziale Wahrnehmung

Grundlegend für das Verständnis sozialer Interaktionen ist die Frage, wie wir unsere Umwelt wahrnehmen und beurteilen. Gewöhnlich gehen wir davon aus, daß unsere Sinnesorgane uns ein getreues Abbild von den Dingen und Ereignissen vermitteln – daß das Wahrgenommene der Realität entspricht. Andererseits können wir aber im alltäglichen Leben immer wieder die Erfahrung machen, daß mehrere Personen denselben Menschen oder dieselbe Situation ganz unterschiedlich erleben und beurteilen. *Soziale Wahrnehmung* (social perception) bezeichnet nun – im Unterschied zur lediglich theoretisch vorstellbaren, sogenannten »reinen Wahrnehmung« – die Tatsache, daß jeder Wahrnehmungsvorgang sowohl von individuellen als auch sozialen Einflüssen mitbestimmt wird. Wahrnehmung ist nicht nur die Abbildung objektiver Reizmuster auf der Netzhaut, sondern vielmehr das Ergebnis der Wechselwirkung zwischen Reizvorlage, Umfeld und wahrnehmender Persönlichkeit.

Psychologische Versuche im Laboratorium haben gezeigt, daß selbst einfachste Reizbegebenheiten (z.B. Wörter, Bilder, Strekken bestimmter Länge) bei kurzzeitiger Darbietung oder unter sonst erschwerten Bedingungen unterschiedlich wahrgenommen werden können, je nach dem Befinden und der augenblicklichen Stimmungslage der betreffenden Versuchsperson. So werden im Experiment Wörter, die sich auf Getränke oder Nahrungsmittel beziehen, von einem durstigen resp. hungrigen Menschen allgemein schneller erkannt als solche Wörter, die zu diesem Zeitpunkt neutrale Gegenstände bezeichnen und keinen persönlichen »Aufforderungswert« besitzen. Ebenso haben individuelle Erfahrungen, Interessen und Wertorientierungen Einfluß darauf, in welcher Weise Reizmaterial wahrgenommen und gedeutet wird. Das Wort »Tumult« beispielsweise wird unter experimentellen Bedingungen oft als »Tunnel« aufgefaßt, wenn kurz zuvor das Wort »Eisenbahn« kurzzeitig dargeboten wurde. Und aus einer Anzahl von Wörtern, die den von E. SPRANGER unterschiedenen Wertbereichen Ökonomie, Wissenschaft, Ästhetik, Soziales, Politik und Religion entstammen, werden bei tachistoskopischer Darbietung von den Versuchsteilnehmern in der Regel die Begriffe bevorzugt erkannt, welche in der eigenen Werthierarchie den obersten Rangplatz einnehmen. Demgegenüber reagieren wir auf Wörter, deren Bedeutung für uns unangenehm ist, eher mit einer verlängerten Wahrnehmungszeit; in diesem Fall spricht man dann von einer »Wahrnehmungsabwehr«.

Um eine »Wahrnehmungsakzentuierung« handelt es sich hingegen in dem folgenden Experiment, mit dem J. S. BRUNER und C. C. GOODMAN (1947) den Einfluß sozialer Faktoren auf das Wahrnehmungsgeschehen überzeugend nachgewiesen haben. Zehnjährige Kinder, die sich nicht in ihrer Intelligenz, wohl aber der sozialen Herkunft nach unterschieden, sollten eine Reihe verschiedenwertiger Geldmünzen mit einem auf eine Leinwand projizierten Lichtpunkt in der Größe vergleichen. Dabei konnte der Lichtpunkt so lange verändert werden, bis er den verschiedenen Münzen größenmäßig entsprach. Es stellte sich nun heraus, daß die armen Kinder die einzelnen Geldstücke in ihrer Größe sehr viel mehr überschätzten als die reichen Kinder, welche eher dazu tendierten, die wertvollsten Münzen zu überschätzen. Das Ausmaß der Überschätzung veränderte sich proportional dem Wert der jeweils vorliegenden Geldmünze. In einer Kontrollserie dargebotene graue Pappscheiben führten demgegenüber nicht zu dieser Größenüberschätzung.

Wenn es auch voraussehbar ist, daß ärmere Kinder Geldmünzen allgemein einen höheren Wert beimessen als Kinder wohlhabender Eltern, so ist dennoch als wesentliches Ergebnis dieser Untersuchung festzuhalten, daß soziale Bedingungen einen wahrnehmungsverändernden Einfluß haben können, indem sich Bedürfnisse und Erfahrungen über das Werterleben auf selbst elementarste Wahrnehmungsfunktionen auswirken.

Werden im Bereich der sozialen Wahrnehmung zunächst ganz allgemein die den Wahrnehmungsvorgang beeinflussenden personalen und situativen Bedingungsfaktoren untersucht, so geht es bei der *Personenwahrnehmung* in spezieller Weise um Probleme der Eindrucksgewinnung, Meinungsbildung und Urteilsgenauigkeit. Das Zusammenleben von Menschen, die Art, in der sie einander begegnen und sich verständigen, wird bereits sehr früh im Moment der ersten gegenseitigen Wahrnehmung entscheidend vorbestimmt. Dabei spielen Schlußfolgerungsprozesse, die den anfänglichen Mangel an wirklich verläßlichen Informationen über den anderen ausgleichen und eine vorläufige Orientierung ermöglichen sollen, eine wesentliche Rolle. L. MANN (1972, S. 144 f.) nennt in diesem Zusammenhang die Beispiele der »zeitlichen Ausdehnung«*, »analogen Schlußfolgerung«** und »Kategorisierung«***.

* Z. B.: Aus einem momentanen Lächeln wird geschlossen, daß die betreffende Person stets guter Laune ist.

** Z. B.: Von einem ausgeprägten Kinn wird generalisierend auf allgemeine Durchsetzungsfähigkeit geschlossen.

*** Z. B.: Einzelmerkmale einer Persönlichkeit werden vor dem Hintergrund allgemeiner Kategorien beurteilt.

Wie nun die einzelnen Informationen, die wir auf Grund von Beobachtungen und Schlußfolgerungen von einem Menschen erhalten, einen Gesamteindruck entstehen lassen, darüber bestehen in der Sozialpsychologie gegenwärtig noch unterschiedliche Auffassungen, die sich allerdings nicht gegenseitig ausschließen. So können Eindrücke entsprechend L. MANN entweder aus der »Summierung« von Merkmalen entstehen oder aber sich aus einem unbewußten Gewichtungsprozeß und einer einfachen »Durchschnittsbildung« aus vorhandenen Informationen ergeben. Demgegenüber stellt sich nach gestaltpsychologischer Auffassung das Eindrucksgeschehen als ein »komplexes Konfigurationsmuster« dar, in dem zentrale und periphere Eigenschaften eine unterschiedliche Bedeutung für die Eindrucksgewinnung haben. Ein bedeutender Vertreter dieser Richtung ist S. E. ASCH, der speziell die Eindrucksgewinnung auf dem Wege verbaler Informationen untersucht hat. Er gab seinen Probanden jeweils Listen mit Eigenschaftsbegriffen, die eine imaginäre Person darstellen sollten; ASCH forderte die Versuchsteilnehmer dann auf, diese Person anhand der Eigenschaftslisten zu charakterisieren. In weiteren Versuchen wurden die Bedingungen der Eindrucksbildung durch Hinzufügen, Vertauschen oder Umstellen von Wörtern und Wortgruppen schließlich noch variiert.

In einem dieser Versuche ging ASCH von der Frage aus, ob sich ein Eindruck ändern kann, ohne die Inhalte, auf denen er basiert, auszuwechseln oder zu eliminieren? Zu diesem Zweck wurden in dem Experiment zwei Begriffsreihen gebildet, die erste (Reihe A) mit der »positiven« Eigenschaft am Anfang, die zweite (Reihe B) mit der »negativen« Eigenschaft am Anfang und in umgekehrter Folge:

Reihe A: intelligent, fleißig, impulsiv, kritisch, stur, neidisch

Reihe B: neidisch, stur, kritisch, impulsiv, fleißig, intelligent

Diese beiden Serien wurden verschiedenen Versuchspersonen-Gruppen vorgelesen – mit dem Resultat, daß dieselbe imaginäre Persönlichkeit, es handelte sich ja beidesmal um identische Merkmale, ganz unterschiedlich charakterisiert wurde. Während die Versuchsteilnehmer der Serie A die betreffende Persönlichkeit als fähig und geschickt einschätzten, wobei die Vorzüge derselben durch deren Unzulänglichkeiten nicht berührt wurden, beurteilten die Probanden der Serie B die Persönlichkeit als problematisch, da deren Fähigkeiten durch die ernst zu nehmenden schlechten Anlagen überschattet würden. Kennzeichnend für die Stellungnahmen der Versuchspersonen war zudem, daß

die in diesem Zusammenhang verhältnismäßig neutralen Eigenschaften »impulsiv« und »kritisch« bei Serie A positiv, bei Serie B hingegen negativ eingestuft wurden. Es fiel ebenfalls auf, daß die Probanden in diesem und ähnlichen Versuchen ASCHS jedesmal ein logisches, geschlossenes und stimmiges Persönlichkeitsbild entwarfen und davon so überzeugt waren, daß sie teilweise sogar Rückschlüsse auf die körperliche Beschaffenheit der imaginären Persönlichkeit zogen.
ASCH kommt im Rahmen seiner experimentellen Versuche zur Eindrucksbildung zu der Schlußfolgerung, daß sich die Bedeutung einer Eigenschaftsqualität mit deren Umgebung verändert und die einzelnen Merkmale in einer dynamischen Beziehung zueinander stehen. Der Gesamtzusammenhang von (sprachlichen) Eindrücken wird von einer Reihe von Faktoren bestimmt, zu denen ASCH die Richtung und den zeitlichen Vorrang (Primacy-Effekt), die Einbettung, die Beziehungen und den Grad der Zentralität von Eigenschaften rechnet. Das Entstehen eines Eindrucks stellt sich für ASCH als ein strukturierter und organisierter Prozeß dar, der sich stets auf die gesamte Persönlichkeit bezieht.
Zusammenfassend können wir somit festhalten, daß Bedürfnisse, Motive, persönliche Erfahrungen und Eindrücke, aber auch die soziale Stellung in der Gesellschaft die Wahrnehmungs- und Beurteilungsfähigkeit eines Menschen entscheidend beeinflussen. Dabei sind es vor allem die Häufigkeit von Informationen und Ereignissen sowie die spezifisch individuellen Wertvorstellungen, die die Wahrnehmung eines Menschen prägen und bestimmen.

2.2. Soziale Einstellungen, Stereotypen und Vorurteile

Erst in den letzten Jahrzehnten findet die Einstellungsforschung auch bei uns in Deutschland zunehmend mehr Beachtung und Interesse. Vor allem in der Sozialpsychologie nimmt die Untersuchung sozialer Einstellungen, die für das Verständnis menschlichen Handelns von grundlegender Bedeutung sind, einen breiten Raum ein. Nach D. KRECH und R. S. CRUTCHFIELD kann die *Einstellung* als eine »überdauernde Organisation von wahrnehmungsmäßigen, motivationalen, emotionalen und Anpassungsprozessen definiert werden, die auf einen bestimmten Gegenstand in der individuellen Welt gerichtet ist« (1971, I, S. 487). Im Unterschied zu der nur kurzfristigen sensorischen Reaktionsbereitschaft (engl. mental set), die im Rahmen der Allgemeinen Psychologie ebenfalls als Einstellung bezeichnet werden kann, handelt es sich bei der sozialen Einstellung (engl. attitude*) um eine generelle Verhaltensbereitschaft. Diese kommt darin zum Ausdruck, daß wir gegenüber unseren Mitmenschen, gegenüber bestimmten Sachverhalten (z.B. Mode, Sexualität, Erziehung) sowie in ganz alltäglichen Situationen nicht wahllos und rein zufällig reagieren, sondern stets mit einer gewissen Ordnung und Beständigkeit. Soziale Einstellungen sind nicht direkt beobachtbar, sondern müssen aus den spezifischen Verhaltenstendenzen und sprachlichen Äußerungen eines Menschen erst erschlossen werden. Sie beinhalten nach D. KATZ und E. STOTLAND (1959) eine »affektive«, eine »kognitive« und eine »verhaltensmäßige« Komponente. Je nach Vorherrschen einer dieser Komponenten können sich Einstellungen in Meinungen, Überzeugungen und Stereotypen (kognitiver Aspekt) oder aber mehr in Gefühlen und Vorurteilen (affektiver Aspekt) manifestieren.

Soziale Einstellungen werden größtenteils schon in der Kindheit als Grundanschauungen erworben. Vor dem Hintergrund kultur- und gruppenspezifischer Konventionen nimmt das Kindergarten- und Vorschulkind die Einstellungen seiner Erziehungspersonen an, indem es sich aus seinem Orientierungsbedürfnis heraus mit deren Vorstellungen und Verhaltensweisen identifiziert. Auf diesem Wege werden dann subjektive Ansichten, persönliche Vorurteile und auch allgemeine Stereotypen der Erwachsenen von dem Kind gelernt und ungeprüft als Selbstverständlichkeiten übernommen. So haben empirische Untersuchungen in den USA gezeigt, daß Kleinkinder zunächst noch keine ablehnende Haltung gegenüber Menschen einnehmen, denen Erwachsene mit Vorurteilen begegnen (z. B. Neger), daß sie aber mit zunehmendem Alter ebenfalls diese negativen Einstellungen vertreten – nicht, weil sie nun selbst entsprechende Erfahrungen gemacht hätten, sondern weil sie im Verlaufe ihrer frühen Sozialisation in Schule und Elternhaus derartige Einstellungen gleichsam als »theoretische Erfahrungen« vermittelt bekommen haben.

Für den einzelnen Menschen haben Einstellungen im wesentlichen die Funktion, das persönliche Verhalten mit den Erwartungen und Forderungen der sozialen Umwelt als auch den eigenen Grundbedürfnissen in Einklang zu bringen und damit das innere Gleichgewicht aufrechtzuerhalten. In Anlehnung an

* Der deutsche Begriff »Attitüde« ist im allgemeinen weniger gebräuchlich.

D. KATZ (1960), der vier *Einstellungsfunktionen* unterscheidet, dienen soziale Einstellungen in erster Linie der Orientierung, indem sie individuell unüberschaubare Sachverhalte und Situationen strukturieren und stabilisieren helfen (Wissensfunktion), der Zielerreichung und Anpassung an Gruppen, wodurch das Individuum soziale Anerkennung und eine maximale Bedürfnisbefriedigung erlangen sowie andererseits persönliche Enttäuschungen und gesellschaftliche Sanktionen vermeiden kann (Anpassungsfunktion), der Selbstverwirklichung durch Ausdruck gruppenbezogener Werte, beispielsweise auf politischem, sozialem und religiösem Gebiet (Wertausdrucksfunktion) sowie der Ich-Verteidigung, indem sie das Individuum davor bewahren, unlustvolle und bedrohliche Erfahrungen und Erkenntnisse akzeptieren zu müssen (Ich-Verteidigungsfunktion).

Da Einstellungen im Dienste der Verhaltensregulierung und der Sicherung der persönlichen und sozialen Identität stehen, haben sie die Tendenz, sich selbst zu erhalten und immer wieder zu verstärken; dabei werden sie durch eine selektive Wahrnehmung und durch subjektive Beurteilungsweisen unterstützt. Vor allem Einstellungen, die sich aus der Zugehörigkeit zu sozialen Gruppen und der Bindung an geliebte Personen ergeben, erweisen sich im allgemeien als recht beständig und widerstandsfähig gegenüber äußeren Beeinflussungsversuchen. Nicht selten führt gerade das Bestreben, zentrale Einstellungen eines Menschen durch Überredung zu verändern, zu einer weiteren Verfestigung derselben (Bumerang-Effekt).

Gehen wir im Alltagsleben gewöhnlich davon aus, daß sich eine wirkliche Einstellungsveränderung letztlich nur auf massiven Druck von außen hin oder auch mit Hilfe hoher Belohnungen erzielen läßt, so haben psychologische Untersuchungen demgegenüber gezeigt, daß Einstellungen unter diesen Bedingungen kaum nachhaltig zu beeinflussen sind. In einem Experiment von I. L. JANIS und S. FESHBACH (1953) wurde beispielsweise der Einfluß hoher Furchterzeugung auf die Einstellung zur Zahnhygiene untersucht. College-Studenten sollten über die nachteiligen Folgen unregelmäßiger Zahnpflege aufgeklärt und zu besseren Zahnputzgewohnheiten angeregt werden. Ihnen wurden medizinische Berichte gegeben, die in ihrem sachlichen Informationsgehalt übereinstimmten, jedoch auf Grund des begleitenden Bildmaterials unterschiedlich furchtauslösend waren. Es stellte sich heraus, daß die Studenten, bei denen starke Furcht erzeugt worden war, mit Abwehr reagierten und – unbewußt – sehr viel mehr darum bemüht waren, das bedrohliche

Gefühl der Angst durch Abwerten oder Umdeuten der erhaltenen Informationen zu bewältigen und sich auf diese Weise innerlich wieder ins Gleichgewicht zu bringen. Diejenigen Studenten hingegen, die mit sachlichen und nur wenig furchtauslösenden Argumenten informiert worden waren, ließen am ehesten eine Einstellungs- und Verhaltensänderung erkennen. Als ein wichtiges Nebenergebnis dieser Untersuchung stellten die beiden Psychologen später noch fest, daß die Studentengruppe, welche zuvor den massiven Überzeugungsbemühungen ausgesetzt gewesen war, für Informationen, die den früheren Argumenten widersprachen, weitaus empfänglicher war als jene Studentengruppe, die einen überwiegend sachlichen Bericht erhalten hatte.

In einem anderen Experiment von L. FESTINGER und J. M. CARLSMITH (1959) wurde der Einfluß einer unterschiedlich hohen finanziellen Belohnung auf die Einstellung einer langweiligen Aufgabe gegenüber untersucht. Die Wissenschaftler gingen dabei so vor, daß sie ihre Versuchspersonen im Anschluß an eine äußerst monotone Versuchsaufgabe baten, diese Tätigkeit der jeweils nachfolgenden Versuchsperson als interessant darzustellen. Während die eine Probandengruppe für diese »Lüge« eine Belohnung von 1 Dollar erhielt, bekamen die Teilnehmer der anderen Versuchsgruppe dafür 20 Dollar. Die Versuchsteilnehmer gerieten dadurch in einen mehr oder minder starken inneren Konflikt, da sie sich veranlaßt sahen, eine von ihrer wirklichen Einstellung abweichende Meinung zu vertreten. Nach FESTINGERS »Theorie der kognitiven Dissonanz« war zu erwarten, daß die betreffenden Personen bestrebt sein würden, die zwischen eigener Erfahrung und geforderter Meinungsäußerung entstandene Dissonanz auf irgendeine Art zu bewältigen und wieder aufzuheben. Wie würde sich nun in dieser Lage die unterschiedlich hohe Belohnung auf die Bereitschaft der einzelnen Versuchspersonen auswirken, ihre negative Einstellung gegenüber der als langweilig empfundenen Aufgabe dennoch beizubehalten oder aber zu ändern und der geäußerten Meinung nachträglich anzugleichen? FESTINGER und CARLSMITH konnten in der Tat feststellen, daß die Versuchsteilnehmer, welche eine niedrige finanzielle Belohnung bekommen hatten, eher zu einer Einstellungsänderung neigten und die langweilige Versuchsaufgabe im nachhinein positiver einschätzten, um ihr »unehrliches« Verhalten doch noch vor sich selbst begründen zu können, als jene Probanden, die eine hohe Belohnung und damit ausreichend Grund für ihre einstellungswidrige Aussage erhalten hatten. »Wird nämlich ein Mensch gezwungen,* sich abweichend zu seiner Einstellung zu verhalten, ist er weniger motiviert, diese Einstellung zu ändern. Er erlebt keine unangenehme Diskrepanz zwischen Einstellung und Verhalten, weil er sein einstellungsabweichendes Verhalten mit dem auf ihn ausgeübten Zwang oder mit einer Notlage rechtfertigen kann« (B. KRAAK, 1972, S. 61). Dies erklärt auch, warum Kinder und Jugendliche so selten ihre innere Haltung auf Zwang von seiten der Erwachsenen und Vorgesetzten hin wirklich zu ändern bereit sind, warum Zwangsmaßnahmen im Rahmen der Erziehung und Ausbildung letztlich erfolglos bleiben.

Bei der Erfassung und praktischen Verwertung von Einstellungen geht man von der Voraussetzung aus, daß zwischen »latenter Einstellung« und »manifestem Verhalten« ein hinreichendes Abhängigkeitsverhältnis besteht und sich bei genauer Kenntnis individueller Einstellungen eine Aussage darüber machen läßt, wie sich Menschen in gegebenen Situationen verhalten werden. In der Psychologie sind eine Reihe von Methoden entwickelt worden, mit deren Hilfe sich Richtung, Intensität, Zentralität, Stimmigkeit und persönliche Wichtigkeit von Einstellungen bereits recht gut ermitteln lassen. Neben der kontrollierten Verhaltensbeobachtung, projektiven Verfahren (z. B. Bilddeutungen, szenische Darstellungen), Wahrnehmungs- und Gedächtnistests finden vor allem Einstellungsskalen (z. B. »soziale Distanzskala« von E. S. BOGARDUS) und Interviewtechniken häufig Verwendung.

So ging es in einer vom Verfasser in den Jahren 1966/1968 durchgeführten Parallel-Befragung um die Ermittlung der Einstellungen, die Gymnasiasten zur Idee der politischen Einigung Europas haben. Es lag die Annahme zugrunde, daß die europäische Einigung von der Jugend Westdeutschlands hauptsächlich unter machtpolitischen Aspekten gesehen würde – einmal, um der sogenannten »Gefahr aus dem Osten« durch politische und militärische Machtkonzentration besser entgegenwirken zu können, zum anderen, um in einem geeinten Europa eine neue ideelle Heimat zu finden, die dem Deutschen wieder das Gefühl geben könnte, Angehöriger einer »großen, mächtigen und bedeutenden Nation« – der europäischen Nation – zu sein. Zur Zeit der allerdings nicht repräsentativen Untersuchung wird die Einigung Europas von den befragten Schülern vornehmlich als

* Anm. des Verf.: In der Untersuchung von FESTINGER und CARLSMITH übt die Belohnung von 20 Dollar einen stärkeren »psychologischen Druck« aus als die von 1 Dollar.

ein realpolitisches Problem gesehen. Die Gymnasiasten sprechen sich entschieden für eine »europäische Gesinnung« aus und verwerfen zunehmend Nationalstolz und nationale Vorurteile, die für sie das Haupthindernis auf dem Wege zur Einigung Europas darstellen. Daneben besteht die Forderung nach politischer Neutralität der »Vereinigten Staaten von Europa«, deren Zusammenschluß entweder als Staatenbund oder als Bundesstaat erfolgen könnte. Die Teilung der deutschen Nation in zwei souveräne Staaten ist für die Schüler kein Grund, die Beteiligung der BRD an einem politischen Zusammenschluß Europas in Frage zu stellen. Wohl möchten sich die befragten Schüler als »Europäer« bezeichnen, doch ein emotionales Engagement in dieser Richtung ist in dem genannten Zeitraum noch nicht erkennbar. Europa ist für die Schüler womöglich eine große Sache, aber noch kein Ideal.

2.3. Struktur und Dynamik sozialer Gruppen

Das Zusammenleben der Menschen in sozialen Gemeinschaften unterliegt zahlreichen Bedingungen und Gesetzmäßigkeiten. Die Sozialpsychologie befaßt sich im besonderen mit der Erforschung der Struktur und Dynamik sozialer Kleingruppen. »Struktur« bezeichnet hier den ganzheitlichen Aufbau einer Gruppe, wie er zu einem bestimmten Zeitpunkt in dem Positionsgefüge, der Rollenverteilung, dem jeweils vorhandenen Netz von Kommunikationskanälen und dem Kohäsionsgrad der betreffenden Gruppe zum Ausdruck kommt. Die in erster Linie von K. LEWIN und J. L. MORENO begründete »Gruppendynamik« befaßt sich demgegenüber mit der »Erforschung von Veränderungsprozessen bei Einstellungen, Gefühlen, in der Wahrnehmung von sich selbst und von anderen, das heißt Veränderungen der Persönlichkeit durch die Gruppe« (R. MUCCHIELLI, 1972, S. 16).

Im Gegensatz zu der bloßen Ansammlung von Menschen (Aggregate) ist die soziale *Kleingruppe* eine zahlenmäßig – im Idealfall auf etwa 12, maximal jedoch 30 Personen – begrenzte Anzahl von Menschen, die sich auf Grund eines gemeinsamen Zieles zusammengehörig fühlen. Gruppen können spontan, aus einem bestimmten Sachzwang heraus oder auf den Druck von außen hin zustandekommen. Nach E. L. HARTLEY und R. E. HARTLEY (1969) setzt die Entstehung einer stabilen Gruppe eine ausreichende »Motivation«, Gelegenheit zur »Kommunikation« und wechselseitige »Anerkennung« der Gruppenmitglieder voraus. Wie schnell diese Voraussetzungen durch eine kooperative Einstellung und persönliches Engagement erreichbar sein können, demonstrieren die genannten Autoren an dem Beispiel eines Psychoanalytikers, der eine Versammlung von Sozialwissenschaftlern im Rahmen der UNESCO nicht in der üblichen Weise eröffnete, sondern den Teilnehmern vorschlug, etwas von sich selbst zu erzählen. Damit konnte der Analytiker, der ebenfalls aus seiner Kindheit, seinem Familienleben und von seinen augenblicklichen Problemen berichtete, Positionskämpfe unter den Anwesenden vermeiden, emotionale Hemmungen auflösen und eine Basis der Gemeinsamkeit schaffen.

In dem Maße nun, in dem Menschen ähnliche Einstellungen, Bedürfnisse und Erwartungen haben, wird sich in ihnen das Bewußtsein der Nähe und des gemeinsamen Schicksals herausbilden, was wiederum zu einer Verstärkung der gegenseitigen Anziehung und zur Kontaktintensivierung führt. Damit werden die »sozialen Distanzen« zwischen den betreffenden Personen verringert, der Abstand nach außen hingegen psychologisch erweitert. Es entwickeln sich Vorstellungen über die Identität der eigenen Gruppe (Selbstbild), die allgemein positiver gesehen wird als die Außengruppe (Fremdbild), und es kommt mit der Zeit zu einer weiteren Angleichung im Denken und Handeln der Gruppenmitglieder. Dies wird unterstützt durch die sich ausbildenden Gruppennormen, durch Aufnahmezeremonielle für neue Mitglieder (Initiationsriten), durch Repräsentationssymbole und durch besondere Eigentümlichkeiten in Sprache und Haltung. Normen schaffen eine auf die jeweilige Gruppe zugeschnittene »soziale Realität« (FESTINGER), sie stellen einen allgemeinen Bezugsrahmen dar, dienen dem Individuum als Orientierungshilfe und haben darüber hinaus eine gruppenerhaltende und -stabilisierende Funktion.

Wie kollektive *Bezugssysteme* entstehen können, hat M. SHERIF (1935) mit folgendem Experiment nachzuweisen versucht: SHERIF bot seinen Versuchspersonen, um sie in eine unstrukturierte Situation ohne Orientierungsmöglichkeiten versetzen zu können, bei völliger Dunkelheit einen kleinen schwachen Lichtpunkt dar. Obwohl dieser in seiner Lokalisation unverändert blieb, schien er sich für den Betrachter nach einer Weile dennoch zu bewegen; SHERIF bezeichnete diese optische Täuschung daher auch als »autokinetisches Phänomen«. Aufgabe der Vpn, die sowohl einzeln als auch in der Gruppe befragt wurden, war es nun, das Ausmaß und die Richtung des sich subjektiv verändernden Lichtpunktes anzugeben. Es zeigte sich, daß die von den Vpn in der Einzelsituation (zu Beginn des Experiments) abgegebenen Schätzungen eine jeweils charakteristische Tendenz aufwiesen und jeder Versuchsteilnehmer in der für ihn unstrukturierten Situation eine individuelle Beurteilungsnorm entwickelt hatte. Diese individuellen Normen wichen jedoch erheblich voneinander ab. Nahmen dieselben Vpn im Anschluß daran an einem Gruppenversuch teil, kam es zu einer Angleichung der Urteile und damit zu einer »gemeinsamen« Norm. Versuchsteilnehmer, die demgegenüber ihre Einschätzungen zuerst im Rahmen der Gruppensituation und danach im Einzelversuch abgegeben hatten, ließen von Anfang an eine Konvergenz der Urteile erkennen und behielten die in der Gruppe erzielte gemeinsame Beurteilungsnorm auch noch in der späteren Einzelsituation bei. Den Gruppenteilnehmern war dabei in den meisten Fällen nicht bewußt, daß sie von den anderen Personen in ihrer Urteilsabgabe beeinflußt waren und selbst an der Herausbildung eines kollektiven Bezugssystems mitgewirkt hatten.

Diese Untersuchungsergebnisse lassen sich dahingehend verallgemeinern, daß wir in unübersichtlichen Situationen, in denen keine Kriterien für eine objektive Beurteilung zur Verfügung stehen, recht schnell dazu neigen, eigene Normen zu entwickeln und diese u. U. auch als allgemeingültig anzusehen. Befinden wir uns hingegen in einer Gruppe, haben wir die Tendenz, unser Urteil der sich allmählich herausbildenden Gruppennorm anzugleichen und diese dann bei der Einschätzung unklarer Sachverhalte als Bezugssystem zu Hilfe zu nehmen. Dem liegt im wesentlichen das Bedürfnis zugrunde, die aus der Orientierungslosigkeit resultierende Spannung und Unsicherheit zu überwinden und sich innerhalb kurzer Zeit wieder zurechtzufinden. So können vermeintlich sachbezogene Urteile und Entscheidungen, welche in unübersichtlichen Alltagssituationen auf diese Weise zustande kommen, zunächst mehr im Dienste der Orientierung und der Beseitigung persönlicher Unsicherheit stehen und weniger der Auffindung sachgerechter Problemlösungen dienen.

Gleichzeitig mit der Entwicklung gruppenspezifischer Normen und Verhaltensmuster kommt es zu einer Vereinheitlichung der individuellen Ziele zu einem gemeinsamen Gruppenziel, mit dem sich die Mitglieder der Gruppe zu identifizieren suchen und das sie, je nach der Organisation der Gruppe, als ihr eigenes Ziel annehmen und nach außen hin vertreten. Um gemeinsame Ziele erreichen und als Gruppe auf Dauer funktionsfähig bleiben zu können, müssen sich soziale Gruppen nach verschiedenen

Dimensionen strukturieren. Damit wird eine stabile und überschaubare Regelung der Beziehungen zwischen den Gruppenangehörigen ermöglicht.

Zu den wichtigsten *Gruppenstrukturen* zählen die Rollenstruktur, die Einfluß- oder Führungsstruktur, die Beliebtheits- und die Kommunikationsstruktur.

Jeder Mensch ist in der Regel Angehöriger irgendeiner sozialen Gruppe, in der er lebt und/oder arbeitet, eine bestimmte Position einnimmt und damit verbundene Anforderungen und Aufgaben zu erfüllen hat. Die in einer Gruppe notwendige Aufteilung des Zuständigkeits- und Verantwortungsbereiches setzt voraus, daß zahlreiche »Rollenmuster« zur Verfügung stehen, mit denen sich die Gruppenmitglieder jeweils zu identifizieren vermögen. Die jeweils vorhandene Rollendifferenzierung einer Gruppe bezeichnen wir auch als ihre *Rollenstruktur*. HARTLEY und HARTLEY definieren die »soziale Rolle« als die »strukturierte Gesamtheit aller Erwartungen, die sich auf die Aufgaben, das Benehmen, die Gesinnungen, Werte und wechselseitigen Beziehungen einer Person richten, die eine spezifische Gruppenposition innehat und in der Gruppe eine bestimmte Funktion erfüllen muß« (1969, S. 342). Die Rolle stellt somit einen festumschriebenen Verhaltensausschnitt dar, der dem Rollenträger vorgegeben ist und von diesem zuweilen erst mühsam erlernt werden muß. Jeder Rolle lassen sich mindestens eine, oft sogar mehrere Komplementär- oder Gegenrollen zuordnen (z. B. Mutter – Kind, Lehrer – Schüler, Vorgesetzter – Untergebener, usw.). Zwar werden dadurch soziale Interaktionen ökonomisiert und bis zu einem gewissen Grade voraussehbar, doch bedeutet dies auch, daß der einzelne Mensch stets einer rollenbedingten Einengung seines Erlebens und Verhaltens unterliegt und er von daher allmählich die Fähigkeit verliert, sich flexibel auf andere Menschen einzustellen. So können beispielsweise Ehepartner oft nicht (mehr) miteinander auskommen, weil sie zu ausschließlich in der Eltern- und Erzieherrolle fixiert sind.

Von den zahlreichen Rollenfunktionen, die sich unterscheiden lassen, sind die aufgabenorientierten und die sozial-emotionalen Rollen für den Bestand und die Leistungsfähigkeit einer Gruppe am wichtigsten. Geht es bei den Aufgabenrollen in erster Linie um Initiative und sachbezogene Aktivität (instrumentelle Funktion), haben die sozial-emotionalen Rollen vornehmlich die Funktion, Spannungen in der Gruppe abzubauen, Kompromißlösungen zu ermöglichen und auch den individuellen Bedürfnissen mehr gerecht zu werden (integrative Funktion).

Beide Rollenfunktionsarten müssen, da sie letztlich voneinander abhängig sind, in einer sozialen Gruppe immer verfügbar sein und in einem ausgewogenen Verhältnis zueinander stehen. Ist dies nicht der Fall und wird etwa der Aspekt der Aufgaben- und Leistungsorientierung zu sehr in den Vordergrund gestellt, »besteht die Gefahr, daß Überspezialisierung den einzelnen der Zufriedenheit beraubt, die er durch die Verfolgung seiner Aufgabe von Anfang bis Ende erlangt. Wenn dieser Punkt erreicht ist, wird die Arbeitsleistung aufgrund der wachsenden Unzufriedenheit der Arbeitenden sinken« (L. MANN, 1972, S. 60). Welche Rolle ein Individuum in einer Gruppe ausüben kann und welche Bedeutung dieser Rolle zukommt, hängt von dem Rangplatz ab, den das betreffende Individuum in der Gruppe innehat, von seiner persönlichen Befähigung und fachlichen Qualifikation, den situativen Bedingungen sowie der jeweiligen Gruppe und ihren Zielen.

Hat ein Individuum eine hohe Rangposition zugewiesen bekommen oder durch besondere Leistung erworben, ist es in der Lage, Führungsfunktionen zu erfüllen und andere Gruppenmitglieder in ihrem Verhalten zu beeinflussen. Hauptkennzeichen der Führungsrolle ist, daß die von ihr ausgehende Beeinflussung oder soziale Macht größer ist als der auf sie ausgeübte Einfluß von seiten der übrigen Rollen. Die Verteilung der sozialen Macht in einer Gruppe spiegelt sich in ihrer *Führungsstruktur* wider. – Im alltäglichen Leben herrscht nun gewöhnlich die Meinung vor, daß nur bestimmte Menschen die Gabe besitzen zu führen, und daß man eben zum Führer geboren sein müsse. Nicht wenige Menschen suchen damit auch ihren zuweilen recht zweifelhaften Führungsanspruch vor anderen Personen zu legitimieren.

Im Rahmen der Psychologie werden zur Frage der *Führung* im wesentlichen drei Theorien vertreten. Nach der Eigenschaftstheorie besitzen Führungspersonen eine oder mehrere typische Eigenschaften*), die sie in die Lage versetzen, Führungsfunktionen auszuüben. Wie Untersuchungen ergeben haben, ist es jedoch im allgemeinen kaum möglich, von einigen wenigen Persönlichkeitsmerkmalen her bereits zuverlässig auf eine vorliegende Führungsqualifikation zu schließen. So wird von S. B. WILLIAMS und H. J. LEAVITT (1947) mit $r = 0.47$ eine relativ niedrige Korrelation zwischen der Abschlußbeurteilung

* Anm.: In der modernen Psychologie spricht man statt dessen eher von »Persönlichkeitsmerkmalen«.

von Offizieren auf einer Offiziersschule und ihrer späteren Bewährung als Führungspersonen mitgeteilt. Demgegenüber betont die Situationstheorie die Abhängigkeit des Führers von situativen Bedingungen, die jeweils bestimmte Führungsqualitäten mehr, andere weniger erfordern. Zum Beispiel können zwei kämpfende Gruppen oder Parteien, von denen sich jede einmal im Angriff, dann wieder in der Defensive befindet, je nach der Situation auf einen anderen Führer angewiesen sein – entweder mehr auf einen »Angriffsführer« oder mehr auf einen »Verteidigungsführer«. Die Interaktionstheorie schließlich leitet die allgemeine Führungsfunktion aus der Häufigkeit ab, mit der ein Gruppenmitglied von den übrigen Mitgliedern seiner Gruppe angesprochen und gewählt wird. Verändert sich die Zusammensetzung der Gruppe, kann damit auch die Führungsposition wieder einem neuen Mitglied aus der Gruppe zufallen. Fassen wir diese drei theoretischen Ansätze zusammen, so wird Führung dann möglich, wenn in einer bestimmten Situation eine bestimmte Gruppe eine Persönlichkeit mit bestimmten Merkmalen und Fähigkeiten benötigt. Dabei kommen oft solche Personen in die engere Wahl, die sich in ihrer Gruppe bereits einen »Kredit an Vertrauen« erworben haben, über eine umfassende Ausbildung und eine hohe Intelligenz verfügen sowie Selbstvertrauen, emotionale Stabilität und soziale Kontaktfähigkeit besitzen.

Zu den wichtigsten *Führungsfunktionen* zählen die Zielsetzung, Planung, Entscheidung, Exekutive und Kontrolle; darüber hinaus die Vermittlung bei Konflikten, die Überwachung der Gruppennormen sowie die Repräsentation nach außen. K. LUKASCZYK (1960) leitet aus diesen Teilfunktionen zwei Grunddimensionen ab: die »Lokomotions-« und die »Kohäsionsfunktionen«. Handelt es sich bei den L-Funktionen in der Hauptsache um Initiativen in Richtung auf das angestrebte Gruppenziel, umschreiben die K-Funktionen all jene Aktivitäten, die der Einheit der Gruppe dienen. Je nach der Organisationsform der Gruppe und dem praktizierten Führungsstil können diese Funktionen entweder in einer einzigen Person vereinigt oder auf mehrere Führungsebenen verteilt sein. Nicht selten findet sich die Aufteilung der Führungsfunktionen auf zwei Personen, von denen die eine auf der Leistungsskala, die andere auf der Beliebtheitsskala die höchste Rangposition einnimmt. R. F. BALES spricht daher auch von einem »Führungsdual«, das sich aus dem Tüchtigsten und dem Beliebtesten einer Gruppe zusammensetzt.

Den Einfluß unterschiedlicher *Führungsstile* auf das »soziale Klima« und das Aggressionsverhalten in sozialen Gruppen haben K. LEWIN, R. LIPPITT und R. K. WHITE (1939) in einer Reihe von Untersuchungen nachgewiesen. Die Untersuchungen basieren auf den systematischen Beobachtungen an elfjährigen Jungen, die sich für einen bestimmten Zeitraum zur gemeinsamen Freizeitbeschäftigung in mehreren Bastelgruppen zusammengefunden hatten. Die einzelnen Gruppen wurden von erwachsenen Personen beaufsichtigt und von diesen entweder nach der »autoritären«, »demokratischen« oder »laissez-faire«-Methode geführt. Der autoritär führende Erwachsene sollte den Jugendlichen vorschreiben, was sie im einzelnen zu tun hatten und mit wem sie dabei zusammenarbeiten durften. Kontakte zwischen den Jugendlichen sollten weitgehend unterbleiben, und Lob und Tadel sollten relativ wahllos und ohne sachliche Begründung gegeben werden. Demgegenüber hatten die Jungen in der demokratisch geführten Gruppe die Möglichkeit, miteinander zu diskutieren und gemeinsame Entscheidungen zu fällen. Sie konnten an der Planung und Verteilung der Aufgaben mitwirken und darüber bestimmen, mit welchen Gruppenmitgliedern sie zusammenarbeiten wollten. Bei der »laissez-faire«-Methode hingegen blieb der Erwachsene passiv und nahezu gleichgültig im Hintergrund. Er ließ den Jugendlichen völlige Freiheit in ihrem Handeln und war lediglich dazu da, hin und wieder Auskünfte zu erteilen. Als allgemeines Ergebnis dieser Untersuchung ist festzustellen, daß sich das Verhalten der Jugendlichen je nach dem praktizierten Führungsstil deutlich voneinander unterschied. Unter dem »autoritären Führungsstil« zeigten die Jungen anfänglich eine hohe Arbeitskonzentration, die allerdings ohne innere Beteiligung war und in dem Augenblick nachließ, in dem der Erwachsene die Gruppe sich selbst überließ. Die Jugendlichen waren infolge ihrer Abhängigkeit von der Führungsperson wenig kooperativ und entscheidungsfreudig. Es kam in der Gruppe zu Spannungen, die unter den Jugendlichen Streitigkeiten auslösten und zu Aggressionen gegenüber den meist schwächeren Gruppenangehörigen führten (Sündenbockverhalten). Unter dem »demokratischen Führungsstil« waren die Jugendlichen weniger ausschließlich auf ihre Tätigkeit konzentriert, ließen sich auf der anderen Seite jedoch nicht so sehr in ihrer Arbeit ablenken, wenn der Gruppenleiter den Raum verließ. Sie entwickelten mehr Aktivität bei der Arbeit, waren gemeinschaftsbezogener und zudem weniger unzufrieden mit ihrer Führungsperson, als es die Jungen unter der autoritären Führung waren. Vor allem aber war die soziale Atmosphäre in der demokratischen Gruppe ausgeglichener und

weniger spannungsgeladen. Unter dem »laissez-faire-Führungsstil« ließen die Jugendlichen eine nur geringe Arbeitshaltung und Verantwortlichkeit erkennen, wenn sie auch weniger ablenkbar waren als die autoritär geführten Jungen.
Obwohl diese Untersuchungsergebnisse, die in neuerer Zeit noch modifiziert worden sind, in erster Linie vor dem Hintergrund der amerikanischen Gesellschaftsstruktur zu verstehen sind und dasselbe Experiment in einer autokratischen Gesellschaft möglicherweise etwas andere Ergebnisse erbracht hätte, konnten LEWIN et al. dennoch zeigen, daß die Führungsform das soziale Klima und damit auch das Ausmaß aggressiven Verhaltens in einer Gruppe entscheidend beeinflußt. Dies wird durch ähnliche Untersuchungsergebnisse bestätigt, wonach Gruppenmitglieder, die aus einer demokratisch geführten Gruppe in eine autoritär geführte Gruppe überwechseln und umgekehrt, dazu neigen können, sich der neuen Situation anzupassen und entsprechende Verhaltensmuster zu übernehmen.
Im Gegensatz zu der offiziellen, formellen Leistungsstruktur spiegelt die informelle *Beliebtheitsstruktur* – auch Freundschaftsstruktur genannt – die affektiven Beziehungen zwischen den Mitgliedern einer Gruppe wider. Gefühle der Sympathie, Gleichgültigkeit und Antipathie bewirken, daß die Gruppenmitglieder eine unterschiedliche sozial-emotionale Distanz zueinander haben und einen unterschiedlich hohen »soziometrischen Status« einnehmen. Welchen soziometrischen Status ein Individuum in seiner Gruppe zu erlangen vermag, hängt ab von seinem sozio-ökonomischen Status, seiner Intelligenz und Schulleistung, seiner äußeren Erscheinung sowie davon, ob es in einer Gruppe hoch eingestufte Persönlichkeitsmerkmale und Fähigkeiten mitbringt und die gruppenspezifischen Normen zu vertreten gewillt ist; letzteres gilt vor allem für Führungsanwärter.
Im schulischen Bereich läßt sich beispielsweise immer wieder die Erfahrung machen, daß leistungsschwache und verhaltensgestörte Kinder auch eine niedrige Rangposition innerhalb der Klasse einnehmen. Ihr (Leistungs-)Verhalten ist oft nur in dem Maße positiv zu beeinflussen, in dem es gelingt, ihnen in derselben oder einer anderen Gruppe wieder einen höheren Status zu vermitteln. Die psychologische Bedeutung der Statuserhöhung liegt darin, daß diese stets mit einer vermehrten Anerkennung verbunden ist und der Schüler auf diesem Wege wieder mehr Zutrauen zu seiner Leistungsfähigkeit gewinnen kann.
Das sich aus den gegenseitigen Anziehungen und Ablehnungen ergebende affektive Beziehungsmuster einer Gruppe kann mit

Hilfe der von J. L. MORENO (1934) entwickelten »soziometrischen Methode« erfaßt und in einem *Soziogramm* dargestellt werden. Der Beliebtheitsgrad eines Gruppenmitglieds bestimmt sich nach der Anzahl der auf ihn fallenden positiven Wahlen, der Unbeliebtheitsgrad danach, wie oft ein Gruppenmitglied abgelehnt oder gar nicht gewählt wird. Je nach dem Kriterium, das der Befragung der einzelnen Gruppenangehörigen im »soziometrischen Test« zugrunde liegt (z. B.: Mit wem möchten Sie zusammenarbeiten?), verändert sich die Affektstruktur und damit auch das Soziogramm einer Gruppe. Die Analyse von Soziogrammen gibt Aufschluß darüber, welchen Standort ein Individuum in einer Gruppe einnimmt, inwieweit es allgemein anerkannt oder zurückgewiesen wird, ob es ein Star, Unterführer, Angehöriger einer Clique oder ein Außenseiter und Sündenbock ist. Darüber hinaus läßt sich an der Zahl der gegenseitigen Wahlen der Integrationsgrad einer Gruppe ablesen. Wie E. HÖHN und G. SEIDEL (1969) mitteilen, erhöht sich mit zunehmendem Alter der Gruppenmitglieder die Integration einer Gruppe und kommt es zu einer weiteren Differenzierung der Gruppenstruktur, indem sich komplizierte Unterstrukturen herausbilden; allerdings verläuft diese Entwicklung nicht durchweg geradlinig, da beispielsweise mit Einsetzen der Pubertätsphase Kleingruppen ihre Stabilität vorübergehend verlieren können. Die besondere Bedeutung der *Soziometrie* (vgl. MORENO, 1967) liegt nach den genannten Autoren u. a. in der Untersuchung der »Ursachen sozialer Anziehung und Abstoßung zwischen den Individuen einer Gruppe«, in der »Erforschung der Strukturänderungen, die in einer Gruppe vor sich gehen, wenn einige Glieder aus ihr entfernt werden oder neu hinzukommen«, sowie in dem »Vergleich von Gruppen unterschiedlicher Homogenitätsgrade« (1969, S. 389 ff.).

Wird das Beziehungsmuster einer sozialen Gruppe unter dem Aspekt des Informationsaustausches und der damit verbundenen Auswirkungen gesehen, so sprechen wir von der *Kommunikationsstruktur* einer Gruppe. *Kommunikation* ist nach C. I. HOVLAND ein »Prozeß, durch den ein Individuum (Kommunikator) Reize übermittelt (gewöhnlich verbale Symbole), um das Verhalten anderer Individuen (Kommunikanten) zu beeinflussen« (zit. aus HARTLEY und HARTLEY, 1969, S. 18). Die Informationen werden über »Kanäle« weitergegeben, die die einzelnen »Positionen« der Gruppenmitglieder zu einem »Kommunikationsnetz« verbinden. Außer der Sprache können auch mimische oder gestische Ausdruckserscheinungen als »Kommunikationsmittel« dienen. Laboratoriumsexperimente, die hauptsächlich von A. BAVELAS und H. J. LEAVITT sowie in der Bundesrepublik von E. RAUSCH et al. durchgeführt wurden, haben im einzelnen nachgewiesen, in welcher Weise die spezifische Form eines Kommunikationsnetzes die Produktivität einer Gruppe, die Zufriedenheit ihrer Mitglieder und das Verhalten der Führungsperson zu beeinflussen vermag.

In seiner grundlegenden Untersuchung aus dem Jahre 1951 hat H. J. LEAVITT mehrere Kommunikationsnetze miteinander verglichen (Abb. 31). Er stellte die jeweils fünf Versuchspersonen einer Gruppe vor ein gemeinsames Problem, das nur dadurch zu lösen war, daß die Versuchsteilnehmer, denen in der Regel lediglich Teilinformationen zur Verfügung standen, Informationen an ihre Partner weitergaben oder austauschten. Folgende Netze wurden untersucht:

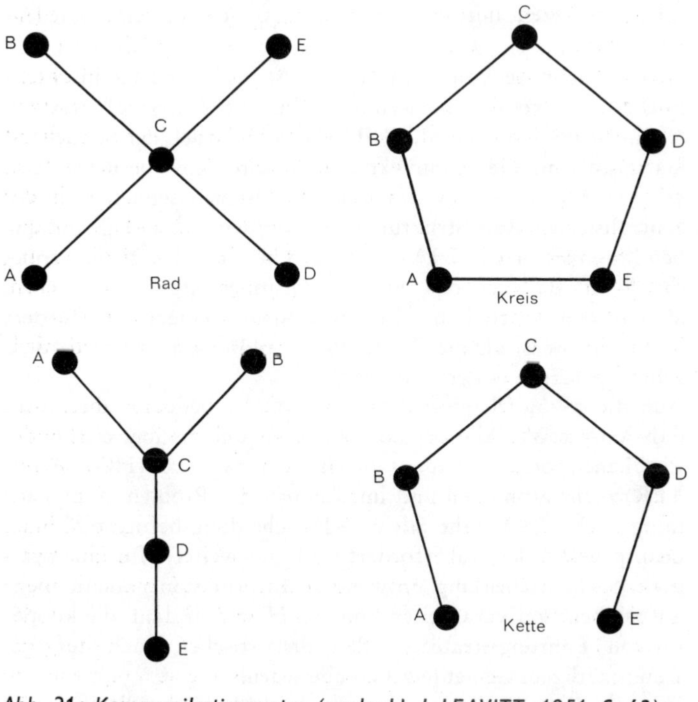

Abb. 31: Kommunikationsnetze (nach: H. J. LEAVITT, 1951, S. 42).

Es zeigte sich, daß der Zentralitätsgrad eines Netzes ausschlaggebend dafür war, wie schnell und gut das vorgegebene Problem von der Gruppe gelöst zu werden vermochte. Die zentralisierte »Rad«-Struktur war allen anderen Strukturen darin überlegen, daß in ihr die Problemlösung schneller und mit einem geringeren Kommunikationsaufwand gefunden wurde. Allerdings waren die in den peripheren Positionen des Rades befindlichen Gruppenmitglieder A, B, D und E, die ausschließlich mit dem Teilnehmer in der zentralen Position und nicht untereinander kommunizieren konnten, mit der Aktivität in der Gruppe weniger zufrieden als die Führungsperson C, die die meisten Informationen und somit auch die größte Entscheidungsfreiheit besaß. Demgegenüber waren alle Mitglieder der dezentralisierten »Kreis«-Struktur mit der Gruppenaktivität zufrieden, und sie waren eher in der Lage, sich auf eine veränderte Problemsituation umzustellen. Die beiden übrigen Strukturen, »Y« und »Kette«, wiesen einen im Vergleich mit den genannten Kommunikationsnetzen mittleren Zentralitätsgrad und eine mittlere Effizienz auf.

Diese Ergebnisse von LEAVITT lassen sich jedoch in dieser Form nicht verallgemeinern und auf die Praxis übertragen. Vielmehr müssen nach M. E. SHAW (1954) auch der Schwierigkeitsgrad und die Komplexität eines Problems berücksichtigt werden. So können zwar einfache Aufgaben schneller in der zentralisierten Rad-Struktur gelöst werden, schwierige Aufgaben lassen sich nach SHAW hingegen besser in der Kreis-Struktur lösen, da hier das einzelne Gruppenmitglied durch die Menge der (verteilten) Informationen weniger überfordert und gesättigt ist als die für die Problemlösung allein zuständige Führungsperson in der Rad-Struktur.

Auf die alltägliche Situation angewandt, bedeutet dies u. a., daß Vorgesetzte, die bei komplizierten und unüberschaubaren Problemen den »Leistungsvorteil« der Gruppe (HOFSTÄTTER) nicht ausnutzen und im Rahmen der Problemlösungsfindung nach wie vor die alleinige Entscheidungsbefugnis für sich beanspruchen, bald überfordert sind und weitere, für eine optimale Sachentscheidung notwendige Informationen nicht mehr aufnehmen und verarbeiten können. Hier sind dann die kooperativen Führungsstrategien den dirigistischen auch auf leistungsmäßigem Gebiet letztlich überlegen.

Wie sehr Kommunikationssysteme, in denen nicht alle Personen an der Lösung gemeinsamer Probleme beteiligt werden*, die Kooperations- und Leistungsbereitschaft in einer Gruppe vermindern, haben E. RAUSCH et al. (1965) nachgewiesen. Danach suchen Gruppenmitglieder, die innerhalb des Kommunikationsnetzes eine ungünstige, d. h. periphere Position einnehmen, »den Grund für den unbefriedigenden Informationsaustausch (zumindest zunächst) nicht in der Struktur des Kommunikationsnetzes, sondern unterstellen den anderen Gruppenmitgliedern mangelnde Loyalität oder/und mangelndes Verständnis« (1965, S. 615). Auf Grund der Undurchschaubarkeit der Situationsbedingungen und der kognitiven Unsicherheit, in der sich die betreffenden Gruppenmitglieder befinden, kommt es zu affektiven Spannungen, die das Gruppenklima beeinträchtigen und schließlich die Gruppenleistung vermindern. In Anlehnung an diese Untersuchung können somit Spannungen in einer Gruppe auch dadurch auftreten, daß »Erwartungen hinsichtlich des Kommunikationsgeschehens in der Gruppe und hinsichtlich der Beteiligung der einzelnen Mitglieder am Ertrag der Gruppenarbeit durch das faktische Kommunikationsgeschehen enttäuscht werden« (S. 611). RAUSCH et al. betonen, daß die Ergebnisse ihrer Arbeit auch auf komplexe soziale Verhältnisse übertragbar zu sein scheinen.

Da soziale Gruppen unsere psycho-sozialen Grundbedürfnisse nach Sicherheit, Geborgenheit, Anerkennung und Selbstverwirklichung zu befriedigen vermögen, besitzen sie für uns eine besondere »Attraktivität«. Dies kommt auch darin zum Ausdruck, daß emotional ausgeglichene und erfolgreiche Gruppen sehr viel beständiger sind und einen stärkeren Zusammenhalt (›Kohäsion‹) aufweisen als solche Gruppen, die – etwa auf Grund falscher Zusammensetzung oder unzulänglicher Führung – wesentliche Bedürfnisse ihrer Mitglieder unberücksichtigt lassen. Wie stabil eine Gruppe ist, zeigt sich daran, ob und wie lange die Mitglieder der Gruppe nach Erreichung des gemeinsamen Zieles noch zusammenbleiben; so haben Klassenkameraden, Vereinsmitglieder oder Kriegsveteranen oft noch nach Jahrzehnten intensiven Kontakt zueinander. Im allgemeinen jedoch beginnen sich soziale Gruppen in dem Moment wieder aufzulösen, in dem sie ihr kollektives Ziel erreicht haben oder andere, umfassendere Ziele eine neue Gruppenzusammensetzung erfordern (z. B. Ferienlager-Experiment von M. SHERIF). Ebenso

* Vgl. in diesem Zusammenhang auch die heute vieldiskutierte Frage der Mitbestimmung in Betrieben und Unternehmen.

kann es bereits vorher zum Gruppenzerfall kommen, wenn sich in einer Gruppe »Cliquen« gebildet haben, die die Normen der Gruppe nicht mehr anerkennen und einen Gegenführer proklamieren, wenn Rollenkonflikte vorhanden sind, wichtige Grundbedürfnisse der Gruppenmitglieder auf Dauer unbefriedigt bleiben und die daraus resultierenden Spannungen die Attraktivität der Gruppe wieder vermindern. Da die Stabilität sozialer Gruppen nicht selten durch die Existenz anderer Gruppen und die Abgrenzung gegenüber diesen Außengruppen bestimmt wird (ingroup-outgroup-Verhältnis), können vermehrte Kontakte und Informationen, der Abbau von Vorurteilen sowie eine veränderte Wahrnehmung der Fremdgruppe ebenfalls zu einer Auflösung der Gruppengrenzen und damit zu einer weniger ausschließlichen Orientierung an der Eigengruppe führen.

3. Angewandte Sozialpsychologie

Sozialpsychologische Erkenntnisse finden überall dort Anwendung, wo es um die praktische Regelung zwischenmenschlicher Beziehungen in sozialen Gruppen geht. Dabei stellt die Sozialpsychologie nicht wie andere Wissenschaften biologische, soziologische oder ökonomische Erklärungsprinzipien primär in den Vordergrund, sondern sie sucht menschliches Zusammenleben von den psycho-sozialen Grundbedürfnissen des Individuums und den sich daraus ergebenden Mechanismen sozialer Interaktion her zu erklären. Bevorzugte Anwendungsbereiche der Sozialpsychologie sind die Familie, die Schulklasse und die betriebliche Arbeitsgruppe. Daneben findet die Sozialpsychologie in letzter Zeit vermehrte Beachtung auf den Gebieten des Krankenhauswesens, der beruflichen Rehabilitation, der Städtebauplanung sowie der Urlaubs- und Freizeitgestaltung. Vor allem der letztgenannte Bereich gewinnt in naher Zukunft, in der sich die Arbeitszeit der Menschen in den Industriestaaten weiter verkürzen wird, eine immer größere Bedeutung.
So haben vor kurzem H. KENTLER et al. (1969) in einer sehr ausführlichen Untersuchung über die »Jugend im Urlaub« nachweisen können, daß der *Urlaub* für den jungen Menschen weniger die Funktion des bloßen Zeitvertreibs und der passiven Erholung besitzt, sondern vielmehr dazu dient, soziale Spielregeln einmal ohne den pädagogischen Druck von seiten der Eltern, Lehrer und Vorgesetzten einzuüben und innerhalb der Gleichaltrigengruppe selbstverantwortlich zu erproben, neue

Rollenmuster zu lernen und den gewohnten Status zu verändern, zum Beispiel aus einer Außenseiterrolle auszubrechen, Aggressionen und Hemmungen abzubauen, das Verhältnis zum anderen Geschlecht zu klären und bereits als Erwachsener ernst genommen zu werden. – Demgegenüber weisen erwachsene Personen im allgemeinen eine negative Urlaubsmotivation auf, indem sie lediglich der Alltagssituation mit ihren Zwängen entfliehen wollen. KENTLER und seine Mitarbeiter betonen in diesem Zusammenhang, daß der Erwachsene gerade dadurch, daß er in der Regel keine konkreten Vorstellungen vom Urlaub habe und dem »Stereotyp« von der »paradiesischen Ungebundenheit« im Urlaub verhaftet sei, in seinem Verhalten wieder manipuliert und somit neuen Zwängen unterworfen werden könne. Es gehe aber darum, zu lernen, Urlaub zu machen und über Einstellungs- und Verhaltensänderungen Alltagszwänge abzuschwächen und mehr Selbständigkeit und Eigenaktivität zu entwickeln. Dabei spielen dann u. E. Gruppenerlebnisse und soziale Handlungsfreiräume, die sozial-kreatives Verhalten anregen und fördern sollen, eine ausschlaggebende Rolle.

Den wohl bedeutsamsten Beitrag wird die Angewandte Sozialpsychologie in der Zukunft auf sozial-politischem Gebiet zu leisten haben. In einer vom Atomkrieg und der totalen Vernichtung, aber auch von Umweltverschmutzung und Übervölkerung bedrohten Welt können uns internationale Konflikte, lokale Kriege, Staatskrisen und Probleme der gesellschaftlichen Eingliederung von Randgruppen und Minderheiten nicht mehr gleichgültig sein. Hierzu zählt die Resozialisierung ehemaliger Straftäter ebenso wie die Integration obdachloser Menschen oder ausländischer Arbeitnehmer in das gesellschaftliche Leben unseres Landes. Angehörige von Minderheiten werden oft gerade von den Bevölkerungsgruppen abgelehnt, welche selbst einen niedrigen sozialen Status in der Gesellschaft einnehmen; durch die Abwertung von Minderheiten können diese Bevölkerungsgruppen dann ihren eigenen Status indirekt erhöhen.

Das bei weitem wichtigste Problem unserer Zeit ist die weltweite Sicherung des *Friedens*. Allerdings lassen sich »Kriege« nicht alleine durch technische und verwaltungsmäßige Sicherheitsvorkehrungen verhindern, sondern es muß zudem die Frage beantwortet werden, »ob es beim Menschen angeborene Dispositionen und Bedürfnisse gibt, die in der Vergangenheit durch den Krieg befriedigt worden sind und für die es dann andere Formen des Ausdrucks und der Befriedigung zu finden gälte« (M. MEAD, 1971, S. 260). Nicht zuletzt auch vor dem Hintergrund dieser Fragestellung sucht die Sozialpsychologie schon seit geraumer Zeit zu klären, ob das Aggressionsverhalten des Menschen in erster Linie angeboren oder aber weitgehend erlernt ist. Obwohl diese Frage nach dem bisherigen Wissensstand noch nicht eindeutig zu beantworten ist, liegen doch Anhaltspunkte dafür vor, daß sich Aggressivität durch Lerneinflüsse kanalisieren und steuern läßt. Nach LINDGREN können diejenigen Gesellschaften aggressives Verhalten am besten kontrollieren, »in denen symbolische und indirekte Ausdrucksmöglichkeiten für Aggressionen angeboten werden« (1973, S. 499). Darüber hinaus sieht LINDGREN auch in der Erstellung allgemeingültiger »Normen« eine Möglichkeit, internationale Aggressionen zu vermindern.

Die besondere Aufgabe der Sozialpsychologie besteht somit darin, Entscheidungsprozesse und Konfliktsituationen zu analysieren und die der Verwirklichung sozial-politischer Maßnahmen entgegenstehenden psychologischen Hindernisse (z. B. soziale Vorurteile, nationale Stereotypen, usw.) bewußt zu machen und praktische Modelle zu ihrer Überwindung zu entwickeln.

VII. Tiefenpsychologie

1. Einführung

Der Begriff »Tiefe« kann in der Psychologie auf unterschiedliche Weise verstanden und interpretiert werden. Während er in der Persönlichkeitspsychologie den Kern oder das Zentrum der Person bezeichnet, versteht die Tiefenpsychologie darunter vor allem jene seelischen Vorgänge, die dem Bewußtsein nicht unmittelbar zugänglich sind und nur indirekt in Symptomen zum Ausdruck kommen.

In der engeren Bedeutung ist die *Tiefenpsychologie* eine von den Ärzten S. FREUD, A. ADLER und C. G. JUNG um die Jahrhundertwende begründete »Schule« der Psychologie, die sich allerdings bald in mehrere Richtungen aufspalten sollte. Erstmalig wurde hier der systematische Versuch unternommen, die Entwicklung der Persönlichkeit von unbewußten psychodynamischen Mechanismen her zu erklären. Die Existenz unbewußter psychischer Vorgänge konnte empirisch dadurch nachgewiesen werden, daß Patienten, die an »hysterischer Amnesie« litten und sich darum an bestimmte Inhalte nicht zu erinnern vermochten, in der Hypnose sehr wohl Zugang zu diesen verdrängten Inhalten hatten. Darüber hinaus wurden in der Tiefenpsychologie die Probleme der Verursachung von Erlebens- und Verhaltensstörungen sowie des Entstehens von Konflikten und abnormen seelischen Erkrankungen nun eingehend untersucht. Es ließ sich dabei immer wieder feststellen, daß neurotische Erscheinungen mit Störungen im Trieb- und Affektbereich einhergingen und offenbar weniger mit kognitiven Prozessen zu tun hatten.

Der Begriff *Neurose* (griech. neuron = Nerv) geht auf den schottischen Arzt W. CULLEN (1776) zurück und wurde von diesem im Sinne einer »funktionellen Nervenkrankheit«, die keine organische Grundlage besitzt, verstanden. Nach

S. FREUD besteht zwischen der Neurose und der *Normalität* kein grundsätzlicher Unterschied. Er spricht vielmehr von fließenden Übergängen und betont, daß es kaum einen normalen Zustand gebe, in dem nicht auch Andeutungen neurotischer Züge erkennbar wären (1928). Was unter Neurose im einzelnen zu verstehen ist, richtet sich nach der im konkreten Fall vorliegenden Erkrankungsform, der tiefenpsychologischen Schulrichtung und den bestehenden gesellschaftlichen Normvorstellungen (z. B. unterschiedliche Einstellung zur Sexualität). Allen Neurosen ist gemeinsam, daß sie auf Grund eines unüberwindlichen Konflikts in einer für den Menschen psychisch ausweglosen »Grenzsituation« (JASPERS) zustande kommen. Im Unterschied zu den schweren Geisteskrankheiten (*Psychosen*), die meist zum völligen Zerfall der Persönlichkeit führen, stellen Neurosen nur eine graduelle Abweichung vom normalen Verhalten dar. Sie sind vor allem durch eine verminderte soziale Anpassungsfähigkeit gekennzeichnet, was in Verhaltensschematismen und situativ unangemessenen, stereotypen Reaktionen zum Ausdruck kommt. Weniger beeinträchtigt ist im allgemeinen die Leistungsfähigkeit, obwohl auch hier zu beobachten ist, daß neurotische Menschen in geringerem Maße belastbar sind, größeren Schwankungen unterliegen und ein nicht so hohes Durchhaltevermögen besitzen wie seelisch ausgeglichene Menschen.

Im Alltag ist es oft üblich, die Entstehung der Neurose einzig und allein als das Problem des Neurotikers und nicht auch seiner Umwelt anzusehen – u. a., weil die Verhaltensauffälligkeiten nur bei ihm selbst in Erscheinung treten. Dahinter steht die Auffassung, daß jeder Mensch für sich selbst verantwortlich ist und die Bedingungen und Folgen seines Handelns bewußt zu kontrollieren vermag. Wenn dies auch für den alltäglichen Rahmen des Zusammenlebens zutrifft, so wird dabei doch übersehen, daß sich die Verantwortlichkeit des Menschen nicht so sehr aus bewußten Vorsätzen ergibt, sondern aus seiner Gemeinschaftsfähigkeit, die das Ergebnis günstiger Entwicklungsbedingungen ist. Das »Gemeinschaftsgefühl« (ADLER), meist einfach als eine »moralische Verpflichtung« mißverstanden, ist im entwicklungs- und sozialpsychologischen Sinne eine Fähigkeit, die sich erst durch den Kontakt mit einer liebevollen und anerkennenden Umwelt allmählich herausbildet. Von daher ist jede neurotische Erkrankung – ebenso wie die psychische Gesundheit – ursächlich ein Gemeinschaftsproblem und nicht nur das Resultat einer mißglückten individuellen Lebensführung.

Der Neurotiker kann sich gegenüber seiner Umgebung zunächst durchaus normaler und menschlicher verhalten haben, als es die Umstände und Mitmenschen waren, die in ihm den Ausbruch der Neurose mit bewirkt haben. So wissen Tiefenpsychologen aus ihrer Praxis zu berichten, daß in zahlreichen Familien, aber auch betrieblichen Arbeitsgruppen bestimmte Personen immer wieder die Funktion des Blitzableiters übernehmen oder die Rolle des Sündenbocks spielen müssen, obwohl sie sich im Grunde nicht wesentlich von den übrigen Gruppenmitgliedern unterscheiden. H.-E. RICHTER weist in diesem Zusammenhang darauf hin, daß »Eltern, motiviert durch einen eigenen Konflikt, dem Kinde entweder die Rolle des Ersatzes für einen anderen Partner oder die Rolle eines Substituts für einen Aspekt ihres eigenen Selbst zuzuweisen bestrebt sind« (1969, S. 75). Ehepartner oder die Mitglieder einer Gruppe werden füreinander zu »Ersatzpersonen«, indem sie die ursprünglich anderen Menschen entgegengebrachten Affekte, Wünsche und Erwartungen nun selbst aufeinander übertragen. Nach RICHTER geschieht dies auf dem Wege der »Übertragung« und der »narzißtischen Projektion«, zwei psycho-dynamischen Mechanismen, die uns in der Regel kaum bewußt zu werden pflegen. Menschen, die sich der Rolle, Ersatzperson für andere zu sein, nicht entziehen können, entwickeln früher oder später neurotische (Abwehr-)Formen des Verhaltens. Insofern sind Neurosen gewissermaßen von einer Person auf eine andere übertragbar, was sich in der therapeutischen Praxis durch zahlreiche Fälle bestätigt findet. Die Befreiung eines Familienmitglieds – oft eines Kindes – von seinen neurotischen Fehlverhaltensweisen und damit möglicherweise auch die Aufhebung seiner Isolierung in der Gruppe kann bewirken, daß nun eine andere Person in die Außenseiterposition abgedrängt wird und ihrerseits »neurotoide« Züge entwickelt. Verhaltensmuster, wie sie beispielsweise für Außenseiter typisch sein mögen, sind daher nicht nur an die Person selbst gebunden, sondern ebenso an die Position, die einem Individuum – im Falle des Außenseiters am unteren Ende der Rangordnung (Hackordnung) – von der Gruppe zugestanden wird.

2. Tiefenpsychologische Schulen

2.1. Sigmund Freud: Psychoanalyse

Die geschichtlichen Anfänge der von S. FREUD (1856–1939)

als Wissenschaft begründeten *Psychoanalyse* finden sich in neuerer Zeit im 19. Jahrhundert, reichen jedoch zurück bis ins Mittelalter und in die Antike. Schon in früherer Zeit hatte der Mensch den Versuch unternommen, ihm unerklärliche Krankheiten durch Beschwörungen, magische Rituale und hypnotische Behandlungen zu heilen. Mit den Entdeckungen französischer Ärzte gegen Ende des letzten Jahrhunderts wurden dann derartige Bemühungen – F. A. MESMER hatte ein Jahrhundert zuvor noch von der »Heilkraft des Magneten« gesprochen – auf eine wissenschaftliche Stufe gehoben. Besonderen Einfluß gewannen nun in Frankreich die »Pariser Schule« um J.-M. CHARCOT (1825–1893) und die »Schule von Nancy«, der u. a. S. BERNHEIM angehörte. Hier erhielt FREUD wertvolle Anregungen für das Studium hysterischer Krankheitserscheinungen und deren hypnotische Behandlung.

In der Zusammenarbeit mit dem Wiener Arzt J. BREUER lernte FREUD den später berühmt gewordenen »Fall Anna O« kennen. Es handelte sich hier um eine junge Patientin, die an Lähmungen ihrer Gliedmaßen, Sehstörungen, Schluckbeschwerden und Bewußtseinsveränderungen litt, ohne daß sich dafür eine organische Ursache finden ließ. Es stellte sich heraus, daß all diese Symptome auf traumatische Kindheitserlebnisse zurückzuführen waren und unter dem Einfluß der *Hypnose,* in der sich die Patientin an diese Erlebnisse wieder zu erinnern vermochte, verschwanden. Als ausschlaggebend hierfür erwies sich das sogenannte »chimney sweeping«, wie es die Patientin selbst nannte, ein Prozeß der inneren Reinigung und emotionellen Abreaktion (Katharsis).

Nach einigen Vorarbeiten gab dann FREUD gemeinsam mit J. BREUER im Jahre 1895 die »Studien über Hysterie« heraus. Dieser Zeitpunkt wird in der Literatur allgemein als der Beginn der Psychoanalyse angesehen, obwohl diese eigentlich erst mit FREUDS Abkehr von der Hypnose ihren Anfang nimmt. FREUD hatte nämlich beobachten können, daß die Hypnose nicht auf alle Patienten anwendbar war und keine wirklich andauernde Heilung erzielte. Demgegenüber bestand das entscheidend Neue der psychoanalytischen Lehre darin, daß sie über die bloße Abreaktion von Gefühlen hinaus die Bewußtwerdung und endgültige Verarbeitung ursprünglicher Konflikte erstrebte. Ausgehend von dem »Prinzip der psychischen Kausalität«, wonach nichts im Seelischen rein zufällig und daher ohne Bedeutung ist, ließ FREUD seine Klienten frei assoziieren und all das berichten, was ihnen unmittelbar einfiel. Diese »Methode der freien Assoziation« ist seitdem eine wesentliche Voraussetzung psychoanalytischer Behandlungstechnik. Daneben gehört auch die »Übertragung«, die FREUD in seinen Behandlungen immer wieder als affektive Bindung des Patienten an seinen Therapeuten beobachten konnte, zu den Grundvoraussetzungen jeder Psychoanalyse. Sie ermöglicht es dem neurotisch Kranken oft erstmalig, eine zuverlässige Beziehung zu einem vertrauten Menschen aufzubauen, Bedürfnisse nach emotionaler Geborgenheit und sozialer Anerkennung zu befriedigen – aber auch Haß- und Aggressionstendenzen an der Ersatzperson des Therapeuten stellvertretend abzureagieren. An der Art, wie dies geschieht, erkennt der Analytiker die Bedeutung, die bestimmte Konfliktpersonen und -situationen im Leben des Patienten früher gespielt haben.

Ziel der Psychoanalyse ist es, die unbewußten Motive von neurotischen Fehlverhaltensweisen aufzudecken und durch bewußte Entscheidungen zu ersetzen, »Fixierungen« an bestimmte »Komplexe« – einer gefühlsbetonten Verknüpfung von unbewußten Vorstellungen – aufzuheben und die Erlebnisfähigkeit des Menschen wieder zu erweitern. FREUD hat dies einmal mit den Worten »wo Es war, soll Ich werden« umschrieben. Diese Formulierung wird jedoch nur verständlich, wenn wir kurz auf das *psychoanalytische Persönlichkeitsmodell* zu sprechen kommen (Abb. 32, s. S. 162).

Nachdem FREUD den Aufbau des psychischen Apparates zunächst mit einem zusammengesetzten optischen Gerät verglichen (teleskopische Hypothese, Ch. BRENNER, 1967, S. 47) und dann in seinem zweiten Modell zwischen den drei psychischen Ebenen des »Unbewußten«, »Vorbewußten« und »Bewußten« unterschieden hatte (topographische Hypothese), veröffentlichte er Anfang der dreißiger Jahre seine »Strukturhypothese«, nach der sich die Psyche aus den funktional aufeinander bezogenen Strukturen des *Es, Ich* und *Über-Ich* zusammensetzt.

Diese Strukturen sind im Verständnis FREUDS lediglich als »Konstrukte« zu verstehen, um die Psychodynamik der Persönlichkeit besser veranschaulichen zu können. Das *Es* umfaßt den Bereich der angeborenen Sexual- und Aggressionstriebe sowie der ins Unbewußte verdrängten Wünsche; es ist ausschließlich dem »Lustprinzip« unterworfen. Demgegenüber stellt die *Ich*-Struktur das Zentrum der Persönlichkeit dar; sie beinhaltet sowohl bewußte Vorgänge (z. B. Wahrnehmung, Denken) als auch unbewußte (z. B. Abwehrmechanismen). Ursprünglich aus dem Es hervorgegangen, vertritt das Ich das »Realitätsprinzip«.

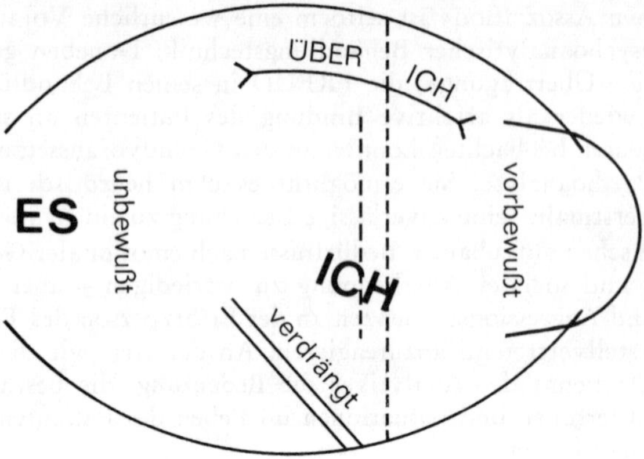

Abb. 32: Persönlichkeitsmodell nach S. FREUD (1940–1955, Bd. 15, S. 85).

Es hat die nicht einfache Aufgabe, zwischen den Forderungen des Es und des Über-Ich zu vermitteln sowie – durch Aufschub der Triebbefriedigung – eine bewegliche Anpassung an die Umwelt zu erreichen. Das *Über-Ich* schließlich leitet sich aus der früheren Identifizierung des Kindes mit den moralischen Forderungen seiner Eltern ab und wird in Form des »Gewissens« zum Beherrscher des Es.

Nach FREUD resultiert die seelische Stabilität der Persönlichkeit aus der dynamischen Ausgeglichenheit dieser Teilsysteme des »psychischen Apparates«. Psychoneurotische Störungen sind allgemein durch ein Mißverhältnis der Strukturen gekennzeichnet, insbesondere durch ein Überwiegen von Es-Impulsen. Diese zwingen das Ich zur Abwehr und damit zur Entwicklung von neurotischen Fehlverhaltensweisen, die sich in »Symptomen« äußern und den letztlich immer wieder mißlingenden Versuch einer Ersatzbefriedigung darstellen.

FREUD differenzierte hauptsächlich zwischen zwei großen Neurosegruppen: den Aktualneurosen und den Psychoneurosen. Die *Aktualneurosen*, zu denen die Neurasthenie, die traumatische Neurose und die Angstneurose zählen, kommen auf Grund einer aktuellen Störung körperlicher Erregungsprozesse und nicht infolge eines frühkindlichen Konflikts zustande. Entsprechend FREUD ergeben sich derartige Störungen vorwiegend aus einer ungenügenden oder inadäquaten Abfuhr sexueller

Spannungen. Die *Psychoneurosen* entstehen aus einem ungelösten Triebkonflikt zwischen Es-Ansprüchen und unvollständigen (Über-)Ich-Abwehrmaßnahmen. Zu dieser Gruppe von Neurosen gehören im wesentlichen die Hysterie, die Zwangsneurose und die Phobie, eine ins Extrem gesteigerte und zwanghaft auftretende Furcht vor bestimmten Situationen (z. B. Zahnbehandlung, Busfahrt) oder Objekten (z. B. Tiere).

Der psychische Vorgang der Verdrängung ist ein Hauptfaktor der Entstehung psycho-neurotischer Erkrankungen. Nach FREUDS Vorstellungen, die er u. a. in seinen beiden »Triebtheorien« präzisiert, werden vom Ich des Kindes unter dem Druck der durch die Außenwelt hervorgerufenen Ängste und Schuldgefühle die Vorstellungsrepräsentanzen sexueller Triebe (z. B. bestimmte Bilder oder Phantasien) verdrängt. Dies kann jedoch immer nur unvollkommen gelingen, da die sexuelle Triebenergie in ihrer lebenserhaltenden Funktion biologisch verankert ist und darum in veränderter Form erneut »durchbricht« (»Prinzip von der Erhaltung der Energie«).

FREUD gebraucht in diesem Zusammenhang den Begriff der »Libido« und meint damit »die als quantitative Größe betrachtete ... Energie solcher Triebe, welche mit all dem zu tun haben, was man als Liebe zusammenfassen kann. Den Kern des von uns Liebe Geheißenen bildet natürlich, was man gemeinhin Liebe nennt und was die Dichter besingen, die Geschlechtsliebe mit dem Ziel der geschlechtlichen Vereinigung. Aber wir trennen davon nicht ab, was auch sonst an dem Namen Liebe Anteil hat, einerseits die Selbstliebe, anderseits die Eltern- und Kindesliebe, die Freundschaft und die allgemeine Menschenliebe, auch nicht die Hingebung an konkrete Gegenstände und an abstrakte Ideen« (1940–1955, Bd. 13, S. 98). Die Energie der Libido verfolgt, soweit sie nicht sublimiert zu werden vermag, das unmittelbare »Ziel« der Triebbefriedigung an einem bestimmten Trieb-»Objekt«. Sie steht dabei unter der Vorherrschaft einer entwicklungsbestimmten Trieb-»Quelle«, die FREUD jeweils in den einzelnen erogenen Zonen des Körpers und den in ihnen ablaufenden physikalisch-chemischen Prozessen lokalisiert.

Die Umorganisation der Libido, d. h. beispielsweise der Wechsel von einer Befriedigungsform zu einer anderen, ist die Grundlage der *psycho-sexuellen Entwicklung* des Kleinkindes. FREUD beschreibt die Entwicklung der Sexualität in Abhängigkeit von der körperlichen Reifung als eine Aufeinanderfolge von Triebstadien, in denen unterschiedliche Partial- oder Teiltriebe zur Geltung kommen.

Im ersten Lebensjahr findet das Kleinkind Befriedigung seiner (sexuellen) Lust- und (sozialen) Kontaktbedürfnisse – beide Bedürfnisarten sind hier noch ungeschieden – über die Zone des Mundes. Da sich das Kind in dieser Phase seine Triebobjekte anfangs durch Lutschen, später durch Beißen einverleibt, sprechen wir von der oralen Phase (lat. »os« = Mund). Im zweiten und dritten Jahr, der analsadistischen Phase (lat. »anus« = After), bereiten dem Kind die Ausscheidungsvorgänge Befriedigung, da jetzt die Reizung der Afterschleimhaut als lustvoll erlebt wird. Die phallische Phase (griech. »phallos« = männl. Glied) erstreckt sich etwa vom dritten bis zum fünften Lebensjahr. In dieser Zeit wird das noch nicht voll ausgebildete und funktionstüchtige Sexualorgan des Kindes, Glied und Klitoris, zur bevorzugten Lustzone des Körpers. Kennzeichnend für diese Phase ist nach FREUD ein intensives Rivalisieren mit dem Erwachsenen, was bei dem Knaben in dem sogenannten »Ödipuskomplex« (erotische Bindung an die Mutter bei gleichzeitiger Ablehnung des Vaters) und bei dem Mädchen in dem sogenannten »Elektrakomplex« (erotische Bindung an den Vater bei gleichzeitiger Ablehnung der Mutter) gipfelt. In der sich anschließenden Latenzperiode verliert nach Ansicht FREUDS die kindliche Sexualität an Bedeutung, um dann mit Beginn der Pubertät in der genitalen Phase, für die nach gelungener prägenitaler Entwicklung die volle Integration der Teiltriebe charakteristisch ist, erneut in Erscheinung zu treten.

Die Unvollständigkeit der Verdrängung, von der weiter zuvor bereits die Rede war, ist durchaus nicht nur für neurotische Fehlentwicklungen kennzeichnend. Sie läßt sich ebenso in normalen Vollzügen des seelischen Lebens nachweisen, beispielsweise im Traum oder in den alltäglichen Fehlleistungen.

Der *Traum*, von FREUD als der »Königspfad zum Unbewußten« bezeichnet, hat nach Auffassung der psychoanalytischen Lehre die Funktion, »Hüter des Schlafes« zu sein. Hierin stimmt die Psychoanalyse mit neueren, experimentell gewonnenen Forschungsergebnissen überein. Weniger einheitlich sind hingegen die Meinungen bezüglich FREUDS Behauptung, daß jeder Traum letztlich Ausdruck einer (halluzinatorischen) Wunscherfüllung sei. Nach FREUD stellt der Traum den Versuch dar, verdrängte Triebimpulse gleichsam auf Umwegen und in einer für das Ich annehmbaren Weise dennoch zu befriedigen. Dies geschieht, indem in der »Traumarbeit« der eigentliche, »latente Trauminhalt« so lange entstellt und (z. B. durch »Verdichtung« oder »Verschiebung«) verschlüsselt wird, bis er seinen bedrohlichen Charakter verloren hat und damit für das Ich als »manifester Trauminhalt« annehmbar geworden ist. Die von FREUD angenommene »Traumzensur« hat dabei die Aufgabe, den Durchbruch störender Triebimpulse ins Bewußtsein zu verhindern. Daher ist der Traum nach psychoanalytischer Auffassung eine Kompromißbildung zwischen verdrängten Triebansprüchen aus dem Es-Bereich und den im Schlaf allerdings geschwächten Abwehrreaktionen des Ichs. Das bedeutet, daß der nach dem Erwachen wiedererinnerte Traum nicht direkt verstehbar ist, sondern mit Hilfe der Assoziationen, die dem Träumer dazu kommen, inhaltlich analysiert und rückübersetzt werden muß. Diesen Vorgang der systematischen Analyse, der die Umkehrung der im Schlaf erfolgten Traumarbeit darstellt, meint FREUD, wenn er von der »Traumdeutung« spricht.

Auch in seinem 1904 veröffentlichten Buch »Zur Psychopathologie des Alltagslebens« hat FREUD »mit genialem Blick für die Banalität nachgewiesen, wie unbemerkt die Kräfte des Es das Ich zu überrumpeln vermögen« (A. MITSCHERLICH, 1973, S. 10). FREUD beschreibt hier alltägliche *Fehlleistungen*, wie sie uns immer wieder – scheinbar gegen unseren Willen – unterlaufen, wenn wir uns ver-sprechen, ver-schreiben, verlesen, wenn wir etwas ver-gessen oder ver-legen. Entgegen der üblichen Auffassung, wonach dies rein zufällig und aus einer vorübergehenden Unkonzentriertheit heraus geschieht, hat FREUD erstmalig den tieferen Sinn und die Gesetzmäßigkeiten solcher Störungen erkannt. Ähnlich wie bei der Traumbildung kommen auch die Fehlleistungen durch einen Kompromiß zwischen einer im Vordergrund stehenden bewußten Absicht und damit konkurrierenden unbewußten psychischen Prozessen zustande. Es ist die unvollständige Verdrängung oder Bewältigung von anderen, zum Teil entgegengesetzten Wünschen, Bedürfnissen und Vorstellungsinhalten, die den normalen psychischen Ablauf stört und so eine Fehlleistung bewirkt. Hierzu abschließend zwei Beispiele, die FREUD in dem angegebenen Buch mitteilt (1940–1955, Bd. 4, S. 77ff.):

1. »Ein junger Mann spricht eine Dame auf der Straße mit den Worten an: ›Wenn Sie gestatten, mein Fräulein, möchte ich Sie begleit-digen.‹ Er dachte offenbar, er möchte sie gern begleiten, fürchtete aber, sie mit dem Antrag zu beleidigen. Daß diese beiden einander widerstreitenden Gefühlsregungen in einem Worte – eben dem Versprechen – Ausdruck fanden, weist darauf hin, daß die eigentlichen Absichten des jungen

Mannes jedenfalls nicht die lautersten waren und ihm dieser Dame gegenüber selbst beleidigend erscheinen mußten. Während er aber gerade dies vor ihr zu verbergen sucht, spielt ihm das Unbewußte den Streich, seine eigentliche Absicht zu verraten, . . .«.

2. »Ein Feldwebel instruiert die Mannschaft, ihre Adresse genau nach Hause anzugeben, damit die Gespeckstücke nicht verlorengehen«.

2.2. *Alfred Adler: Individualpsychologie*

A. ADLER (1870–1937) kommt aus dem Kreis um FREUD, dessen Schüler und Kollege er für ein knappes Jahrzehnt war. Aber bereits mit der Veröffentlichung der »Studie über die Minderwertigkeit von Organen« im Jahre 1907 beschritt ADLER eigene Wege. Er löste sich von der biologisch-mechanistischen Denkweise FREUDS und entwarf eine »finalistisch« ausgerichtete Tiefenpsychologie, die den Bezug zur Gemeinschaft und die Veränderbarkeit des Menschen mehr in den Vordergrund stellte. Damit wurde er zum Vorläufer moderner tiefenpsychologischer Strömungen, in denen hauptsächlich soziale und kulturelle Faktoren für die Entstehung von Neurosen verantwortlich gemacht werden. Daß die tiefenpsychologische Schulrichtung ADLERS dennoch *Individualpsychologie* genannt wird, findet seine Begründung darin, daß ADLER im Gegensatz zu FREUD die Besonderheit und Einmaligkeit des Individuums mehr hervorhebt. Er betont die unteilbare Ganzheit der Persönlichkeit, deren einzelne Lebensäußerungen erst von dem allgemeinen Lebensziel her verständlich werden.

Die grundlegende Annahme der Individualpsychologie ist eine dem Mängelwesen Mensch von Natur aus mitgegebene Minderwertigkeit, die er nur in der Gemeinschaft mit anderen Menschen zu überwinden vermag. Schon dem Kind wird diese Minderwertigkeit früh bewußt, wenn es feststellen muß, daß es sich dem Erwachsenen gegenüber letztlich immer in einer Position der Hilflosigkeit und Unterlegenheit befindet. Und sie kommt ebenso zum Ausdruck in körperlichen Mängeln und organischen Funktionsschwächen. Ausgehend von der Beobachtung, daß die verminderte Leistungsfähigkeit eines Körperorgans durch ein anderes ausgeglichen und kompensiert werden kann, kam ADLER zu der Erkenntnis, daß auch im psychischen Bereich die aus der körperlichen oder sozialen Unzulänglichkeit resultierenden Gefühle der Minderwertigkeit »kompensiert« werden können.

Gelingt es dem Individuum nicht, seine zunächst noch normalen Minderwertigkeitsgefühle durch sein Streben nach Leistung und sozialer Anerkennung auf natürlichem Wege zu überwinden, kommt es u. U. zur Ausbildung eines »Minderwertigkeitskomplexes«. Dieser wird beim Kind vor allem dann auftreten, wenn es sich einer verwöhnenden, überstrengen oder vernachlässigenden Erziehung ausgesetzt sieht und es sich zudem in einer ungünstigen Position innerhalb der »Geschwisterreihe« befindet. Individualpsychologen weisen darum im besonderen Maße auf die Bedeutung einer verständnisvollen und ermutigenden, keinesfalls strafenden Erziehungshaltung – vor allem auf seiten der Mutter – hin. Gerade sie sei in der Lage, über den Zärtlichkeitskontakt zu ihrem Kinde dessen »Gemeinschaftsgefühl«* auszubilden; sie dürfe sich jedoch nicht zu sehr selbst in den Vordergrund stellen und dadurch das Kind länger als notwendig an ihre eigene Person binden, sondern müsse ihm ebenso dabei helfen, sich von ihr allmählich wieder zu lösen und das gemeinschaftliche Gefühl auf andere Menschen zu übertragen. Allerdings sind nach A. ADLER die Eltern für ihre diesbezügliche Aufgabe in der Regel kaum psychologisch und pädagogisch ausreichend vorbereitet. Von daher erscheint es uns auf lange Sicht hin unerläßlich, zukünftigen Müttern und Vätern bereits in den Abgangsklassen der weiterführenden Schulen psychologische Kenntnisse über Erziehung, Partnerschaft und Ehe zu vermitteln.

Das Fehlen des Gemeinschaftsgefühls ist nach individualpsychologischer Auffassung ein entscheidendes Indiz nicht nur für eine unsichere Mutter-Kind-Beziehung. Es läßt ebenso erwarten, daß sich der Mensch seinen späteren »Lebensproblemen« der Arbeit, der Liebe und des Gemeinschaftslebens nicht genügend gewachsen fühlt. Aus seiner persönlichen Unsicherheit heraus wird sich der gemeinschaftsunfähige Mensch mit der Stärke identifizieren, nach Geltung und Macht streben und in seinem »männlichen Protest« das Schwache um sich herum – in unserer Kultur meist Kinder und Frauen – ablehnen; er wird in seiner emotionalen und sozialen Isoliertheit den Versuch unternehmen, durch Fehlverhaltensweisen oder gar neurotische Erkrankungsformen auf sich aufmerksam zu machen. Neue Erlebnisse und Ereignisse

* Die wichtige Rolle der Mutter bei der Ausbildung der emotionalen Stabilität und der Sozialfähigkeit des Kindes konnte auch in Tierversuchen (HARLOW) nachgewiesen werden.

werden gemäß der inneren, »privaten Logik« einseitig verarbeitet und dem persönlichen Lebensstil eingepaßt. Der in jedem Falle vorhandene Minderwertigkeitskomplex findet sein kompensatorisches Gegengewicht in der Ausbildung eines »Überlegenheitskomplexes«.

Ziel der Individualpsychotherapie, die sich meist als Gruppentherapie gestaltet, ist es, dem (neurotischen) Menschen bei der Analyse und Interpretation seines individuellen »Lebensplanes« zu helfen. Hierbei spielt nach ADLER vor allem die Deutung der »Position in der Geschwisterreihe«, der »Träume« und der »ersten Erinnerungen« eine ausschlaggebende Rolle. Durch die Aufdeckung der unbewußten »Arrangements« und »Kompensationsbestrebungen« soll der Neurotiker in die Lage versetzt werden, wieder Zugang zu sich selbst und seinen eigentlichen Bedürfnissen, die den Appellcharakter seiner Neurose ausmachen, zu finden. Die Entwicklung seines Gemeinschaftsgefühls und das Erkennen seiner wirklichen Leistungsmöglichkeiten sollen ihm über das Gefühl persönlicher Unzulänglichkeit hinweghelfen. Da für ADLER der Sinn des Lebens in der Mitmenschlichkeit liegt und sich von daher die seelische Gesundheit nach dem Ausmaß der individuellen Gemeinschaftsfähigkeit bestimmt, wird der (neurotische) Mensch im Rahmen der Individualpsychologie dazu »ermutigt«, seine psycho-sozialen Grundbedürfnisse auf eine für die Gemeinschaft konstruktive Art und Weise zu befriedigen, d. h. die ich-bezogenen Macht- und Geltungsbedürfnisse durch eine sachbezogene Verantwortlichkeit und Verantwortungsbereitschaft der Gemeinschaft gegenüber zu ersetzen.

2.3. Carl Gustav Jung: Analytische Psychologie

Der Schweizer Arzt C. G. JUNG (1875–1961) ist neben S. FREUD und A. ADLER der dritte große Vertreter der »klassischen Tiefenpsychologie«. JUNG stand in der Zeit zwischen 1907 und 1913 in engem Kontakt mit FREUD in Wien. Doch lehnte er ähnlich wie A. ADLER die vorwiegend sexuell ausgerichtete, mechanistische »Libidotheorie« der psychoanalytischen Schulrichtung ab und erweiterte den Begriff der »Libido« als einer psychischen Energie zu dem der Lebensenergie schlechthin. Darüber kam es schließlich zum Bruch mit FREUD, dessen Vorstellungen sich mit der in der philosophisch-religiösen Tradition verhafteten Denkweise C. G. JUNGS immer weniger vereinbaren ließen.

JUNG nannte seine Tiefenpsychologie fortan *analytische*, später auch *komplexe Psychologie.* In ihr geht es ihm – im Gegensatz zu FREUD, der sich hauptsächlich mit den pathologischen Erscheinungsformen der Seele beschäftigte, – nicht nur um die Beschreibung des (neurotisch) kranken Menschen, sondern vielmehr um die Erfassung der gesamten Persönlichkeit in ihrem »normalen« Streben nach Selbstverwirklichung und Sinnerfüllung. Der in diesem Zusammenhang von JUNG benutzte Ausdruck der »Individuation« bedeutet: »zum Einzelwesen werden, und, insofern wir unter Individualität unsere innerste, letzte und unvergleichbare Einzigartigkeit verstehen, zum eigenen Selbst werden« (1971, S. 65). JUNGS Lehre ist in diesem Punkte ebenso wie diejenige A. ADLERS »finalistisch« und zukunftsorientiert, d. h. auf die Zielstrebigkeit menschlichen Lebens hin abgestellt. Das wesentlich Neue dieser tiefenpsychologischen Richtung liegt in dem besonderen Gewicht, das sie dem kultur- und stammesgeschichtlichen Erbe des Menschen bei der Deutung seelischer Prozesse beimißt.

Nach JUNG umfaßt die »Psyche«, die er als Oberbegriff von der (Teil-)»Seele« als einem einzelnen Funktionskomplex der Persönlichkeit abgrenzt, bewußte und unbewußte Vorgänge. Sie wird als ein ganzheitliches und sich dynamisch selbst regulierendes System verstanden, in dem das Bewußte und Unbewußte sich (normalerweise unbemerkt) fortwährend einander ergänzen und kompensieren. Die daraus entstehende Einheit und Ganzheit, welche dem »Ich« übergeordnet ist, bezeichnet JUNG als das »Selbst«. Mit dem Begriff der »Kompensation« meint hier JUNG nicht den Ausgleich einer erlebten Minderwertigkeit (vgl. A. ADLER), sondern die funktionelle Selbstregulierung psychischer Prozesse im Sinne der Herstellung eines normalen Gleichgewichtszustandes. Bei einer übermäßigen Akzentuierung bewußter Einstellungen im Leben des Menschen kann es auf Grund der damit verbundenen Abtrennung weiterer Erlebnisinhalte und deren Verdrängung ins »persönliche Unbewußte« von dorther zu Spannungen zwischen bewußten und unbewußten Vorgängen kommen – Spannungen, die sich etwa in Träumen widerspiegeln. Hierzu ein Beispiel, das JUNG in »Die Beziehungen zwischen dem Ich und dem Unbewußten« (1971, S. 72) mitteilt:

»Eine junge Patientin, die schwärmerisch an ihrer Mutter hing, hatte immer sehr ungünstige Träume von ihr: Sie erschien im Traum als Hexe, als Gespenst, als Verfolgerin. Die Mutter hatte die Tochter über alles Maß verwöhnt und durch ihre Zärtlichkeit so verblendet, daß diese den schädlichen Einfluß

der Mutter bewußt nicht einsehen konnte, weshalb das Unbewußte kompensierende Kritik an der Mutter übte.«
Dem persönlichen Unbewußten stellt JUNG das allen Menschen gemeinsame »kollektive Unbewußte« gegenüber, das er als die »gewaltige geistige Erbmasse der Menschheitsentwicklung, wiedergeboren in jeder individuellen ... Struktur« (1946, S. 175) umschreibt. Es enthält archaische Bilder, sogenannte Urbilder oder »Archetypen«, die zunächst unbewußt sind und als unanschauliche Verhaltensmuster vererbt werden. Im individuellen Leben manifestieren sie sich dann jeweils in Form von archetypischen Vorstellungen, Situationen, Motiven, Bildern und Symbolen. JUNG hat die Archetypen u. a. aus Motiven, die in den Mythen und Märchen der Weltliteratur immer wiederkehren, abgeleitet. Zu den wichtigsten Urbildern zählt er »Animus« (männlicher Anteil in der Psyche der Frau) und »Anima« (weiblicher Anteil in der Psyche des Mannes), »Elternimago« oder »Eltern-Archetypus«, »mächtiger Mann« oder »Held«, »Heilbringer«, »große Mutter«, »der alte Weise«. Die Entstehung der Urbilder hat JUNG anfangs als Vererbung erworbener Eigenschaften zu erklären versucht; später brachte er sie mit dem Instinktmechanismus der Tiere in Zusammenhang. Die Störung der »kompensatorischen Beziehung« (1971, S. 69) zwischen unbewußten Vorgängen und dem Bewußtsein ist in der Analytischen Psychologie ein Kriterium für die Annahme einer neurotischen Erkrankung, die allerdings bei JUNG weit weniger negativ gesehen wird als etwa bei S. FREUD. JUNG führte das Entstehen von Neurosen zunächst auf äußere, traumatische Einflüsse während der frühen Kindheit zurück; dabei spielte das erzieherische Verhalten der Eltern, insbesondere der Mutter, für ihn eine entscheidende Rolle. In zunehmendem Maße sah er jedoch auch den phylogenetischen Einfluß, den die kollektiven Archetypen über die (Vermittler-)Personen der Eltern auf das Kind ausüben. Letztlich ist die Neurose für JUNG eine mißglückte Selbstverwirklichung (Individuation), deren Problematik aber dem betreffenden Individuum noch nicht bewußt geworden ist und sich statt dessen in seelisch-körperlichen Symptomen ausdrückt.
Die psychotherapeutische Behandlung ist im Rahmen der Analytischen Schulrichtung eine »gegenseitige Beeinflussung, und ›das Zusammentreffen zweier Persönlichkeiten ist wie die Mischung zweier verschiedener chemischer Körper; tritt eine Verbindung überhaupt ein, so sind beide gewandelt. Im Gebiet des dialektischen Verfahrens muß der Arzt aus seiner Anonymi-

tät heraustreten und Rechenschaft von sich geben, genau das, was er auch von seinem Patienten verlangt‹. Die Rolle also, die in der Jungschen Methode dem Therapeuten zufällt, ist nicht wie bei der Freudschen eine in gewissem Sinne passive, sondern sie stellt ein aktives Eingreifen, eine Förderung, eine Richtungsweisung, eine persönliche Auseinandersetzung dar« (J. JACOBI, zit. aus D. WYSS, 1972, S. 259).
Methodisch basiert die Analytische Therapie C. G. JUNGS im wesentlichen auf vier Ansätzen: dem »Assoziationsexperiment«, der »Anregung zu Spontanproduktionen des Unbewußten« (Abreaktion durch verbale und gestalterische Ausdrucksmittel), der »aktiven Imagination« (Hervorrufung innerer Bilder durch eine meditative Einstellung) und der »Traumanalyse« (vgl. J. JACOBI, 1972, S. 553 f.).
Anders als FREUD faßt JUNG den Traum unmittelbarer auf, eben als einen psychischen Vorgang, der aus der konkreten Situation des Patienten heraus direkt verstehbar ist. Die kompensatorische Funktion dieses Vorganges besteht darin, daß aus dem Bewußtsein ausgeschlossene Inhalte über den Traum wieder Zugang erhalten und damit als Erlebensinhalte entgegen der bewußten Einstellung dennoch berücksichtigt werden. JUNG glaubt in dem Traumgeschehen eine gewisse Regelmäßigkeit des Ablaufs beobachtet zu haben, die dem Aufbau einer dramatischen Handlung gleichen soll. Die Deutung des Traummaterials erfolgt in der Analytischen Psychologie mit Hilfe der »Methode der Amplifikation«. JUNG stellt sie der »Methode der freien Assoziation« in der Psychoanalyse FREUDS gegenüber und versteht darunter eine Technik, bei der die Trauminhalte des Patienten durch den Vergleich mit sinnverwandtem Material aus der Mythologie und Religionsgeschichte »erweitert« und auf diese Weise verständlicher gemacht werden.

3. Weiterentwicklung der Tiefenpsychologie und moderne Richtungen

Die grundlegenden theoretischen Positionen der »orthodoxen Psychoanalyse« werden in der Schule FREUDS, zu der u. a. K. ABRAHAM, S. FERENCZI, O. FENICHEL, A. FREUD und auch M. KLEIN gehören, zunächst noch im wesentlichen beibehalten. Eine allmähliche Änderung zeichnet sich allerdings hie und da in der Einstellung zur psychoanalytischen Behandlungstechnik ab, die nun in zunehmendem Maße die aktive

Beteiligung auch des Therapeuten am analytischen Geschehen fordert. FERENCZI weist bereits auf die Notwendigkeit hin, dem Patienten in der therapeutischen Situation neue Erfahrungen zu ermöglichen. M. KLEIN und ANNA FREUD wenden die Psychoanalyse bei neurotischen Verhaltensstörungen von Kindern an und betonen ebenfalls die aktivere, zum Teil erzieherische Haltung des Therapeuten in der als »Spieltherapie« praktizieren »Kinderanalyse«. Die Auffassung FREUDS vom »Ich« als einer Instanz, die sich gegenüber den Ansprüchen des Es und des Über-Ichs mühsam zu behaupten sucht, wird stellenweise revidiert: H. HARTMANN führt den Begriff der »primären Ich-Autonomie« ein, und auch O. RANK mißt dem Ich, das er mit dem Bewußtsein identifiziert und als Träger des Willens ansieht, eine größere Bedeutung bei. Damit wird der Persönlichkeit mehr als bei FREUD die Fähigkeit der Selbstbestimmung zugestanden.

Eine entscheidende Modifizierung und Erweiterung erfährt die Psychoanalyse erst durch die amerikanischen Neo-Analytiker K. HORNEY, E. FROMM und H. S. SULLIVAN sowie in Deutschland u. a. durch H. SCHULTZ-HENCKE, A. MITSCHERLICH und H.-E. RICHTER. Von ihnen wird – im Vergleich mit der orthodoxen Psychoanalyse – sehr viel mehr der Einfluß zwischenmenschlicher Beziehungen und gesellschaftlicher Milieubedingungen hervorgehoben und der mechanistischen Triebtheorie FREUDS entgegengestellt. Die Sexualität wird nicht mehr als der Hauptfaktor bei der Neurosenentstehung angesehen. Damit erfolgt teilweise eine Annäherung an Gedanken und Auffassungen, die schon von A. ADLER vertreten worden sind.

Die Individualpsychologie hat sich demgegenüber als psychotherapeutische Disziplin nicht im gleichen Maße weiterentwikkelt. Zwar gewinnt sie in unseren Tagen gerade im deutschsprachigen Raum wieder mehr an Boden, doch sind ihre Vertreter vorwiegend auf sozialpädagogischem Gebiet und im Erziehungssektor als (therapeutische) Berater tätig. Psychotherapeutische Behandlungen werden von den Individualpsychologen heute meist als »Gruppentherapie« durchgeführt. Zu den bekanntesten Vertretern dieser Schulrichtung im Anschluß an A. ADLER zählen vor allem F. KÜNKEL, D. DEUTSCH, E. PAPANEK, ALEXANDRA ADLER, R. DREIKURS, E. WEXBERG, H. L. und R. R. ANSBACHER und J. RATTNER.

Die Analytische Psychologie stand bis vor einigen Jahren noch ganz im Zeichen ihres Begründers C. G. JUNG, dessen persönliche Ausstrahlungskraft bei seinen Schülern einen bleibenden Eindruck hinterlassen hat. Die geringe Geschlossenheit seines Werkes, das sich dafür aber durch einen besonders großen Gedankenreichtum auszeichnet, hat mit dazu beigetragen, daß der Einfluß der Komplexen Tiefenpsychologie bisher weitgehend auf den europäischen Kontinent begrenzt blieb. Vertreten wird diese Schulrichtung heute u. a. von J. JACOBI, G. BITTNER, A. MAEDER, J. A. SANFORD und E. A. BENNET.

Unter dem Einfluß der »Phänomenologie« (E. HUSSERL, M. SCHELER) und der »Existenzphilosophie« (K. JASPERS, M. HEIDEGGER) stellt die moderne Tiefenpsychologie wieder mehr den Menschen als Person in den Mittelpunkt ihrer Überlegungen. L. BINSWANGER (»Daseinsanalyse«) und V. E. FRANKL (»Existenzanalyse«) bemühen sich um eine phänomenologische Erfassung der Persönlichkeit, deren leiblich-seelisch-geistige Einheit und Ganzheit besonders hervorgehoben wird. FRANKL (geb. 1905), der zur »dritten Wiener Schule« gehört, wendet sich gegen FREUDS atomistische Auffassung von der Seele und betont das Streben des Menschen nach Werten und nach Sinnerfüllung. Nicht die Triebhaftigkeit bestimme menschliches Sein, sondern der »Wille zum Sinn« und das – zunächst noch unbewußte – Geistige, dem existentielle Ursprünglichkeit zugeschrieben wird. Gelingt es dem Menschen nicht, zu seiner geistig-existentiellen »Tiefenperson« und damit letztlich zu Gott, dem »Urbild aller Vaterhaftigkeit« (1949, S. 86f.), vorzudringen, fällt er in das »existentielle Vakuum« (1972, S. 13). Dieses Vakuum, das sich im Erleben des Menschen als »existentielle Frustration«, als ein »Unerfülltgebliebensein des menschlichen Anspruchs auf ein möglichst sinnerfülltes Dasein« (S. 11) manifestiert, ist nach FRANKL die Hauptursache neurotischer Erkrankungen und darüber hinaus ein allgemeines Merkmal unserer vor allem durch die Verstädterung und Entpersönlichung des Menschen gekennzeichneten modernen Zeit.

Ein wesentlicher Einwand der heutigen Tiefenpsychologie gegenüber der orthodoxen Psychoanalyse ist der, daß FREUD das Verhältnis der an der Analyse beteiligten Personen Arzt und Patient lediglich auf eine »Übertragungssituation« reduziert habe. Nach den Untersuchungen von H. TRÜB sowie F. SCHOTTLÄNDER, W. BITTER, W. LAIBLIN, H. GEIST und anderen aus der »Stuttgarter Schule« (D. WYSS, S. 300) handelt es sich hierbei jedoch sehr viel mehr um eine partnerschaftliche »Begegnungssituation« – eine Erkenntnis, die für die weitere Entwicklung der Tiefenpsychologie wegweisend sein dürfte.

4. Experimentelle Erzeugung von Neurosen

Ende der zwanziger Jahre entdeckte I. P. PAWLOW (1849–1936) in einem seiner Tierexperimente zur Untersuchung der Wirkungsweise des bedingten Reflexes bei Hunden zum ersten Male das Phänomen der »experimentell herbeigeführten Neurose« (1926). Sie ist das Ergebnis einer künstlich erzeugten Konfliktsituation, die bestehende Verhaltensmuster bei Tieren auflöst und je nach Art und Intensität der experimentellen Einwirkung zerstört. Die Ursachen, die diesem Prozeß im einzelnen zugrunde liegen, werden innerhalb der Psychologie bisher unterschiedlich beurteilt. PAWLOW selbst nahm ursprünglich an, daß *experimentelle Neurosen* auf einer Störung des Gleichgewichts zwischen Erregungs- und Hemmungsvorgängen im Gehirn beruhen (physiologische Theorie). Um dies zu veranschaulichen, führte er folgenden »Diskriminationsversuch« durch:
Einem Hund wurden jeweils ein »Kreis« und eine »Ellipse« optisch dargeboten. Da der Hund immer nur bei Erscheinen des Kreises, nicht aber bei Darbietung der Ellipse Futter erhielt, wurde die geometrische Figur des Kreises für das Tier bald zu einem bedingten Reiz. Der Hund hatte schließlich gelernt, zwischen beiden Reizgegebenheiten genau zu differenzieren und angemessen zu reagieren, d. h. bei Erscheinen des Kreises in Erwartung des Futters Speichel abzusondern, nicht aber im Falle der Ellipse.

Nun wurde das 1:2-Verhältnis der Achsen von Kreis und Ellipse so lange systematisch verändert, bis sich beide geometrische Figuren bei einem Verhältnis von 8:9 weitgehend einander angeglichen hatten. Jetzt gelang es dem Tier nicht mehr, zwischen beiden Gebilden sicher zu unterscheiden und mit einer richtigen Reaktion zu antworten. Es geriet vielmehr in einen starken inneren Konflikt, der sich nach außen hin in einer auffallenden Veränderung des Verhaltens wie Jaulen, Bellen, motorische Unruhe, erhöhte Atem- und Pulsfrequenz sowie Angst manifestierte.

Ähnliche Untersuchungen wie diese wurden auch von H. S. LIDDELL (1944) durchgeführt. Er konnte zeigen, daß sich die an Hunden beobachteten neurotischen Verhaltensformen mehr oder weniger auch bei Schweinen und Schafen nachweisen lassen. Die Theorie N. R. F. MAIERS (1946) faßt demgegenüber die experimentelle Neurose als eine »Verhaltensfixation« auf Grund vorausgegangener Frustrationen auf (Frustrationstheorie). MAIER konnte diese Fixation bestimmter Reaktionsweisen in seinen Versuchen mit Ratten wiederholt feststellen:

Das Versuchstier wurde auf eine Plattform, dem sogenannten »LASHLEY-jumping-stand«, gesetzt und auf zwei visuelle Reize in Form von bezeichneten Karten hin konditioniert. Die Karten waren in der Weise angebracht, daß bei Anspringen der richtigen Karte (mit weißem Kreis) diese herunterfiel und das Tier so Zugang zu dem dahinter befindlichen Futter erhielt. Sprang die Ratte hingegen auf die falsche Karte (mit schwarzem Kreis), wurde sie dadurch frustriert, daß sie an der Karte anstieß und in ein Netz zurückfiel. Nachdem das Tier gelernt hatte, zwischen beiden Reizanordnungen sicher zu unterscheiden, wurde es in der Folgezeit nach Zufall belohnt und bestraft. Daraufhin entwickelte die Ratte den Reizen gegenüber »Fixationen«, die selbst dann noch beibehalten wurden, als der Experimentator versuchte, sie durch weitere Konditionierungen zu beeinflussen.

Außer Fixationen können derartige Frustrationen auch Regressionen oder Aggressionen auslösen. Entscheidend ist hierbei nach MAIER die bei Vorhandensein eines unlösbaren Problems erfolgende Transformation der »Problemsituation« in eine »Frustrationssituation«. Je nach subjektivem Wahrnehmungsvermögen und individueller »Frustrationstoleranz« wird ein Konflikt immer dann mit Frustrationsverhalten beantwortet, wenn die Motivation, das Problem zu lösen, sehr stark ist, die Hindernisse hingegen unüberwindlich sind. Da sich nun Frustrationsverhalten ebenso wie neurotisches Verhalten durch Stereotypen und Zwangsreaktionen auszeichnet, gelangt MAIER zu dem Schluß, daß Frustrationssituationen und Situationen, in denen Neurosen zustande kommen, grundsätzlich miteinander vergleichbar sind.

Demgegenüber betont J. H. MASSERMANN (1946), dessen »biodynamische Theorie« der experimentellen Neurose hauptsächlich auf Erkenntnissen der Psychiatrie und der Psychoanalyse fußt, daß vorwiegend traumatische Erlebnisse und starke »Motivationskonflikte« (in seinen Versuchen mit Katzen beispielsweise zwischen Hunger und Furcht) als Ursache abnormalen Verhaltens anzusehen sind.

Andere Untersuchungen stammen von N. E. MILLER, der einen aus Annäherung und Vermeidung resultierenden »Triebkonflikt« als Ursache der experimentellen Neurose annimmt, von W. H. GANTT, der den »Faktor der Generalisation« als Hauptmerkmal regressiven Verhaltens in der Neurose betont, sowie vor allem von J. WOLPE (1952), der die Neurose aus einem Komplex »erlernter Verhaltensweisen« ableitet. WOLPE geht im Rahmen seiner »Lerntheorie« davon aus, daß in erster Linie zwei Bedingungen zur Auslösung einer Neurose beitragen: Der Organismus muß zugleich »ambivalenten« und »schädlichen« Reizen ausgesetzt sein, ohne daß eine Möglichkeit des Auswegs vorhanden ist. Nach ihm zeichnen sich neurotische Störungen in der Hauptsache durch »Angst« und »Unangepaßtheit« des Verhaltens aus.

Trotz unterschiedlicher Auffassungen über die eigentlichen Ursachen experimenteller Neurosen stimmen alle Theorien doch weitgehend darin überein, daß neurotisches Fehlverhalten auf Grund eines unüberwindlichen Konflikts in einer ausweglosen Situation zustande kommt. Der Versuch einer Konfliktbewältigung zeigt sich in ziellosen, situativ unangemessenen, stereotypen Reaktionen, in der Tendenz, »aus dem Felde zu gehen« (LEWIN), in aggressiven, regressiven oder phobischen Verhaltensformen sowie in neuro-physiologischen Störungen der Herz- und Atmungsfunktionen. Die damit verbundene hohe emotionale Spannung verhindert in der Regel die zur Problemlösung notwendige »Umstrukturierung« des Aufforderungs- und Bedeutsamkeitsprofils des Konfliktfeldes.

Die Therapie der experimentell erzeugten Neurose besteht in einer Veränderung der Umweltbedingungen des Organismus und in einer Beeinflussung seiner physischen Reaktionsweise. So können physiologische und neurologische Funktionen bei einer Fehlsteuerung durch Anaesthetica und Sedativa wirksam beeinflußt werden. PAWLOW stellte die intensive Wirkung von Bromiden auf neurotische Fehlhaltungen bei einigen Hunden fest. Die wirksamsten therapeutischen Methoden ergeben sich nach MASSERMANN aus der Versuchssituation selbst, indem die Bedingungen, die zur Entstehung der Neurose führten, rückgängig gemacht werden. Das bedeutet: Entfernung des Tieres aus der Konfliktsituation, Verringerung und Aufhebung der Reizbedingungen, Beruhigung des Versuchstieres durch zärtliches Streicheln, Zusammenbringen neurotischer Tiere mit normalen, deren sozial erfolgreiches Verhalten nachgeahmt wird, sowie Teilkontrolle der Versuchssituation durch das Tier selbst.

5. Psychotherapie in der Praxis

Die *Psychotherapie* wird heute von Diplom-Psychologen oder Ärzten, die im Anschluß an ihr Grundstudium noch eine Spezialausbildung absolviert haben müssen, im Rahmen einer Privatpraxis oder einer öffentlichen Einrichtung (z. B. Erziehungsberatungsstelle) in all jenen Fällen angewandt, in denen es um die Behandlung seelischer Konflikte und »neurotischer« Erkrankungen geht. Seit einiger Zeit werden diese Behandlungen, die sich je nach der Schwere der seelischen Störung über nur wenige Wochen oder aber ein bis zwei Jahre erstrecken können, auch von den Krankenkassen bezahlt. Ziel psychotherapeutischer Maßnahmen ist es, seelisch erkrankten Menschen in ihrem Bemühen zu helfen, die Ursachen und Bedingungen der eigenen Erkrankung zu erkennen, die meist unbewußten (Abwehr-) Mechanismen, welche der Aufhebung der psychischen Krankheit entgegenstehen (s. Krankheitsgewinn), zu durchschauen sowie schließlich die Verfügbarkeit über sich selbst – in Form einer größeren emotionalen Stabilität, Liebes- und Gemeinschaftsfähigkeit, Entscheidungsflexibilität und Verhaltenssicherheit – wiederzugewinnen. Dabei können je nach der Schulrichtung und der Orientierung des Therapeuten folgende Methoden zur Anwendung kommen: die Psychoanalyse (nach S. FREUD), die Individualpsychologie (nach A. ADLER), die Komplexe Psychotherapie (nach C. G. JUNG), die Logotherapie (nach V. E. FRANKL), die Klienten-zentrierte Therapie (nach C. R. ROGERS), die Familientherapie (nach H.-E. RICHTER), die Verhaltenstherapie (u. a. nach H. J. EYSENCK und J. WOLPE), Formen des psychotherapeutischen Gesprächs (vgl. »Gesprächspsychotherapie« nach R. TAUSCH), Formen der Spieltherapie und der Gruppentherapie. Als ausschlaggebend für den Erfolg einer psychotherapeutischen Behandlung haben sich in erster Linie der bei dem Patienten vorhandene »Leidensdruck« sowie das bei dem Psychotherapeuten vorhandene (emotionale) »Engagement« erwiesen.

VIII. Angewandte Psychologie

1. Einleitung

Die *Angewandte Psychologie* umfaßt diejenigen Fachgebiete der Psychologie, welche die Erkenntnisse der psychologischen Grundlagenforschung auf die Praxis übertragen und bei der Lösung alltäglicher Probleme nutzbar zu machen suchen. Allerdings bereitet diese Abgrenzung zwischen angewandter und sog. reiner Psychologie heute zunehmend mehr Schwierigkeiten, da auch in den Anwendungsdisziplinen der Psychologie immer häufiger grundlegende theoretische Probleme erforscht werden (vgl. z. B. Pädagogische Psychologie). Nach A. ANASTASI besteht daher lediglich ein gradueller Unterschied zwischen der Angewandten Psychologie und der psychologischen Grundlagenforschung; in welcher Richtung eine psychologische Tätigkeit einzuordnen ist, hängt jeweils davon ab, ob sie der Theorienbildung oder aber der Lösung praktischer Probleme dient (1973).

In ihren geschichtlichen Anfängen reicht die Angewandte Psychologie bis in das ausgehende 19. Jahrhundert zurück; ihre eigentliche Begründung und allmähliche Verbreitung erfährt sie jedoch erst zur Zeit des 1. Weltkrieges. Zu ihren Begründern zählen in den USA neben H. MÜNSTERBERG (1863–1916) u. a. W. D. SCOTT sowie in Deutschland vor allem W. STERN, W. MOEDE (1888–1958) und F. GIESE (1890 bis 1935). Von H. MÜNSTERBERG zunächst noch als »Psychotechnik« bezeichnet und vornehmlich auf den betrieblich-industriellen Sektor bezogen, hat sich die Angewandte Psychologie in der Folgezeit recht schnell auch auf andere Bereiche der Psychologie weiter ausgedehnt.

Heute sind wissenschaftliche Psychologen, die stets eine Universitätsausbildung mit zusätzlichen Berufspraktika absolviert haben müssen und den gesetzlich geschützten Titel »Diplom-

Psychologe« tragen, in nahezu allen Einrichtungen des öffentlichen Lebens tätig. Sie arbeiten in Erziehungs- und Bildungsberatungsstellen, in der Familien- und Eheberatung (heute meist noch der Erziehungsberatung angegliedert), in Kliniken, Heimen und Gefängnissen, in Arbeitsämtern, Rehabilitationszentren, technischen Überwachungsvereinen und wirtschaftlichen Unternehmen sowie bei der Bundeswehr und vereinzelt auch schon bei Polizeibehörden. In all diesen Institutionen wird der Psychologe damit beauftragt, Entscheidungshilfen für bestimmte persönliche oder organisatorische Maßnahmen zu erarbeiten – nicht zuletzt, um dadurch auch ein allgemeines Prognosebedürfnis im Hinblick auf zukünftiges menschliches (Leistungs-)Verhalten zu befriedigen. In der Regel kommt der Psychologe über die Anwendung wissenschaftlicher Testverfahren zu seinen Ergebnissen, die, zu einer Diagnose zusammengefaßt und als Gutachten formuliert, die Beantwortung des Untersuchungsproblems ermöglichen. Handelt es sich in speziellen Fällen hingegen um die psychologische Untersuchung von Verhaltensstörungen, werden Behandlungspläne aufgestellt und dem Auftraggeber (z. B. Eltern oder Lehrer) Therapievorschläge unterbreitet und möglicherweise in einer abschließenden Prognose auch Angaben darüber gemacht, mit welchem Wahrscheinlichkeitsgrad eine bestimmte Verhaltensänderung oder ein bestimmter Leistungserfolg, beispielsweise in der Schule, erwartet werden kann.

2. Betriebspsychologie

2.1. *Vorbemerkung*

Die Betriebspsychologie ist neben der Markt- oder Konsumpsychologie ein Teilgebiet der Wirtschaftspsychologie. Werden im Rahmen der *Marktpsychologie,* die im wesentlichen auf Motivanalysen, Imagestudien und Verhaltensforschungen aufbaut, die psychologischen Gesetzmäßigkeiten des Marktgeschehens untersucht und beispielsweise in Form von psychologisch begründeten Werbe- und Verkaufsstrategien unmittelbar in die Praxis umgesetzt, umfaßt die *Betriebspsychologie* das »Gesamt der psychologischen Bemühungen, welche in Theorie und praktischer Anwendung im Dienste der Bestgestaltung der innerbetrieblichen Arbeits- und Sozialverhältnisse stehen« (A. MAYER, 1951); dabei lassen sich die Arbeitspsychologie, die Berufspsychologie, die Personalpsychologie und die betriebliche Sozialpsychologie nochmals als Teilbereiche der Betriebspsychologie voneinander abgrenzen.

2.2. Arbeitspsychologie

Die ersten psycho-technischen Untersuchungen wurden in amerikanischen Betrieben kurz vor und nach der Jahrhundertwende durchgeführt. Die von dem Ingenieur F. W. TAYLOR (1856–1915) und seinem Schüler F. B. GILBRETH (1868–1924) entwickelten »Zeit- und Bewegungsstudien« erlaubten es erstmalig, Arbeitsvorgänge durch Vermeidung überflüssiger Bewegungen derart zu vereinfachen, daß die Leistungen von Fabrikarbeitern zunächst erheblich gesteigert werden konnten. Die Begründer der »wissenschaftlichen Betriebsführung« (scientific management) hatten allerdings übersehen, daß sich der natürliche Rhythmus den Menschen nicht an einen von Maschinen vorgegebenen Takt anpassen läßt. Im Gegensatz zum gleichmäßigen Takt bieten nämlich die scheinbar überflüssigen Anteile der rhythmischen Gesamtbewegung dem Menschen immer wieder für Sekundenbruchteile die Gelegenheit, sich abzulenken und körperlich zu erholen. TAYLOR und GILBRETH hatten darüber hinweggesehen, daß sich die technisch-handwerkliche Arbeit des Menschen nicht willkürlich in Elementarbewegungen und Elementarzeiten zerlegen, mathematisch berechnen und wieder zu neuen, rationelleren Verhaltensformen zusammensetzen läßt, da menschliches Handeln immer auch sowohl biologischen Mechanismen als auch sozialen Umfeldeinwirkungen unterworfen ist. Dies zeigte sich auch bei der Erforschung der *Ermüdung*, die in keiner linearen Beziehung zur vorausgegangenen Leistung steht und auch kein für alle Menschen einheitlicher, ausschließlich physiologischer und zeitlich genau voraussehbarer Vorgang ist, sondern auch von der individuellen Disposition abhängt und sich zudem als psychische Ermüdung äußern kann, entweder als *Monotoniegefühl* (S. WYATT) oder als *psychische Sättigung* (K. LEWIN, A. KARSTEN). Handelt es sich bei der Monotonie um eine indifferente, gleichgültige Stimmungslage, die auf Grund einer gleichförmigen und reizarmen Arbeit zustande kommt, bezeichnet die psychische Sättigung einen Prozeß der sich verstärkenden Abneigung und des Widerwillens gegenüber einer immer wieder auszuführenden Tätigkeit. Während die physische Ermüdung nur durch körperliche Erholung und Schlaf beseitigt werden kann, läßt sich die psychische Sättigung bereits durch einen Tätigkeitswechsel oder eine veränderte Motivation aufheben. Weitere Probleme, die sich den Arbeitspsychologen in jener und in der folgenden Zeit stellten, waren die Untersuchung der Arbeitszeit, der Nacht- und Schichtarbeit, der Pausenverteilung, der Arbeitsplatz- und Arbeitsraumgestaltung sowie der Lärmeinwirkungen, klimatischen Bedingungen und Unfallursachen am Arbeitsplatz.

2.3. Sozialpsychologie des Betriebes

Die einseitige technisch-ökonomische Ausrichtung des »Taylorismus« wurde bereits in den zwanziger und dreißiger Jahren überwunden. Entscheidenden Anteil hieran hatten vor allem die von E. MAYO (1880–1955) und seinen Mitarbeitern in den Hawthorne-Werken der General Electric Company (Chicago) durchgeführten Untersuchungen, die später als »Hawthorne-Studien« berühmt wurden. Diese Studien waren ursprünglich mit der Absicht begonnen worden, den Einfluß der Beleuchtung, Pausenregelung, Entlohnung und täglichen Arbeitszeit auf die Arbeitsproduktivität zu untersuchen. Wie man jedoch bald erkennen mußte, standen nicht nur diese Faktoren mit den Leistungen der beobachteten und befragten Arbeiter in Zusammenhang. Dies zeigte sich besonders in einem Experiment, in dem die Beleuchtungsverhältnisse variiert wurden, sowie in einem anderen Experiment, in dem sechs Arbeiterinnen Telefonrelais zu montieren hatten. In beiden Arbeitsgruppen waren im Verlaufe der Untersuchungszeit zunehmend bessere Arbeitsbedingungen geschaffen worden, die auch erwartungsgemäß zu einem starken Leistungsanstieg geführt hatten. Als jedoch sämtliche Verbesserungen wieder rückgängig gemacht und die früheren Arbeitsbedingungen wiederhergestellt worden waren, hatte sich die hohe Produktionsrate der Gruppen dennoch nicht verändert. Dieses überraschende Ergebnis konnte von den Wissenschaftlern zunächst nicht gedeutet werden, bis man schließlich in dem veränderten sozialen Klima die Erklärung für das hohe Leistungsniveau der untersuchten Arbeitsgruppen fand; so hatten die Frauen in dem Relais-Experiment mit Kolleginnen zusammenarbeiten können, die ihnen sympathisch waren, sie waren nicht mehr von Vorgesetzten direkt beaufsichtigt worden, und sie hatten dadurch, daß sie wiederholt um ihre Meinung befragt wurden, bei ihrer Tätigkeit mehr persönliche und fachliche Anerkennung erfahren.

Seitdem stand auch der Mensch mehr im Blickfeld der Betriebsführung. Nicht mehr die Rationalisierung der Arbeitsbedingungen allein wurde als Mittel der Produktivitätssteigerung angesehen, sondern auch das durch die Förderung der zwischenmenschlichen Beziehungen verbesserte Betriebsklima wurde jetzt in seiner Bedeutung für das Arbeitsverhalten des Menschen erkannt. Damit entstand die »Human-relations-Bewegung«, die es als ihre besondere Aufgabe betrachtet, die soziale Atmosphäre und die Arbeitszufriedenheit der Beschäftigten in den Industriebetrieben und Unternehmen zu verbessern, um auch auf diese Weise zu einer Produktivitätserhöhung beizutragen. Dabei bedient sie sich zahlreicher Verfahren, von der Vorgesetztenschulung über Interviews, Betriebsgesprächen und Gruppendiskussionen bis hin zu Rollenspielen und Sensitivitätsübungen (sensitivity training).

Von den zahlreichen Faktoren, die das soziale Klima eines Betriebes nachhaltig beeinflussen, ist in erster Linie die Form des »Führungsverhaltens« zu erwähnen. Wie nach Angabe von A. MAYER (1970, S. 34) die meisten sozial- und betriebspsychologischen Untersuchungen nachgewiesen haben, bietet im betrieblichen Rahmen unter normalen Bedingungen der »partizipative« oder mitarbeiterzentrierte Führungsstil die besten Voraussetzungen für Leistung und Zufriedenheit; «autoritäre« Führung sei zwar in Not- und Krisensituationen vorübergehend effektiver, werde aber auf Dauer und in normalen Zeiten von der demokratischen Führung übertroffen. MAYER führt hierzu an gleicher Stelle weiter aus: »Vorgesetzte, die ihre Mitarbeiter an ihren Planungen und Entscheidungen beteiligen, ihnen Initiative, Eigenverantwortung und Freiheit in der Durchführung der Arbeit einräumen und sie nicht ständig kontrollieren, die ihnen Aufstiegschancen geben und sie fördern, erzielen höhere Leistungen und eine bessere Arbeitsatmosphäre als die entgegengesetzt Handelnden. Wo die Arbeiter bei den Entscheidungen über ihre täglichen Arbeitsaufgaben mitsprechen können, wo ihnen informelle Kontakte zu den Mitarbeitern gestattet werden und die Vorgesetzten sich um die Mitarbeit in den gemeinsamen Zielsetzungen bemühen, verbessern sich Produktivität und Gruppenatmosphäre.«

Weitere, mit dem praktizierten Führungsstil zum Teil eng verbundene Einflüsse auf das soziale Klima ergeben sich aus dem innerbetrieblichen Informationsgeschehen. Je nach dem vorhandenen »Kommunikationssystem« (z. B. Liniensystem, Stabsystem) und den verwendeten »Kommunikationsmitteln« (z. B. Vorschlagwesen, Werkzeitung, Plakate, schwarzes Brett, mündliche Mitteilung) kann es zu unterschiedlichen Störungen des Informationsflusses, zu einer mehr oder minder starken Entstellung und Verfälschung des Informationsinhaltes (z. B. Gerücht) und damit zu betrieblichen Konflikten und zur Arbeitsunzufriedenheit kommen. Und nicht zuletzt wird das Betriebsklima auch durch äußere Faktoren wie zum Beispiel die familiäre Situation der Betriebsangehörigen oder deren Mitgliedschaft in Freizeitgruppen oder politischen Parteien mitbestimmt. Der direkte Zusammenhang zwischen dem Betriebsklima und der betrieblichen Fluktuationsrate, der Anzahl der Krankmeldungen, der Unfallhäufigkeit und dem fachlichen Engagement der Arbeitnehmer ist in psychologischen Untersuchungen nachgewiesen worden.

Eines der wichtigsten sozialpsychologischen Probleme des Betriebes ist die »Personalauslese« und hier im besonderen die systematische Früherfassung und begleitende Ausbildung des Führungsnachwuchses. Erhebliche Bedenken bestehen allerdings heute nach wie vor gegenüber der Einstellung von Frauen als Vorgesetzte; derartige Vorurteile haben im allgemeinen weniger sachliche als vielmehr psychologische Gründe. Daher wird es in Zukunft zu den bevorzugten Aufgaben der betrieblichen Sozialpsychologie gehören, Vorurteile gegenüber Randgruppenpersonen, zu denen neben Frauen auch Jugendliche, alte Menschen und ausländische Arbeitnehmer zählen können, allmählich abzubauen. Hierzu rechnen auch die berufliche Rehabilitation von Behinderten sowie die stufenweise Pensionierung von älteren Arbeitnehmern.

3. Verkehrspsychologie

3.1. Einleitung

Die *Verkehrspsychologie* wurde in Deutschland u. a. von H. MÜNSTERBERG (1910) begründet, der bereits Anfang dieses Jahrhunderts die ersten psychologischen Eignungstests an Straßenbahnführern vornahm. Ging es zunächst noch in erster Linie um die Feststellung des Aufmerksamkeitsumfangs und der Reaktionsschnelligkeit, fanden in den darauffolgenden Jahren auch charakterologische Aspekte zunehmend mehr Beachtung. Vor allem das Problem der »individuellen Unfallneigung« wurde von einer Reihe von Arbeits- und Verkehrspsychologen untersucht, so auch von K. MARBE (1926), der die These von der »Unfäller-Persönlichkeit« aufstellte. Nachfolgende Untersuchungen haben allerdings die Annahme einer persönlichkeitsspezifischen Unfallneigung nicht bestätigen können. Heute liegt der Akzent verkehrspsychologischer Unfallforschung vorwie-

gend auf der Analyse der das Unfallgeschehen begünstigenden situativen und sozialen Bedingungen.
Zentrale Aufgabe der Verkehrspsychologie, die hauptsächlich in den Bereichen des Straßen-, Eisenbahn- und Luftverkehrs Anwendung findet, ist die Erhöhung der Verkehrssicherheit durch Anpassung der Verkehrsverhältnisse – Verkehrsraum, Verkehrsregelung, Verkehrsmittel – an die psychophysischen Funktionen des Menschen als auch umgekehrt durch Anpassung des Menschen (Diagnose und Prognose menschlichen Fehlverhaltens; Verkehrserziehung, driver clinics) an den Verkehr. Dabei greift die Verkehrspsychologie vornehmlich auf Erkenntnisse der Wahrnehmungspsychologie, der Physiologie und der Gestaltpsychologie zurück.

3.2. Spezielle Probleme der Verkehrspsychologie

Im Mittelpunkt verkehrspsychologischer Untersuchungspraxis steht in erster Linie der Verkehrsteilnehmer, der über ein Verkehrsmittel verfügt und sich mit dessen Hilfe innerhalb des (Straßen-)Verkehrsraumes fortbewegt; demgegenüber wurden Fußgänger bisher kaum in ihrem Verkehrsverhalten systematisch beobachtet und untersucht. Wichtigste psychologische Kriterien für die Beurteilung der Verkehrstauglichkeit eines Menschen sind die Persönlichkeitsmerkmale der Intelligenz (speziell: Abstraktionsfähigkeit, Auffassungsgeschwindigkeit, Umstellungsfähigkeit), der emotionalen Stabilität und Ausgeglichenheit sowie der sozialen Anpassungsfähigkeit. Als wenig verkehrstauglich erweisen sich oft solche Personen, die egozentrisch, emotional labil, realitätsfremd, aggressiv oder sehr risikofreudig sind und sich selbst in ihren Möglichkeiten überschätzen. Die Hauptgefährdung im Straßenverkehr geht statistisch gesehen hauptsächlich von zwei Altersgruppen aus: den jungen Menschen etwa bis zum 25. Lebensjahr und den älteren Menschen ungefähr ab dem 50. Lebensjahr. Ist es bei den jungen Verkehrsteilnehmern die erhöhte Risikobereitschaft, die zu mehr Unfällen führt, wirken sich bei älteren Menschen entwicklungsbedingte Funktionsschwächen auf die Sicherheit des Fahrverhaltens aus. Das schließt jedoch im Einzelfall nicht aus, daß diesbezügliche Mängel durch eine bewußte Einstellung weitgehend kompensiert zu werden vermögen.
Wie zahlreiche Untersuchungen im Rahmen der Unfallforschung ergeben haben, ist es in vielen Fällen die soziale Lebenssituation (z. B. Ehe- und Erziehungsprobleme in der Familie, Arbeitsschwierigkeiten im Betrieb), die vor allem bei jugend-

lichen Unfällern für unangepaßtes Fahrverhalten verantwortlich zu machen ist. So hat E. MITTENECKER in einer Untersuchung über die »Psychologie des jugendlichen Mopedfahrers« (1967) zum Teil signifikante Unterschiede zwischen den familiären Situationen gut angepaßter (G-Fahrer) und schlecht angepaßter (S-Fahrer) Fahrer gefunden. War es für die sogenannten G-Fahrer kennzeichnend, daß sie im großen und ganzen aus sozial-emotional ausgeglichenen Familienverhältnissen kamen, darum soziale Werte und Normen auch eher sich zu eigen gemacht hatten, zielbewußter, weniger aggressiv und mehr auf Sicherheit bedacht waren – zeigten sich die S-Fahrer, die häufiger aus ungeordneten und konfliktreichen Familien stammten, im allgemeinen als aggressiver, risikofreudiger, theoretisch uninteressierter und außerdem beruflich weniger leistungsorientiert.
Neben den Persönlichkeitsmerkmalen und den sozialen Verhältnissen sind es auch die aktuellen Situationsbedingungen, die das Verhalten des Menschen im (Straßen-)Verkehr beeinflussen. Klimatische Bedingungen und augenblickliche Wettereinflüsse (z. B. elektrostatische Aufladung der Luft, Föhneinbruch, extreme Temperaturen, usw.) rechnen hierzu ebenso wie das körperliche Befinden und die besondere Situation eines Verkehrsteilnehmers. So befinden sich zum Beispiel Autofahrer in der besonderen Situation der Anonymität, die zudem dadurch charakterisiert ist, daß sie als eine private und zugleich öffentliche Situation erlebt werden kann. Weitere Einflüsse auf das Verkehrsverhalten des Menschen ergeben sich aus den zunehmend häufiger werdenden Streßsituationen des modernen Großstadt- und Schnellstraßenverkehrs, der Unübersichtlichkeit des Verkehrsraumes und nicht zuletzt der Verkehrsregelung selbst, die oft noch viel zuwenig nach (wahrnehmungs-)psychologischen Gesetzmäßigkeiten vorgenommen wird.
Die Gestaltpsychologie hat eine ganze Reihe von Wahrnehmungsfaktoren entdeckt, die sich im Rahmen der Verkehrsregelung auf die Gestaltung von Fahrbahnen und Verkehrszeichen unmittelbar anwenden lassen. Zu den wichtigsten Gesetzmäßigkeiten der Wahrnehmung zählen u. a. die Figur-Grund-Differenzierung, die Tendenz zur prägnanten Gestalt, das Gesetz der Nähe und das der Ähnlichkeit, das Gesetz der guten Kurve und das der gemeinsamen Bewegung. Es hat sich gezeigt, daß Verkehrszeichen und Straßenführungen Unfälle begünstigen können, wenn sie in ihrer optischen Gestaltung den genannten Wahrnehmungsgesetzen nicht entsprechen und natürlichen Erwartungshaltungen und Reaktionstendenzen des Menschen zuwiderlaufen.

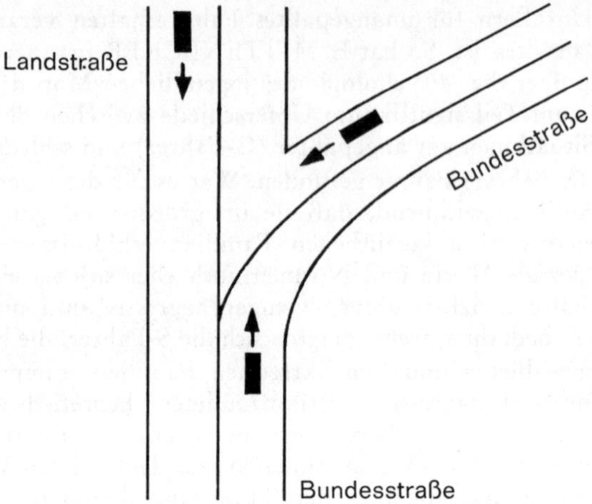

Abb. 33: »Abknickende Vorfahrt« – Beispiel einer wahrnehmungspsychologisch ungünstigen Straßenführung.

Daher sollten Straßen, die anders verlaufen, als dies von dem optischen Eindruck des Autofahrers her zu erwarten ist, durch zusätzliche Beschilderungen, Markierungen und Beleuchtungseinrichtungen eine eindeutige und prägnante »optische Führung« erhalten. Verkehrszeichen sollten sich der Größe, Form und Farbe nach als Figur von ihrem Hinter-»Grund« abheben, und sie sollten in ihrem (symbolischen) Inhalt sofort erfaßbar sein (z. B. Steinschlaggefahr, Baustelle, Kreuzung). Wie Versuche mit dem Perimeter ergeben haben, verringert sich die Sehschärfe von der »Fovea centralis«, dem Zentrum des klarsten Sehens, nach außen hin und engt sich das Gesichtsfeld für einzelne Farben zunehmend ein; wird etwa die Farbe Rot bei fixierter Blickrichtung noch in einem Umfeld von 120° erkannt, ist Grün nur noch in einem Umfeld von 50° erkennbar. Bei hohen Geschwindigkeiten wird die Farbe Gelb am schnellsten wahrgenommen, und aus größerer Entfernung lassen sich am ehesten längliche Verkehrsschilder erkennen. Diese und ähnliche Ergebnisse der Sinnesphysiologie sind bei der Verkehrsregelung ebenso zu berücksichtigen wie wahrnehmungs- und arbeitspsychologische Erkenntnisse, die zudem auch bei der Innenausstattung von Verkehrsmitteln eine besondere Rolle spielen.

3.3. Die Medizinisch-Psychologische Untersuchungs- und Beratungsstelle

Die Einrichtung von Medizinisch-Psychologischen Untersuchungs- und Beratungsstellen bei den Technischen Überwachungsvereinen der Bundesrepublik ist seit 1960 gesetzlich verankert. In ihnen geht es ganz allgemein um das Problem der Negativauslese, bei der die untere Leistungsgrenze von Personen festgestellt wird. Hinsichtlich der Verkehrstüchtigkeit liegt diese Grenze in körperlichen oder geistig-seelischen Mängeln sowie in einem zu niedrigen oder zu hohen Alter, in dem der Verkehrsteilnehmer nicht mehr den täglichen Anforderungen im Straßenverkehr gewachsen ist. Medizinisch-Psychologische Untersuchungsstellen sind dafür zuständig, Fahrgenehmigungen auf Grund ihrer Untersuchungsbefunde zu befürworten oder abzulehnen. Im einzelnen handelt es sich um folgende Untersuchungsgruppen: Personen mit körperlichen Schwächen (z. B. Rot-Grün-Blindheit, hoher Blutdruck, Anfallsleiden), Personen über 60 resp. unter 18 Jahren, Prüfungsversager, Tatauffällige und Alkoholiker, Taxi- und Busfahrer, Bewerber für die Fahrlehrerprüfung sowie Personen, die sich im Auftrage von Betrieben oder Gerichten an die Untersuchungsstellen wenden.
Die unbedingte Notwendigkeit der Schaffung von Medizinisch-Psychologischen Untersuchungs- und Beratungsstellen ergibt sich aus der Tatsache, daß im Gegensatz zu früher nicht mehr technische Mängel, sondern vorwiegend psycho-soziale Faktoren als Unfallursachen in Erscheinung treten. Da die medizinisch-psychologischen Untersuchungen unter dem Aspekt der Gefahrenabwendung durchgeführt werden, geht es letzten Endes immer um Prognosen über das zukünftige Fahrverhalten der getesteten Personen.

4. Forensische Psychologie (Gerichtliche Psychologie)

4.1. Einleitung

In einer Zeit, in der der Mensch Raketen auf einem präzisen Kurs zum Mond lenkt, steuert er sich selbst noch nach zum Teil veralteten und überholten Gesetzen aus dem vergangenen Jahrhundert. Nicht nur in bestimmten Berufsgruppen, sondern auch in der breiten Öffentlichkeit zeigt sich daher heute eine »ständig wachsende Unzufriedenheit mit den altmodischen und vor-

wissenschaftlichen Konzepten vom Wesen des Menschen, auf denen viele Gesetze und juristische Praktiken basieren« (A. ANASTASI, 1973, S. 695). Gegen den oft noch erheblichen Widerstand juristischer Kreise bemüht sich die Forensische* oder *Gerichtliche Psychologie* darum, empirisch und experimentell nachprüfbare Erkenntnisse der psychologischen Wissenschaft auch im Bereich der Rechtspflege im Sinne einer objektiveren Rechtsfindung anzuwenden.
Erste Ansätze gerichtspsychologischen Denkens finden sich bereits in der zweiten Hälfte des 19. Jahrhunderts bei Medizinern, Rechtsgelehrten und Kriminalwissenschaftlern. Begründet wurde die Forensische Psychologie um die Jahrhundertwende vor allem durch A. BINET (1900), W. STERN (1903) und K. MARBE (1913), die sich mit den psychologischen Gesetzmäßigkeiten des »Aussageverhaltens« vor Gericht beschäftigten. Nach Beendigung des 2. Weltkrieges wurde dieser Themenbereich, der zwischenzeitlich in der Psychologie nicht weiterverfolgt worden war, wieder aufgegriffen, nun allerdings unter einer etwas veränderten Fragestellung: nicht mehr die generelle Glaubwürdigkeit, sondern die spezielle Glaubwürdigkeit eines Zeugen, der über ein aktuelles Ereignis berichtete, stand jetzt im Mittelpunkt der Untersuchungen. Heute erstreckt sich der Aufgabenbereich der empirisch ausgerichteten Forensischen Psychologie außer auf die Begutachtung von Zeugen und Tatverdächtigen auch auf die Beurteilung der Zurechnungsfähigkeit und persönlichen Verantwortlichkeit eines Täters, auf die Tatbestandsdiagnostik (Lügendetektion), das richterliche Verhalten und den Vorgang der Entscheidungsfindung in Prozessen, den Strafvollzug und die Resozialisierung von Gefangenen.

4.2. Gerichtspsychologie

Zentrales Problem gerichtspsychologischer Praxis ist die Feststellung der *Glaubhaftigkeit* (U. UNDEUTSCH, 1967) von Zeugenaussagen. Seit O. LIPMANN unterscheidet man hierbei zwischen der Aussagetüchtigkeit und der Aussagewahrhaftigkeit eines Zeugen. Während es sich im ersten Falle allgemein um die Fähigkeit einer Person handelt, richtig auszusagen, geht es im letztgenannten Falle um die Bereitschaft eines Menschen, einen Sachverhalt wahrheitsgetreu darzustellen.
Die Aussagetüchtigkeit hängt nun davon ab, wie und unter welchen Umständen Ereignisse erlebt (Wahrnehmung), behalten

* Von lat. »forum« = Gericht

(Gedächtnis) und wiedergegeben (Reproduktionsbedingungen) werden. In psychologischen Experimenten wurde wiederholt der verfälschende Einfluß der persönlichen Bedürfnisse, Interessen und Erwartungshaltungen als auch der zum Teil unbewußten stereotypen Ansichten und sozialen Vorurteile eines Individuums auf dessen Wahrnehmungsleistung nachgewiesen. M. ZILLIG konnte in ihren Versuchen zeigen, daß sich bei Schülern Sympathie- und Antipathiegefühle dahingehend auszuwirken vermögen, falsche Handlungen von beliebten Mitschülern weniger oft wahrzunehmen und eher zu übersehen als von unbeliebten Schulkameraden; ebenso können Lehrer auf Grund ihrer Vorkenntnisse über die Leistungsfähigkeit ihrer Schüler dazu neigen, fehlerhafte Leistungen bei guten Schülern im geringeren Maße anzustreichen und öfter zu übersehen als bei schlechten Schülern.

Neben diesen persönlichkeitszentrierten Faktoren können auch mehr allgemeine, vom Individuum weitgehend unabhängige Gesetzmäßigkeiten der Wahrnehmung die Aussagetüchtigkeit beeinträchtigen. Beispielsweise haben wir unter Bedingungen gelockerter Reizbindung, wenn Reize schwach strukturiert und daher nur undeutlich zu erkennen sind, unwillkürlich die Tendenz, die Lücken in der Wahrnehmung entsprechend den »Gestaltgesetzen« vorstellungsmäßig auszufüllen, ohne uns dessen im einzelnen überhaupt bewußt sein zu müssen. Oder wir bringen für uns unfaßbare Ereignisse und Erfahrungen, die unserem Bedürfnis nach Sinnhaftigkeit des Erlebens zuwiderlaufen, dennoch recht schnell in einen irgendwie gearteten Zusammenhang, dem wir dann möglicherweise allein auf Grund seiner Stimmigkeit und inneren Logik schon Objektivität zusprechen; m. a. W.: wir sind versucht, aus der (durch unbewußte subjektive Ergänzung zustande gekommenen) Prägnanz einer Wahrnehmung bereits ihre sachlich objektive Gültigkeit abzuleiten. Daß dies geschieht, ist nicht zuletzt auch darauf zurückzuführen, daß wir im allgemeinen die Bedingungen der Wahrnehmungsentstehung kaum mitberücksichtigen und wir uns zudem nur in seltenen Fällen darüber im klaren sind, daß die Wahrnehmung für uns nicht nur eine Abbildungsfunktion besitzt, sondern ebenso im Dienste der persönlichen Orientierung und der Regulierung des psychischen Gleichgewichts steht.

Die Aussagetüchtigkeit eines Zeugen kann ferner dadurch eingeengt sein, daß von ihm zum Zeitpunkt des Geschehens Größen, Entfernungen und Geschwindigkeiten ohne Kenntnis des jeweils vorhandenen Bezugsrahmens eingeschätzt worden sind.

So wird etwa die gleiche Geschwindigkeit (z. B. 80 km/st) nach einer vorausgegangenen Beschleunigung (von 60 km/st auf 80 km/st) allgemein als schneller, nach einer Verlangsamung (von 100 km/st auf 80 km/st) hingegen als langsamer eingestuft. Ebenso werden Geschwindigkeiten in Abhängigkeit von den lokalen Umfeldbedingungen (z. B. Autobahn oder Stadtstraße) entweder mehr unter- oder aber mehr überschätzt. Auch Zeitschätzungen, denen in der alltäglichen Gerichtspraxis oft eine ausschlaggebende Bedeutung zukommt, können zahlreichen Täuschungseinflüssen unterliegen. Werden Zeiten bis zu einer Minute und Zeiträume bis zu zwei Jahren gewöhnlich als länger eingeschätzt, findet bei Zeiten über zehn bis 75 Minuten sowie Zeiträumen über fünf Jahren eher eine Unterschätzung statt. Desgleichen scheinen uns Zeitspannen dann länger zu sein, wenn sie nicht mit Aktivität ausgefüllt sind und sich nichts ereignet, wenn wir Angst haben und wir unsere Aufmerksamkeit auf die Zeit selbst richten. Demgegenüber werden Zeiten, in denen wir Aktivität entfalten, erfolgreich sind und unser Interesse Sachzielen zuwenden, allgemein als kürzer erlebt.

Außer durch Wahrnehmungstäuschungen und Beobachtungsfehler kann die Aussagetüchtigkeit einer Person auch dadurch vermindert sein, daß sich in der Zeit zwischen einem bestimmten Ereignis und der Darstellung desselben vor Gericht unmerklich Veränderungen an dem eingeprägten Erlebnismaterial vollzogen haben. So können sich je nach der Bedeutung, die ein Zeuge seinen Beobachtungen im einzelnen zumißt, manche Erlebnisinhalte weiter präzisieren und noch im nachhinein an Eindringlichkeit gewinnen (Tendenz zur Prägnanz), während andere Erlebnisinhalte allmählich nivelliert werden (Tendenz zur Nivellierung) oder auf Grund ihrer scheinbaren Unwichtigkeit in Vergessenheit geraten.

Und schließlich hängt die Aussagetüchtigkeit eines Zeugen von der Art der Methode ab, nach der Beobachtungen und Erlebnisse von ihm erfragt werden. Wie zahlreiche psychologische Experimente gezeigt haben, ist hinsichtlich der Richtigkeit von Aussagen der freie Bericht eines Zeugen der gezielten Befragung und noch mehr dem verwirrenden Kreuzverhör eindeutig überlegen. Zwar erhält man bei der direkten Befragung zunächst mehr Informationen in kürzerer Zeit, doch ist die Gefahr groß, daß Fragen suggestiv gestellt und somit dem Zeugen Vermutungen und Hypothesen nahegelegt werden, die sich vor allem bei unsicheren und ängstlichen Zeugen (von diesen unbemerkt) mit den ursprünglichen Erinnerungsresten verbinden können.

Wie sehr die Form einer gerichtlichen Befragung auch die Aussagewahrhaftigkeit eines Zeugen oder Tatverdächtigen zu beeinflussen vermag, ist den an deutschen Gerichten tätigen Psychologen hinreichend bekannt. Staatsanwälte, Richter und Verteidiger, die im allgemeinen kaum oder gar nicht psychologisch geschult sind, haben gewöhnlich keinerlei Einblick in die psychologischen Mechanismen der Gesprächsführung und der durch sie bei Zeugen und Angeklagten ausgelösten spezifischen Reaktionstendenzen. Dies wird an folgendem Beispiel, das von UNDEUTSCH berichtet wird, sehr deutlich:

»Eine Verteidigerin sagt im Ausdruck extremer Abfälligkeit zu einer 14jährigen Zeugin: ›Wieso weißt Du das nicht mehr – Du sollst doch so intelligent sein, jedenfalls gibt es hier Leute, die Dich dafür halten.‹ Noch einige Bemerkungen in ähnlicher Diktion, und die Zeugin war abgrundtief verstimmt; schließlich wurde sie ihrerseits aggressiv« (1967, S. 83).

Auf diese Weise vor Gericht vernommen, werden bei Zeugen unnötigerweise Affekte, Hemmungen und Widerstände mobilisiert, die in dem Maße die Aussagebereitwilligkeit einschränken und auf ein Mindestmaß reduzieren, in dem für die Betroffenen zunächst die Verteidigung des eigenen Selbstwertgefühls und die Abschirmung gegenüber weiteren unsachlichen Äußerungen von seiten der vernehmenden Beamten als primäres Bedürfnis im Vordergrund steht. Damit ist angedeutet, daß die »Motivlage« eines Zeugen ein entscheidendes Kriterium für die Einschätzung seiner Aussagewahrhaftigkeit darstellt und es ungerechtfertigt ist und einem vorwissenschaftlichen Denkschematismus entspringt, Zeugen und Angeklagte lediglich auf der Dimension »Ehrlichkeit – Verlogenheit« einzustufen.

Sind nun Personen wenig bereit, vor Gericht offen auszusagen und aus irgendwelchen Motiven heraus (z. B. Angst, Schamgefühl, Abneigung gegen Justizbeamte usw.) an einer Entstellung ihrer Aussage interessiert, gibt es für den psychologischen Sachverständigen eine Reihe von Kriterien, die den Wahrheitsgehalt einer Aussage relativ gut abzuschätzen erlauben. UNDEUTSCH nennt hier in erster Linie folgende »Kennzeichen wahrheitsgemäßer Bekundungen« (1967, S. 127 ff.): Widerspruchslosigkeit zu anderweitig feststehenden Tatsachen; Wirklichkeitsnähe, Konkretheit, Anschaulichkeit, Originalität und individuelle Durchzeichnung der Schilderung des äußeren Tatherganges; innere Stimmigkeit und Folgerichtigkeit der Darstellung; Auftreten eigentümlicher oder ausgefallener Einzelheiten, die kaum ausgedacht werden können; zeitliche und räumliche

Verankerung der betreffenden Vorkommnisse in den besonderen Lebensumständen des Täters oder Opfers; Bericht von Details, die außerhalb der Planungskapazität oder des Verständnishorizontes des Erzählers liegen; Durchscheinen der in einer bestimmten Situation ausgelösten psychischen Vorgänge; Widerspiegelung der Dynamik und Entwicklung eines Sachverhaltes in der Erzählung; spontane Verbesserungen; fragmentarische Schilderungen; unvorteilhafte und zum Teil belastende Schilderung der eigenen Person; Einwände gegen die Richtigkeit der persönlichen Darstellung sowie Konstanz der Aussage. Allerdings kann die Konstanz einer Aussage auch darauf zurückzuführen sein, daß sich ein Zeuge oder Angeklagter sehr gut an seine erste Schilderung des Geschehens zu erinnern vermag. In jedem Falle müssen mehrere dieser Kriterien vorhanden sein, um bei einem Menschen Aussageehrlichkeit annehmen zu können.

Eine besondere Methode zur Klärung der Frage, ob eine tatverdächtige und in Untersuchungshaft befindliche Person schuldig oder nicht schuldig ist, bietet sich dem Gerichtssachverständigen in der *Psychologischen Tatbestandsdiagnostik* an (L. TENT, 1967, S. 185 ff.). Diese auch als »Spurensymptomatologie« oder »Lügendetektion« bezeichnete Methodik geht ursprünglich auf eine Arbeit von M. WERTHEIMER und J. KLEIN aus dem Jahre 1904 zurück. WERTHEIMER konfrontierte in seinen »Assoziationsversuchen« seine Versuchspersonen mit einer Reihe neutraler und im Hinblick auf einen bestimmten Sachverhalt kritischer Wörter, auf die dann im einzelnen mit der jeweils ersten Assoziation spontan reagiert werden sollte. Dabei ging man von der Annahme aus, daß Personen, denen ein bestimmter Tatbestand bekannt ist, sich diesem gegenüber anders verhalten als solche Personen, denen dieser Tatbestand unbekannt ist. Es zeigte sich nun, daß Versuchspersonen, welche die Instruktion erhalten hatten, den ihnen bekannten Sachverhalt zu verheimlichen, auf eben diesem Sachverhalt entstammende »kritische« Wörter mit einer – im Vergleich mit den neutralen Wörtern – auffallend längeren resp. kürzeren Reaktionszeit oder auch völlig sinnlosen und abwegigen Assoziationen antworteten. – Weitergeführt wurden diese experimentellen Versuche zur Tatbestandsdiagnostik später von dem Russen A. R. LURIA, der außer der Reaktionszeit auch die feinmotorischen Reaktionen der Hand als Indikator für die von einer Versuchsperson verheimlichten und bewußt kontrollierten Assoziationstendenzen benutzte.

Eine andere Form der psychologischen Tatbestandsdiagnostik ist die »polygraphische Untersuchungstechnik«, bei der die körperlichen Reaktionen einer Person auf die Darbietung eines kritischen Sachverhaltes hin festgestellt werden. Verwendung finden hierbei Polygraphen oder sogenannte Mehrfachschreiber, die im alltäglichen Sprachgebrauch auch unter der etwas irreführenden Bezeichnung »Lügendetektor« bekannt sind. Mit Hilfe dieser Geräte können die unter emotionaler Spannung auftretenden physiologischen Veränderungen der Atmung, des Blutdrucks, des galvanischen Hautwiderstandes und anderer Merkmale gemessen und aufgezeichnet werden. –
Gegenwärtig werden die hier angeführten Methoden der psychologischen Tatbestandsdiagnostik jedoch nur im beschränkten Umfange in der Praxis angewandt; zum Teil noch aus methodischen Gründen, mehr aber aus ethischen Überlegungen heraus.
Ein Gebiet, mit dem sich Psychologen neben Fragen der Glaubhaftigkeit von Zeugen und der »strafrechtlichen Verantwortlichkeit«* von (jugendlichen) Tätern in Zukunft in verstärktem Maße zu befassen haben werden, ist das Problem der *Gerichtlichen Entscheidungsfindung*.
Erste Untersuchungsergebnisse über die Unterschiedlichkeit von Richterurteilen liegen von F. J. GAUDET et al. (1934) vor. Danach können sich Richter in der Länge und Härte der von ihnen verhängten Strafmaßnahmen erheblich voneinander unterscheiden. Es würde der Rechtsprechung sehr dienen, könnte diese wohl mehr auf der Subjektivität der Richter beruhende und weniger sachlich oder psychologisch begründete geringe Urteilsübereinstimmung durch die Mitverwendung objektiverer Methoden bei der Entscheidungsfindung verbessert werden. Denn letztlich kommen gerichtliche Entscheidungen nicht nur auf der Basis der Gesetze zustande, sondern ebenso vor dem Hintergrund persönlicher Einstellungen und Wertsysteme, die dem Staatsanwalt, Richter und Verteidiger unbewußt als inneres Bezugssystem für die Einschätzung und Gewichtung gesetzlicher Tatbestände dienen können.
Ein weiterer Faktor, der die gerichtliche Entscheidungsfindung zu beeinflussen vermag, ist die Darbietungsfolge der belastenden und entlastenden Argumente, die im Falle eines Angeklagten von seiten der Staatsanwaltschaft und der Verteidigung

* Vgl. auch: G. BLAU und E. MÜLLER-LUCKMANN (Hg.): Gerichtliche Psychologie, Neuwied/Berlin 1962.

vorgebracht werden. Einen entsprechenden Nachweis konnten H. P. WELD und M. ROFF in ihrer Untersuchung aus dem Jahre 1938 erbringen. Die beiden Autoren konfrontierten eine Gruppe von Jurastudenten mit einem Kriminalfall, indem sie die Studenten, die sich in der Funktion von Schöffen sehen sollten, an bestimmten Stellen des in mehrere Abschnitte unterteilten Berichts nach ihrer Meinung über Schuld oder Unschuld des betreffenden Angeklagten befragten. Aus den Einschätzungen, die die Studenten jeweils an einer 9-Punkte-Skala vornahmen, ergab sich der folgende, in Abb. 34 dargestellte Verlauf der Urteilstendenzen:

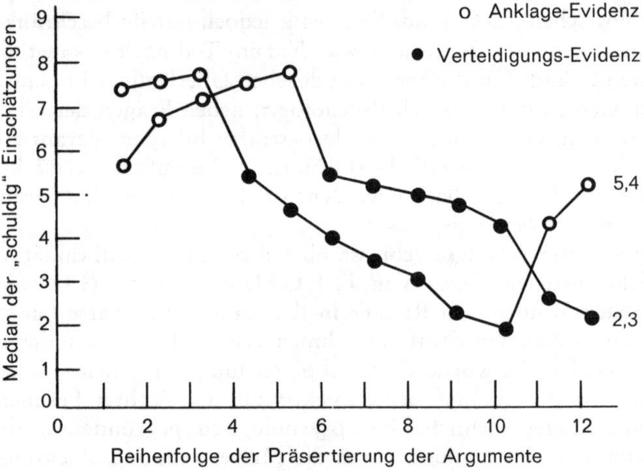

Abb. 34: Die Auswirkungen der Reihenfolge der Darbietung auf die Beeinflußbarkeit der Evidenz (nach: H. P. WELD und M. ROFF, 1938; aus: A. ANASTASI, 1973, S. 680).

Es zeigt sich, daß die Studenten den Angeklagten eher als schuldig einzuschätzen geneigt waren, wenn sie zuvor die Argumente der Anklage gehört, und eher als nicht schuldig, wenn sie zuvor die Argumente der Verteidigung gehört hatten. Darüber hinaus demonstriert diese Untersuchung den besonderen Einfluß der zuerst, vor allem aber auch der zuletzt vorgebrachten Argumente auf die endgültige Entscheidungsfindung (vgl. Kap. Sozialpsychologie, spez.: Versuche zur Eindrucksgewinnung von S. E. ASCH).

4.3. Kriminalpsychologie

Die *Kriminalpsychologie* als Grundwissenschaft und Teildisziplin der Kriminologie ist von der Forensischen Psychologie als angewandter Disziplin abzugrenzen. Da die Forensische Psychologie jedoch in wesentlichen Punkten auch auf Theorien und Erkenntnissen der Kriminalpsychologie aufbaut, soll diese hier kurz erwähnt werden. Hauptanliegen der Kriminalpsychologie ist die Erforschung der Ursachen und Entstehungsbedingungen kriminellen Verhaltens. Im besonderen geht es ihr um die Analyse der psychologischen, sozialpsychologischen und situativen Bedingungen der Tat sowie die Diagnostik der Persönlichkeitsmerkmale des Täters. Seitdem der italienische Anthropologe C. LOMBROSO (1835–1909) in der zweiten Hälfte des vorigen Jahrhunderts seine Theorie vom »geborenen Verbrecher« aufgestellt und damit weitere kriminalwissenschaftliche Forschungen angeregt hatte, wurde immer wieder der Versuch unternommen, zuverlässige Kriterien für die Abgrenzung und Unterscheidung krimineller Personen von nichtkriminellen Personen zu finden. Hatte LOMBROSO diese Kriterien noch in körperlichen Merkmalen und Anomalien gesucht, vertrat man in der Zeit nach der Jahrhundertwende mehr den Standpunkt, daß in erster Linie geistige Mängel und Minderwertigkeiten als Ursachen der Kriminalität anzusehen seien. E. KRETSCHMER konnte dann erstmals gewisse Zusammenhänge zwischen der Art eines Verbrechens und dem Körperbau- und Temperamentstyp eines Täters nachweisen. So neigen beispielsweise pyknische Menschen (als statistische Gruppe) weit weniger zu Gewalttaten und Schwerverbrechen als etwa athletische und leptosome Menschen. Im konkreten Einzelfall ist es hingegen recht schwer und oftmals überhaupt nicht möglich, verläßliche Angaben darüber zu machen, welche kriminelle Verhaltensform bei einer bestimmten Persönlichkeit zu erwarten ist; daher kann es sich meist nur um Wahrscheinlichkeitsaussagen handeln, die neben den kriminelles Verhalten begünstigenden Persönlichkeitsfaktoren (z. B. Impulsivität, Gemütsarmut, niedrige Intelligenz) auch die »situativen« und »sozialen« Bedingungen mit zu berücksichtigen haben. So hat das Ehepaar S. u. E. GLUECK in einer langjährigen Untersuchungsreihe den entscheidenden Einfluß der frühen Sozialisationsbedingungen auf die Herausbildung krimineller Verhaltensformen nachgewiesen; gestörte Familienverhältnisse, eine unglückliche Eltern-Kind-Beziehung, schlechte Lebensbedingungen, ein niedriger sozio-ökonomischer Status und ein geringes Ausbildungsniveau der Eltern sind nur einige der Faktoren, die im Vorleben der kriminell gewordenen Personen eine besondere Rolle gespielt hatten. Von daher ist das Fehlverhalten des Kriminellen, den HOFSTÄTTER als einen »in seinen sozialen Bezügen gestörten Menschen« (1964, S. 107) beschreibt, im wesentlichen darauf zurückzuführen, daß die für die Übernahme zwischenmenschlicher und gesellschaftlicher Wertmaßstäbe und Verhaltensnormen notwendigen psychischen Fähigkeiten, wie beispielsweise Selbstwertgefühl, Leistungsvertrauen und Frustrationstoleranz, in den entscheidenden Phasen der individuellen Entwicklung nicht erworben werden konnten.

4.4. Psychologie des Strafvollzugs

Im Rahmen des *Strafvollzugs* tätige Psychologen stehen heute vor der nicht einfachen Aufgabe, kriminell gewordene Personen, deren Vergehen und Verbrechen nachweisbar nicht allein auf persönlichem Versagen beruhen (z. B. bei Entwicklungstätern oder Konflikttätern), dennoch ausschließlich individuell auf die Wiedereingliederung in die Gesellschaft (Resozialisierung) vorzubereiten. Dabei kommt erschwerend noch hinzu, daß die zum Teil auch neurotischen Gefangenen während der Haft Bedingungen der sensorischen und sozialen Deprivation unterworfen sind, die ihrerseits wieder kriminogen wirken können; es sei hier nur an die Reizarmut, die Eintönigkeit, die soziale Isolierung, die Kontaktarmut und die sexuellen Probleme erinnert, mit denen sich Gefangene in der Anstaltssituation konfrontiert sehen. Weit davon entfernt, die Delikte von Strafgefangenen entschuldigen oder in ihrem für die Allgemeinheit oft bedrohlichen Charakter schmälern zu wollen, müssen Psychologen und Sozialpädagogen bei der Betreuung und dem oft erstmaligen Versuch einer »Sozialisierung« dieser Personen dennoch von der Erkenntnis ausgehen, daß die Einengung der für die psychische Gesundheit und die Gemeinschaftsfähigkeit notwendigen Grundbedürfnisse eines Menschen auch bei inhaftierten Personen zu Erlebens- und Verhaltensanomalien führen, die dann eine erfolgversprechende Resozialisierung als sehr zweifelhaft erscheinen lassen. Von daher kann ein nach dem Prinzip der Vergeltung organisierter Strafvollzug weder im Interesse der Gesellschaft noch in dem des Gefangenen liegen. Vielmehr kommt es in einem modernen Strafvollzug darauf an, Gefangenen über heilpädagogische und psychotherapeutische Maßnahmen zu mehr Lebensfähigkeit zu verhelfen und ihnen stufenweise (z. B. über offene Anstalten) die Wiedereingliederung in die Gesellschaft zu ermöglichen.

5. Pädagogische Psychologie

5.1. *Einführung*

Die wissenschaftliche Begründung der *Pädagogischen Psychologie* wird heute allgemein auf die Zeit vor dem 1. Weltkrieg festgesetzt, als E. MEUMANN (1862–1915) mit seinen »Vorlesungen zur Einführung in die experimentelle Pädagogik und ihre psychologischen Grundlagen« (1911–1914) erstmalig Anregungen für eine empirisch fundierte Pädagogik gab. Hatte man bisher die Ergebnisse der Experimentellen Psychologie auf das Gebiet der Pädagogik lediglich übertragen, so bahnte sich jetzt eine Entwicklung an, in der es bis in unsere Tage hinein um die Öffnung des pädagogischen Raumes für seine methodische Überprüfung, Objektivierung und Versachlichung geht. Von daher versteht sich die Pädagogische Psychologie heute nicht mehr nur als reine Anwendungsdisziplin der (Allgemeinen) Psychologie, sondern sie ist selbst um die »wissenschaftliche Erforschung der psychischen Seite der Erziehung« (A. FISCHER, 1917, S. 116f.) bemüht. Das bedeutet, daß sich im schulischen Sektor, dem eigentlichen Forschungs- und Anwendungsbereich der Pädagogischen Psychologie, nicht ausschließlich die Person des Lernenden im Brennpunkt des Interesses befindet, sondern ebenso die sozialpsychologischen und situationsspezifischen Bedingungsfaktoren schulischen Lernverhaltens untersucht werden müssen. Hierzu zählen u. a. die Gruppenstruktur einer Klasse, der Führungsstil des Lehrers, die Unterrichtsform (z. B. Frontal- oder Gruppenunterricht), die Methoden der Leistungsbewertung (s. Fragwürdigkeit der Noten), die Position eines Schülers in der Klassengemeinschaft (z. B. Außenseiter, Clown, usw.) und die »Behandlung lern- und verhaltensgestörter Schüler« durch Mitschüler und Lehrpersonen. Gerade aus dem letztgenannten Punkt ergibt sich für die Pädagogische Psychologie die besondere Aufgabe der Diagnostik und Therapie von Lernstörungen, die heute in der alltäglichen Schulpraxis in nicht wenigen Fällen immer noch als bloße Begabungs- und Intelligenzmängel abgetan oder aber vornehmlich dem Schüler selbst als dessen Versagen angelastet werden.

Ein ganz neuer Weg, schulischen Lern- und Verhaltensauffälligkeiten zu begegnen, wird derzeit in einem schwedischen Schulmodell beschritten*). In diesem »Modell von Malmö« werden

* Nach einem Bericht des Deutschen Fernsehens (WDR I) vom 3. Dezember 1972.

15 Schüler in einer den jeweiligen Erfordernissen entsprechenden Kombination von Einzel- und Sammelunterricht ganztägig unterwiesen und, soweit notwendig, in einer angegliederten Schulklinik*) psychagogisch betreut. Diese Schulklinik hat sich folgende Aufgaben gestellt:

1. Leistungsschwächen der Schüler, beispielsweise im Lesen, in der Rechtschreibung oder im Zahlenerfassen, frühzeitig zu erkennen und durch Lehrer mit psychologischer Zusatzausbildung beheben zu lassen (*Prophylaxe*).
2. Auffassungs- und Lernschwierigkeiten während des Unterrichts durch gezielte und auf die jeweils betroffenen Schüler abgestellte Sofortmaßnahmen und Lernhilfen – in einem angrenzenden Gruppenraum – zu begegnen (*Ambulanz*).
3. Verhaltensstörungen von Schülern dadurch zu heilen, daß psychotherapeutisch ausgebildete Lehrer einen flexiblen Unterricht praktizieren, indem sie im Einzelfall psychologische Beratung, Therapie und individuelle Lernanregungen miteinander verbinden und sich dem Schüler als Erzieher, Therapeut und Bezugsperson zuwenden *(Therapie)*.

Das entscheidend Neue dieses schwedischen Schulmodells, dessen Untersuchungsergebnisse bisher noch ausstehen, liegt in den durch die Schulpsychologische Klinik gebotenen Möglichkeiten der Sofortbetreuung lern- und verhaltensgestörter Schüler und damit in der Vermeidung einer Ausweitung der oft nur vorübergehenden und bereichsweise auftretenden Lernprobleme zu andauernden Persönlichkeitsstörungen.

5.2. Schulleistung und Intelligenz

Ein im Rahmen der Pädagogischen Psychologie zentrales Thema ist die Beziehung zwischen *Schulleistung und Intelligenz*. Während die Intelligenz mit Hilfe wissenschaftlicher Tests objektiv erfaßt werden kann, spiegelt sich die Schulleistung in der Notengebung des Lehrers wider. Die Beantwortung der Frage, inwieweit schulische Leistung und intellektuelle Be-

* Der in diesem Zusammenhang benutzte und in den angloamerikanischen Ländern seit langem übliche Begriff »Klinik« umfaßt »alle Institutionen, in welchen heilend oder vorbeugend mit kranken, gefährdeten oder anpassungsgestörten Menschen umgegangen wird« (W. J. SCHRAML, 1969, S. 10). – In der BRD werden die Aufgaben der Untersuchung, Beratung und Therapie leistungs- und verhaltensgestörter Schüler in zentral gelegenen »Schulpsychologischen Beratungsstellen« oder auch in »Erziehungsberatungsstellen« durchgeführt.

fähigung miteinander zu tun haben, setzt somit den – korrelationsstatistischen – Vergleich der gemessenen Intelligenzleistungen (= Testergebnis) mit den beurteilten Schulleistungen (= Noten) voraus. Nun tendieren wir heute meist immer noch dazu, die schulische Leistungsfähigkeit vorwiegend oder gar ausschließlich in Abhängigkeit von der Intelligenz zu sehen. Schulleistung und Schulerfolg sind jedoch im überwiegenden Maße von anderen Faktoren abhängig und werden nur zu etwa 20 bis 25 Prozent von der Intelligenz bestimmt. Zu den anderen Faktoren zählen auf der Seite des Schülers der Grad der emotionalen Stabilität, die zum Beispiel in der pubertären Entwicklungsphase oder auf Grund einer neurotischen Fehlentwicklung vermindert sein kann, das persönliche Anspruchsniveau, die Motivationslage und die Erfolgszuversichtlichkeit, die jeweils vorhandenen Interessen und Neigungen, das individuelle Arbeitsverhalten und die spezifischen Lerntechniken sowie die soziale Geborgenheit und Anpassungsfähigkeit. Daneben haben die sozialen Umfeldbedingungen der Klasse, des Elternhauses (z. B. Erziehungsstil der Eltern, Geschwisterposition des Kindes) und der gleichaltrigen Freundesgruppe einen bedeutsamen Einfluß auf das Leistungsverhalten eines Schülers. Nicht zu vergessen sind in diesem Zusammenhang auch die sprachliche Benachteiligung der Unterschichtkinder gegenüber Schülern aus der Mittel- und Oberschicht und die diskriminierenden sozialen Vorurteile, die Kindern und Jugendlichen aus gesellschaftlichen Randgruppen (z. B. Obdachlose, Zigeuner, Gastarbeiter, usw.) entgegengebracht werden. Auf seiten des Lehrers ist es vor allem der praktizierte Führungs- und Unterrichtsstil, der mit darüber entscheidet, inwieweit Schüler in ihrem Lern- und Arbeitsverhalten angeregt und ermutigt oder aber eingeengt und gehemmt werden. So ist es nach einer Untersuchung von W. WIECZEROKOWSKI et al. (1969) über die »Verminderung von Angst und Neurotizismus bei Schülern durch positive Bekräftigungen von Lehrern im Schulunterricht« möglich, »durch gezielte, partielle Zuwendung die Ängstlichkeit in Schülern zu vermindern und dadurch das Zutrauen zu eigener Arbeit zu erhöhen« (S. 10).

Die Beziehung zwischen der in *Noten* zum Ausdruck kommenden Schulleistung und der wahren intellektuellen und schöpferischen Begabung eines Schülers hängt außerdem von der Fähigkeit des Lehrers ab, Leistungen von Schülern individuell zutreffend und objektiv zu beurteilen. Daß jedoch Lehrer hierin in den allermeisten Fällen überfordert sind, liegt daran, daß sie lediglich die jeweilige Klasse und meist auch nur wenige Fächer als Bezugssystem für ihre Notengebung besitzen, von der fragwürdigen Orientierung an äußeren, sachfremden Verhaltensmerkmalen des Schülers einmal abgesehen. Hat ein Lehrer Informationen über das Bildungsniveau und den Berufsstand der Eltern, kann dies, wie Untersuchungen ergeben haben, die Einschätzung der Intelligenz sowie die Beurteilung der Leistungen von Schülern wesentlich beeinflussen. Weiter hat es sich gezeigt, daß nicht nur derselbe Aufsatz eines Schülers von mehreren Lehrern unterschiedlich eingestuft wird, sondern daß auch derselbe Lehrer einen bestimmten Aufsatz eines ihm namentlich unbekannten Schülers zu verschiedenen Zeitpunkten uneinheitlich bewerten kann.

Ferner konnte ein positiver Zusammenhang zwischen der Intelligenz eines Beurteilers und der Einschätzung der Intelligenz anderer durch eben diesen Beurteiler festgestellt werden. Intelligenz und Begabungen eines Schülers können von einem Lehrer im Rahmen des bisherigen Schulsystems dann etwas besser eingeschätzt werden, wenn der Lehrer kleine Klassen in mehreren Fächern über einen längeren Zeitraum hinweg unterrichtet. Ist hingegen ein Lehrer gezwungen, eine große Klasse in nur einem einzigen Fachgebiet vorübergehend zu betreuen, ist die Wahrscheinlichkeit, daß Fehlbeurteilungen vorkommen und Vorurteile über bestimmte Schüler von Lehrer zu Lehrer »weitergereicht« werden, sehr viel größer. Bei einem Wechsel des Lehrers, der Klasse oder auch der Schule kann sich der Leistungsstand eines Schülers erheblich nach unten, seltener nach oben, verschieben, obwohl die Anstrengungen des betreffenden Schülers nach wie vor die gleichen sind. Derartige Urteilsdiskrepanzen, die sich in einem Unterschied von mehr als zwei Noteneinheiten innerhalb eines Schuljahres manifestieren können, sind keineswegs nur durch individuelle Leistungsschwankungen des Schülers, beispielsweise auf Grund einer veränderten Motivationslage, zu erklären.

Daß die Schulnoten keinen wirklich verläßlichen Maßstab darstellen, zeigt sich u. a. auch in dem niedrigen Voraussagewert, den die Noten der Schulzeugnisse oder auch schriftlicher Prüfungen, die nicht auf wissenschaftlichen Tests basieren, für einen Leistungserfolg auf weiterführenden Schulen oder im späteren Studium haben. In einer von W. KNOCHE durchgeführten Untersuchung war lediglich die Hälfte der von der Grundschule für das Gymnasium ohne Bedenken empfohlenen Schüler ohne Unterbrechung bis zur Mittleren Reife gekommen, und etwa 30 Prozent der Bewerber hatten in den ersten fünf Jahren nach der Auslese versagt. KNOCHE (1965, S. 100–124) kam bezüglich der Auslesekriterien u. a. zu folgenden Ergebnissen:

1. Noten in den Fächern Deutsch und Rechnen im Zwischen- und Abschlußzeugnis der Grundschule »sind Beurteilungen der fachlichen Leistungen des Schülers als Glied eines bestimmten Klassenverbandes der abgebenden Schule«, und sie ermöglichen daher kaum eine Aussage über den voraussichtlichen Schulerfolg auf dem Gymnasium.
2. Grundschulgutachten stellen weniger ein im Sinne des Gymnasiums sachgerechtes Eignungsurteil dar, sondern sie sind eher Gesamtbeurteilungen der Schulleistungen in der Grundschule.
3. Aufnahmeprüfungen stellen vorwiegend die vorhandenen Kenntnisse und Fertigkeiten fest, und sie sind weniger dazu geeignet, etwas über die »theoretische Intelligenz«, sowohl in sprachlicher als auch mathematischer Hinsicht, auszusagen.

Daher ist es nach W. KNOCHE ausgeschlossen, dem Schüler auf Grund seiner in der Grundschule erzielten Noten die Schullaufbahn am Gymnasium sicher vorauszusagen.

Eine weitaus zuverlässigere und objektivere Urteilsgrundlage steht demgegenüber den Lehrern in zahlreichen standardisierten Testverfahren zur Verfügung. In den USA hat man in ihnen bereits ein qualifiziertes Instrument zur Prognose des Studienerfolges an Hochschulen gefunden.

Wie wenig Schulleistung und Intelligenz zuweilen übereinstimmen, läßt sich auch an solchen Schülern demonstrieren, »deren manifeste Schulleistungen erheblich nach oben oder unten von den Leistungen abweichen, die man auf Grund ihrer Intelligenz erwartet« (H. SIMONS, 1969, S. 42). Liegen Schulleistungen über dem individuellen Intelligenzniveau, sprechen wir von sog. »over-achievern«, liegen sie hingegen weit darunter, sprechen wir von sog. »under-achievern«. Allerdings kann dieses Phänomen bei einem Schüler nicht für alle Fächer verallgemeinert werden, da es sich nach SIMONS um einen weitgehend spezifischen Sachverhalt handelt, der für jeden schulisch relevanten Bereich neu bestimmt werden müsse. Dennoch zeigt sich auch hier, daß Schulleistung und Schulerfolg von weit mehr als nur intellektuellen Faktoren bestimmt werden, also eine einseitige Überbewertung des Intelligenzkonzepts unangebracht ist.

Im Bildungsbereich wird es in der Zukunft verstärkt darum gehen, Begabungen und Fähigkeiten einmal mit Hilfe objektiver Methoden zuverlässiger als bisher zu diagnostizieren und zum anderen schon frühzeitig im Rahmen der Vorschulerziehung durch umfassende Anregungen der Gesamtpersönlichkeit des Kindes zu fördern. Denn »Schulleistungen erweisen sich nicht als das Ergebnis einzelner Fähigkeiten oder Eigenschaften, sondern als das Resultat der Auseinandersetzung eines Schülers mit den Anforderungen der Schule in einer konkreten Lebenssituation« (F. WEINERT, 1965, S. 21).

5.3. Lernen zu lernen

Noch immer wird heutzutage Schülern, Lehrlingen und Studenten in zahlreichen (Hoch-)Schulen und Bildungsinstituten unendlich viel Wissenswertes gelehrt und vorgetragen, ohne daß ihnen zugleich auch Hilfen dafür an die Hand gegeben würden, wie man lernt zu lernen. Noch immer tragen Lehrer, Ausbilder und Dozenten ihren Stoff vor, ohne in der Regel zu wissen, wie er beim Schüler »ankommt«, von diesem aufgenommen, verarbeitet und behalten werden kann und diesem letztlich überhaupt verfügbar ist. Bei der heutigen Wissensexplosion und dem zunehmenden, selbst in einzelnen Teilbereichen von einem einzigen Menschen nicht mehr allein zu bewältigenden Daten- und Informationsmaterial geht es jedoch immer mehr darum, von der bloßen Wissensvermittlung wegzukommen und dafür mehr exemplarisch zu lernen, schöpferisch zu denken und kreativ zu handeln. Es geht darum, den auf Wissensakkumulation ausgerichteten Lerndruck durch eine qualitative Lernhilfe zu ersetzen. »So kann Lernen und Wissensvermittlung menschlicher werden, als die oft noch erkennbare Peinigung des Lernwilligen durch die aggressive Omnipotenzphantasie eines naiv, unreflektiert Lehrenden« (T. BROCHER, 1967, S. 17). Eine wesentliche Hilfe kann für den Schüler bereits darin bestehen, die psychologischen Bedingungen und Gesetzmäßigkeiten des Lernvorganges selbst transparent zu machen. Unter Verwendung (lern-)psychologischer Erkenntnisse könnten so etwa folgende Punkte Beachtung finden:

Bevor wir mit der Lernarbeit beginnen, fallen uns oft noch irgendwelche Dinge ein, die noch unbedingt erledigt werden müssen. Nicht selten handelt es sich hierbei jedoch um eine uns unbewußte Verzögerungstaktik und ein Hinausschieben des Arbeitsbeginns bis zu dem Augenblick, in dem wir etwa infolge einer inzwischen eingetretenen Ermüdung dann einen wirklichen Grund dafür haben, die ganze Sache noch einmal zu vertagen. Daß wir uns so verhalten, kann zuweilen darin begründet liegen, daß wir bereits schlechte Erfahrungen entweder mit einem bestimmten Lernstoff oder dem Lernen ganz allgemein gemacht haben. Daher sollte die Lernsituation so anregend wie möglich gestaltet sein. Dazu gehört zunächst, daß der Lernende körperlich ausgeruht und erholt ist, da die Beweglichkeit des Denkens mit zunehmender physischer Ermüdung, die durchaus nicht immer sofort subjektiv spürbar sein muß, nachläßt und starrer (rigider) wird. Die Einnahme aufputschender Mittel (z. B. Coffein) mag hier zwar den allgemeinen Wachheitsgrad des Lernenden erlebnismäßig erhöhen, die eigentlichen Denkvorgänge werden hiervon jedoch weniger berührt, als wir gewöhnlich anzunehmen pflegen. Ferner sollte die Beleuchtung am Arbeitsplatz möglichst indirekt und blendfrei angeordnet sein, um Ermüdungen der Augen von daher bereits vorzubeugen. Völlige Stille ist beim Lernen ungünstig, da die psychophysischen Funktionen des Menschen stets einer gewissen Anregung bedürfen, um funktionstüchtig sein zu können; doch sollte der Lernende selbst mitbestimmen dürfen, von welcher Art, Intensität und Dauer die leichten akustischen Anregungen beim Lernen sein sollen.

Entscheidend für den gesamten Ablauf des Lernens ist, daß es in einer emotional entspannten und aufgeschlossenen Atmosphäre stattfindet und sich der Lernende einer Reihe von Fremdanregungen bedienen kann – so zum Beispiel, wenn Eltern in der Zeit, in der ihre Kinder Hausaufgaben erledigen, ebenfalls Studien betreiben oder ähnliche Arbeiten ausführen. Angst- und Streßsituationen, zuweilen durch ein übermäßig kontrollierendes Erziehungsverhalten der Erwachsenen hervorgerufen, sollten möglichst vermieden werden, da das Denken unter emotionaler Anspannung weniger flexibel und sachbezogen, dafür sehr viel mehr ichbezogen und stereotypisierend verläuft. Denken vollzieht sich als ein Such- und Umwegverhalten und erfordert daher einen Spannungsbogen, der von dem Lernenden um so besser durchgehalten zu werden vermag, desto mehr er sich auch sonst als Kind in der Familie oder Schüler in der Klasse akzeptiert, ermutigt und anerkannt fühlt. Grundvoraussetzung jeglichen Lernens ist das Vorhandensein einer Lernmotivation, die zum großen Teil auch von dem zu erwartenden Erfolg mitbestimmt wird. Lernerfolge sind um so eher möglich, je realistischer das persönliche Anspruchsniveau auf den jeweiligen Lernstoff abgestellt ist und je mehr erreichbare Zwischenziele gesetzt werden. Lernen sollte auf kurzfristige und überschaubare Ziele hin ausgerichtet sein und sich zudem so weit als möglich auf primäre Motive (z. B. Neugierde) zu stützen suchen. Das kann zuweilen bedeuten, daß gerade dann gelernt wird, wenn ein aktueller Anlaß oder ein brennendes Problem dazu motivieren, und nicht erst im nachhinein zu einem Zeitpunkt, in dem der betreffende Sachverhalt dem Lernenden weit weniger deutlich und anschaulich vor Augen steht und dieser nur noch eine geringe innere Beziehung zu dem Sachverhalt besitzt.

Neben einer bewußten Absicht und Einstellung erfordert Lernen immer auch eine sogenannte »Anwärmphase« (warming up), die wohl intra- und interindividuell unterschiedlich ist, im allgemeinen jedoch etwa eine halbe Stunde dauert, da sich der Organismus des Lernenden auf die erhöhte psychophysische Belastung umstellen muß. Nicht selten werden aber diese Anfangsschwierigkeiten beim Lernen als fehlendes Interesse und fehlende Bereitschaft, überhaupt etwas zu tun, mißverstanden. Um jedoch über diese Eingewöhnungsphase hinwegzukommen, ist es immer ratsam, mit einem leichten und anregenden Stoffgebiet, das in jedem Falle zum Erfolg führt und daher zum Weitermachen ermutigt, zu beginnen. Der gesamte Lernstoff sollte so zusammengestellt sein, daß einander ähnliche Inhalte (z. B. Sprachen) nicht unmittelbar hintereinander gelernt werden müssen. Umfangreiches und sehr komplexes Material sollte eher nach der Methode des verteilten Lernens, kurzer Lernstoff kann dagegen nach der Methode des massierten Lernens erarbeitet werden. Es ist immer günstig, sich Lerninhalte in verschiedenen Darstellungsformen und in unterschiedlichen Zusammenhängen anzueignen und dabei den Aspekt ihrer Übertragbarkeit (Transfer) bewußt mit zu berücksichtigen. Die Effektivität des Lernens erhöht sich, wenn möglichst viele Sinnesbereiche gleichzeitig angesprochen werden – wie zum Beispiel beim Diktat, beim programmierten Lernen oder bei der Gruppenarbeit –, wenn nach dem für ein Individuum charakteristischen persönlichen Tempo vorgegangen wird und bei dem Lernenden ein mittlerer Aktivationsgrad vorhanden ist; eine zu hohe Aktivation oder psycho-physische Anspannung engt die Beweglichkeit und Umstellfähigkeit des Denkens, insbesondere bei schwierigem Lernmaterial, wieder ein, was u. a. bedeutet (zum Beispiel bei der Prüfungsangst), daß verfügbare Kenntnisse und Einsichten momentan nicht abrufbar sind. Um das Auftreten psychischer Sättigung beim Lernen zu verhindern, sollte das Lerngebiet nach nicht zu langer Zeit gewechselt und rechtzeitig eine Pause eingelegt werden; Pausen haben in diesem Zusammenhang nicht nur den Sinn der physischen und psychischen Erholung, sondern sie haben auch die Funktion, das Behalten des zuvor Gelernten

dadurch, daß keine weiteren (überdeckenden) Lerninhalte mehr aufgenommen werden, zu erleichtern. Kommt es im Verlaufe des Lernens zur Ausbildung von Lernplateaus, d. h. Lernphasen, in denen das Lernen stagniert und momentan keine weiteren Fortschritte erzielt werden, kann dies in der Komplexität und Unüberschaubarkeit des Stoffes, in einem unangemessenen Unterrichtsstil der Lehrperson, in einer Überforderung des Schülers, in einem falschen Lern- und Arbeitstempo des Schülers, in mangelndem Leistungsvertrauen oder in einer zu geringen Übereinstimmung zwischen den sachlichen Anforderungen und den individuellen Eignungsvoraussetzungen begründet liegen. Unter Beachtung der oben genannten Punkte lassen sich Lernplateaus meist schnell wieder überwinden.
Ziel jeglichen Lernens sollte es sein, die einzelnen Lerninhalte in Grundgedanken und Einstellungen festzuhalten und in größere Zusammenhänge und Beziehungsgefüge einzuordnen, um so ihre Funktion und Stellung im ganzen bestimmen zu können. Und schließlich sollten die Bedingungen und Umstände des Lernens so gestaltet werden, daß es zum Schluß hin zu einem wenn auch nur kleinen Leistungserfolg oder einem positiven Lernerlebnis kommen kann. Denn nicht zuletzt hängt davon ab, ob und in welcher Weise Lernen zu späteren Zeitpunkten wiederaufgenommen werden wird.

Adressen psychologischer Einrichtungen

Berufsverband Deutscher Psychologen e.V. (BDP)
Hauptgeschäftsstelle
6 Frankfurt/Main
Freiherr-vom-Stein-Straße 48, Tel. (06 11) 72 88 92

Bundeskonferenz für Erziehungsberatung e.V.
Gesellschaft für Beratung und Therapie von Kindern, Jugendlichen und Eltern
8510 Fürth
Blumenstraße 22, Tel. (09 11) 77 93 95

Deutsche Gesellschaft für Personalwesen e.V.
6 Frankfurt/Main
Hansaallee 23
Tel. (06 11) 55 77 80

3 Hannover
Am Karl-Peters-Platz 2
Tel. (05 11) 80 14 54

Deutsche Gesellschaft für Psychologie e.V. (DGP)
Institut für Psychologie
355 Marburg/Lahn
Gutenbergstraße 18, Tel. (0 64 21) 69 36 32

Gesellschaft für Psychologie in der DDR
102 Berlin-Ost
Oranienburger Straße 18, Tel. 42 50 91

Institut für Bildungsplanung und Studieninformation
7 Stuttgart 1
Paulinenstraße 28, Tel. (07 11) 2 49 32 01

Sigmund-Freud-Institut
6 Frankfurt/Main
Myliusstraße 20, Tel. (06 11) 72 92 45

Literaturverzeichnis

Adler, A.: Der Sinn des Lebens, Wien 1933.

Adler, A.: Menschenkenntnis, Frankfurt/Main 1966.

Allport, G. W.: Persönlichkeit, Meisenheim 1959.

Anastasi, A.: Differential Psychology, New York 1971.

Anastasi, A.: Angewandte Psychologie, Beltz Verlag, Weinheim/Basel 1973.

Andriessen, H.: Psychologie des Erwachsenenalters, Köln 1972.

Arbeitsgruppe Alternsforschung Bonn: Altern – psychologisch gesehen, Braunschweig 1971.

Aristoteles: Über die Seele, Hamburg 1968.

Arnold, W. et al. (Hrsg.): Lex. d. Psychol., Bd. 1–3, Freiburg/Basel/Wien 1972.

Ausubel, D. P.: Das Jugendalter, München 1971 (3. Aufl.).

Bauer, H.: Zur Selbsterkenntnis des Durchschnittsmenschen (unveröffentlichte Dissertation), Wien 1948, zit. in: H. Rohracher: Kleine Charakterkunde, Urban u. Schwarzenberg, Wien 1948.

Berger, H.: Über das Elektroenzephalogramm des Menschen, in: Arch. Psychiat. Nervenkrankh. 87, 1929, u. 98, 1933.

Blau, G. und Müller-Luckmann, E. (Hrsg.): Gerichtliche Psychologie, Neuwied/Berlin 1962.

Boring, E. G.: A history of experimental psychology, New York 1950.

Bornemann, E.: Betriebspsychologie, Wiesbaden 1967.

Brengelmann, J. C.: Persönlichkeit, in: R. Meili und H. Rohracher (Hrsg.): Lehrbuch der experimentellen Psychologie, Stuttgart/Bern 1963.

Brenner, Ch.: Grundzüge der Psychoanalyse, Frankfurt/Main 1967.

Brocher, T.: Gruppendynamik und Erwachsenenbildung, Braunschweig 1967.

Brocher, T.: Psychosexuelle Grundlagen der Entwicklung, Opladen 1971.

Bühler, Ch.: Der menschliche Lebenslauf als psychologisches Problem, Göttingen 1959 (2. Aufl.).

Bühler, Ch.: Psychologie im Leben unserer Zeit, Droemer-Knaur, München/Zürich 1962 u. Verl. f. Psychol. Dr. Hogrefe, Göttingen.

Bühler, Ch.: Wenn das Leben gelingen soll, München/Zürich 1972.

Burt, C.: The genetic determination of differences in intelligence: a study of monocygotic twins reared together and apart, in: Brit. J. Psychol. 57, 1966.
Busemann, A.: Psychologie der späten Kindheit und des Jugendalters, in: D. und R. Katz (Hrsg.): Kleines Handbuch der Psychologie, Basel/Stuttgart 1972.

Cattell, R. B.: Personality, Mc. Graw Hill, London/New York 1950.
Coerper, C., et al. (Hrsg.): Deutsche Nachkriegskinder. Methoden und erste Ergebnisse der deutschen Längsschnittuntersuchung über die körperliche und seelische Entwicklung im Schulkindalter, Stuttgart 1954.
Correll, W.: Lernpsychologie, Donauwörth 1967.
Correll, W.: Programmiertes Lernen und schöpferisches Denken, München 1971 (6. Aufl.).
Correll, W.: Lernen und Verhalten, Frankfurt/Main 1971.
Cronbach, L. J.: Einführung in die Pädagogische Psychologie, Weinheim/Berlin/Basel 1971.

Diederichsen, U.: Einführung in das wissenschaftliche Denken, Düsseldorf 1970.
Dietrich, G., und Walter, H.: Grundbegriffe der psychologischen Fachsprache, München 1970.
Dilthey, W.: Ideen über eine beschreibende und zergliedernde Psychologie, Ges. Werke, Bd. 5, Leipzig 1894.
Dorsch, F.: Psychologisches Wörterbuch, Hamburg 1959.
Dührssen, A.: Psychogene Erkrankungen bei Kindern und Jugendlichen, Göttingen 1960, 1972 (9. Aufl.).
Duncker, K.: Zur Psychologie des produktiven Denkens, Berlin 1963.

Ewert, O. M. (Hrsg.): Entwicklungspsychologie, Bd. 1, Köln 1972.

Fischer, A.: Über Begriff und Aufgabe der pädagogischen Psychologie, in: Zschr. f. Päd. Psychol. und experim. Päd. 18, 1917.
Flanagan, G. L.: Die ersten neun Monate des Lebens, Hamburg 1968.
Frankl, V. E.: Der unbewußte Gott, Wien 1949.
Frankl, V. E.: Der Mensch auf der Suche nach Sinn, Freiburg i. Br. 1972.
Freud, S.: Gesammelte Werke, Bd. 1–18, Imago Publ., London 1940 bis 1955, u. Fischer Verlag, Ffm.

Galton, F.: Hereditary Genius, its Laws and Consequences, London 1869.
Gaudet, F. J., et al.: Individual differences in penitentiary sentences given by different judges, in: J. appl. Psychol. 18, 1934.
Gesell, A.: Studies on child development, New York 1945.
Gottschaldt, K.: Das Problem der Phänogenetik der Persönlichkeit, in: Handb. der Psychol., Bd. 4, Göttingen 1960.

Graumann, C. F. (Hrsg.): Denken, Köln/Berlin 1965.

Graumann, C. F.: Motivation, Frankfurt/Main, 1970.

Groffmann, K. J.: Die Entwicklung der Intelligenzmessung, in: Handb. der Psychol., Bd. 6, Göttingen 1971.

Guilford, J. P.: Persönlichkeit, Beltz Verlag, Weinheim 1965 (2./3. Aufl.) u. Mc. Graw Hill, N. York.

Guttmann, G.: Einführung in die Neuropsychologie, Verlag Hans Huber, Bern/Stuttgart/Wien 1972.

Hall, C. S.: Emotional behavior in the rat, in: J. comp. Psychol. 24, 1937.

Harlow, H. F.: The Nature of Love, in: Amer. Psychologist 13, 1958.

Hartley, E. L., & Hartley, R. E.: Die Grundlagen der Sozialpsychologie, Berlin 1969.

Haseloff, O. W.: Struktur und Dynamik des menschlichen Verhaltens, Stuttgart 1970.

Heckhausen, H.: Motivation in der Leistungsgesellschaft, in: O. W. Haseloff: Struktur und Dynamik des menschlichen Verhaltens, Stuttgart 1970.

Hehlmann, W.: Geschichte der Psychologie, Stuttgart 1963.

Hellpach, W.: Typenschauregel – Typenwerderegel – Typenschwellenregel, in: Arch. ges. Psychol. 97, 1936.

Hemling, H.: Die Einstellung von Gymnasiasten zur Idee der politischen Einigung Europas (unveröffentl. Arbeit), Frankfurt/Main 1969.

Höhn, E., und Seidel, G.: Soziometrie, in: Handb. der Psychol., Bd. 7./1., Göttingen 1969.

Hofstätter, P. R.: Tiefenpsychologische Persönlichkeits-Theorien, in: Handb. der Psychol., Bd. 4, Göttingen 1960.

Hofstätter, P. R.: Einführung in die quantitativen Methoden der Psychologie, J. A. Barth Verlag, München 1953.

Hofstätter, P. R.: Gruppendynamik, Hamburg 1964.

Hofstätter, P. R.: Psychologie, Fischer Verlag, Frankfurt/Main 1957, 1964.

Hofstätter, P. R.: Differentielle Psychologie, A. Kröner Verlag, Stuttgart 1971.

Hurlock, E. B.: Die Entwicklung des Kindes, Weinheim 1970.

Ingenkamp, K. (Hrsg.): Die Fragwürdigkeit der Zensurengebung, Weinheim/Berlin/Basel 1971 (2. Aufl.).

Jacobi, J.: Jungs Analytische Psychologie, in: D. und R. Katz (Hrsg.): Kleines Handbuch der Psychologie, Stuttgart 1972.

Jaensch, E.: Grundformen menschlichen Seins, Leipzig 1929.

Jung, C. G.: Seelenprobleme der Gegenwart; Psychol. Abhandl., Bd. 3, Zürich 1946.

Jung, C. G.: Psychologische Typen, Zürich 1950.

Jung, C. G.: Die Beziehungen zwischen dem Ich und dem Unbewußten, Olten und Freiburg i. Br. 1971.

Katz, D. & R. (Hrsg.): Kleines Handbuch der Psychologie, Basel/Stuttgart 1972.

Kentler, H., et al.: Jugend im Urlaub, Bd. I+II, Weinheim/Berlin/Basel 1969.

Knoche, W.: Zum prognostischen Wert der Auslesekriterien für das Gymnasium der BRD, in: Paedagogica Europaea, Bd. 1, 1965.

Koch, J.: Der Einfluß der frühen Bewegungsstimulation auf die motorische und psychische Entwicklung des Säuglings, in: M. Irle (Hrsg.): Bericht über den 26. Kongreß der DGfPs., Tübingen 1969 (Verlag f. Psychol. Dr. Hogrefe, Göttingen).

Kornadt, H. J., und Wirsing, M.: Erziehungsmethoden und frühkindliches Verhalten, in: Psychol. Beitr. 5, 1960.

Kraak, B.: Entstehung, Auswirkungen und Änderung von Einstellungen, in: A. Schick (Hrsg.): Aktuelle Themen der Psychologie, Bd. 1, Stuttgart 1972.

Krech, D., und Crutchfield, R. S.: Grundlagen der Psychologie, Bd. 1+2, J. Beltz, Weinheim 1971.

Kretschmer, E.: Körperbau und Charakter, Springer Verlag, Berlin/Göttingen/Heidelberg 1961 (23./24. Aufl.).

Kroh, O.: Entwicklungspsychologie des Grundschulkindes, Teil 1, Weinheim 1967 (16./19. Aufl.).

Leavitt, H. J.: Some effects of certain communication, patterns on group performance, in: J. of Abn. and Soc. Psychol. 46, 38–50, N. York, 1951.

Lehr, U.: Positive und negative Einstellung zu einzelnen Lebensaltern, in: H. Thomae und U. Lehr: Altern, Frankfurt/Main 1968.

Lehr, U.: Veränderungen der Daseinsthematik der Frau im Erwachsenenalter, in: H. Thomae und U. Lehr (Hrsg.): Altern, Probleme und Tatsachen, Frankfurt/Main 1968.

Lersch, Ph.: Der Mensch als soziales Wesen, München 1965.

Lersch, Ph.: Aufbau der Person, München 1970 (11. Aufl.).

Lewin, K.: Grundzüge der topologischen Psychologie, Bern/Stuttgart/Wien 1969.

Liddell, H. S.: Conditioned Reflex Method and Experimental Neurosis, in: J. M. Hunt: Personality and the Disorders, Vol. I, New York 1944.

Lienert, G.: Testaufbau und Testanalyse, Weinheim/Berlin 1961.

Lindgren, H. C.: Einführung in die Sozialpsychologie, Weinheim/Basel 1973.

Luria, A.: Das Gehirn: Struktur und Funktion, in: Bild d. Wiss. 7, 1971.

Maier, N. R. F.: Animal Neurosis, in: Ph. L. Harriman: Encyclopedia of Psychology, New York 1946.

Mann, Leon: Sozialpsychologie, Weinheim/Basel 1972.
Maslow, A. H.: Motivation and personality, New York 1954.
Massermann, J. H.: Behavior and Neurosis, Chicago 1946.
Mayer, A.: Die Betriebspsychologie in einer technisierten Welt, in: Handb. der Psychol., Bd. 9, Göttingen 1970.
McKellar, P.: Denken und Vorstellung, in: Bild d. Wiss. 5, 1969.
Mead, M.: Epilog, in: M. Fried et al. (Hrsg.): Der Krieg, Frankfurt/Main 1971.
Meili, R.: Angstentstehung bei Kleinkindern, in: O. M. Ewert (Hrsg.): Entwicklungspsychologie, Bd. 1, Köln 1972.
Meili, R., u. Rohracher, H. (Hrsg.): Lehrbuch der experimentellen Psychologie, Hans Huber Verlag, Bern u. Stuttgart 1963.
Merz, F.: Grundlegende Ideen, Methoden und Entwicklungstendenzen der differentiellen Psychologie, in: D. & R. Katz (Hrsg.): Kleines Handbuch der Psychologie, Stuttgart 1972.
Merz, F., & Giesen, H.: Lehrbuch der Differentiellen Psychologie, Göttingen (in Vorb.).
Metzger, W.: Psychologie, Dresden/Leipzig 1941.
Metzger, W.: Schöpferische Freiheit, Frankfurt/Main 1962.
Michotte, A.: Die Kausalitätswahrnehmung, in: Handb. d. Psychol., Bd. 1/1, Verl. f. Psychol. Dr. Hogrefe, Göttingen, 1966.
Mitscherlich, A. und M.: Eine deutsche Art zu lieben, München 1970.
Mitscherlich, A.: Die Idee des Friedens und die menschliche Aggressivität, Baden-Baden 1970.
Mitscherlich, A.: 50 Jahre später. Einige Empfehlungen an den Leser, in: S. Freud: Zur Psychopathologie des Alltagslebens, Frankfurt/Main 1973.
Mittenecker, E.: Die Psychologie des jugendlichen Mopedfahrers. Beiträge zur Jugendkunde 11, Wien/München 1967.
Moers, M.: Die Entwicklungsphasen des menschlichen Lebens, Ratingen 1953.
Moog, W., & Moog, E. S.: Die entwicklungspsychologische Bedeutung von Umweltbedingungen im Säuglings- und Kleinkindalter. Neuere Psychologische Beiträge zur Deprivationsforschung, Carl Marhold, Berlin 1972.
Moreno, J. L.: Die Grundlagen der Soziometrie, Köln 1967.
Mucchielli, R.: Gruppendynamik, Salzburg (1972).
Müller, K. E.: Einführung in die Allgemeine Psychologie, Stuttgart 1972.

Newman, H. H., et al.: Twins: A Study of Heredity and Environment, Chicago 1937.
Nuttin, J.: Über den dynamischen Aspekt der Persönlichkeit, zit. in: J. Helm: Über Gestalttheorie und Persönlichkeitspsychologie, in: Handb. d. Psychol., Bd. 4, Göttingen 1960.

Oerter, R.: Moderne Entwicklungspsychologie, L. Auer, Donauwörth 1972.

Pawlow, I. P.: Die höchste Nerventätigkeit – Das Verhalten – bei Tieren, München 1926.
Pfahler, G.: Vererbung als Schicksal, Leipzig 1932.
Piaget, J.: Psychologie der Intelligenz, Zürich/Stuttgart 1966.

Quack, L.: Differentielle Psychologie, in: K. E. Rogge (Hrsg.): Steckbrief der Psychologie, Heidelberg 1971.

Rank, O.: Das Trauma der Geburt, Wien 1924.
Rattner, J.: Psychologie des Vorurteils, Zürich/Stuttgart 1971.
Rausch, E., et al.: Kommunikationsstruktur und Gruppenleistung, in: Psychol. Forsch. 28, 1965.
Rausch, E.: Probleme der Metrik (Geometrisch-optische Täuschungen), in: Handb. d. Psychol., Bd. 1/1, Göttingen 1966.
Rein, H., & Schneider, M.: Einführung in die Physiologie des Menschen, Berlin/Heidelberg/New York 1966.
Révész, G.: Talent und Genie. Grundzüge einer Begabungspsychologie, München 1952.
Richter, H. E.: Eltern, Kind und Neurose, Hamburg 1969.
Richter, H. E.: Patient Familie, Hamburg 1972.
Richter, H. E.: Die Gruppe, Hamburg 1972.
Rössner, L.: Sozialpsychologische Probleme des Alters, München/Basel 1963.
Rogge, K. E. (Hrsg.): Steckbrief der Psychologie, Heidelberg 1971.
Rohracher, H.: Kleine Charakterkunde, Urban u. Schwarzenberg, Wien 1948.
Rohracher, H.: Einführung in die Psychologie, Wien/Innsbruck 1963.
Roth, E.: Persönlichkeitspsychologie, Stgt./Berlin/Köln/Mainz 1969.
Rundquist, E. A.: Inheritance of spontaneous activity in rats, in: J. comp. Psychol. 16, 1933.

Schenk-Danzinger, L.: Entwicklungspsychologie, Wien 1970.
Schraml, W. J.: Abriß der Klinischen Psychologie, Stuttgart/Berlin/Köln/Mainz 1969.
Schraml, W. J.: Einführung in die moderne Entwicklungspsychologie, Stuttgart 1972.
Schraml, W. J.: Psychologie im Krankenhaus, Bern/Stgt./Wien 1970.
Schütz, E.: Physiologie, München/Berlin 1963 (7./8. Aufl.).
Selg, H., & Bauer, W.: Forschungsmethoden der Psychologie, W. Kohlhammer, Stuttgart, Berlin, Köln, Mainz 1971.
Sperry, R. W., & Preilowski, B.: Die beiden Gehirne des Menschen, in: Bild d. Wiss. 9, 1972.
Spitz, R.: Die Entstehung der ersten Objektbeziehungen, Stgt. 1957.
Spitz, R.: Vom Säugling zum Kleinkind, Klett-Verlag, Stuttgart 1967.

Spranger, E.: Lebensformen. Geisteswissenschaftliche Psychologie und Ethik der Persönlichkeit, Tübingen 1950.

Stapf, K. H., et al.: Psychologie des elterlichen Erziehungsstils, Stuttgart 1972.

Stern, W.: Die Differentielle Psychologie in ihren methodischen Grundlagen, Leipzig 1911.

Stern, W.: Psychologie der frühen Kindheit, Quelle u. Meyer, Leipzig 1930.

Tausch, R.: Gesprächspsychotherapie, Göttingen 1970.

Tent, L.: Psychologische Tatbestandsdiagnostik (Spurensymptomatologie, Lügendetektion), in: Handb. d. Psychol., Bd. 11, Göttingen 1967.

Thews, K. H.: Verhaltensforschung die uns angeht, München 1972.

Thomae, H. (Hrsg.): Entwicklungspsychologie, Handb. d. Psychol., Bd. 3, Göttingen 1959.

Thomae, H. (Hrsg.): Die Motivation menschlichen Handelns, Köln/Berlin 1966.

Thomane, H., & Lehr, U. (Hrsg.): Altern, Probleme und Tatsachen, Frankfurt/Main 1968.

Undeutsch, U.: Das Verhältnis von körperlicher und seelischer Entwicklung, in: Handb. d. Psychol., Bd. 3, Verlag f. Psychol. Dr. Hogrefe, Göttingen 1959.

Undeutsch, U. (Hrsg.): Forensische Psychologie, Handb. d. Psychol., Bd. 11, Verlag f. Psychol. Dr. Hogrefe, Göttingen 1967.

Undeutsch, U.: Entwicklung u. Wachstum, in: Hdb. d. Psychol., Bd. 3, Verl. f. Psychol. Dr. Hogrefe, Göttingen 1959.

Weed, H. P., & Roff, M.: A Study of the formation of opinion based upon legal evidence, Amer. J. psychol. 51, 1938.

Weinert, F. (Hrsg.): Pädagogische Psychologie, Köln/Berlin 1972 (7. Aufl.).

Wellek, A.: Diagnostik-Probe, in: Psychol. Rdsch. 4, 1953.

Wellek, A.: Psychologie, Bern 1963.

Wertheimer, M., & Klein, J.: Psychologische Tatbestandsdiagnostik. Ideen zu psychologisch-experimentellen Methoden zum Zweck der Feststellung der Anteilnahme eines Menschen an einem Tatbestande, in: Arch. Krim. 15, 1904.

Wertheimer, M.: Produktives Denken, Frankfurt/Main 1964.

Wertheimer, M.: Kurze Geschichte der Psychologie, München 1971.

White, B. L., & Held, R.: Plasticity of Sensorimotor Development in the Human Infant, in: J. Rosenbluth und W. Allensmith: The Causes of Behavior, Boston 1966.

Wieczerkowski, W., et al.: Verminderung von Angst und Neurotizismus bei Schülern durch positive Bekräftigung von Lehrern im Schulunterricht, in: Zschr. f. Entw. Psychol. und Päd. Psychol. 1, 1969.

Wolpe, J.: Experimental Neurosis as Learned Behavior, in: Brit. J. Psychol. 43, 1952.
Wyss, D.: Die tiefenpsychologischen Schulen von den Anfängen bis zur Gegenwart, Göttingen 1972 (4. Aufl.).
Zazzo, R.: Zwillingsforschung, in: W. Arnold et al. (Hrsg.): Lex. d. Psychol., Bd. 1–3, Freiburg/Basel/Wien 1972.
Zulliger, H.: Schwierige Kinder, Bern/Stuttgart 1963.

Register

Abwehrmechanismus 177
Acht-Monate-Angst 114
Adoleszenz 119
Affekt 17
Aggregat 142
Aggression 132, 147, 156
Aha-Erlebnis 54
Akkomodation 97
Aktivation(s) 204
  -system 43
Aktivierung 23, 39
Aktualitätstheorie 15
Akzeleration 119, 126
Altengruppen 125
Altenpflege 124
Altertum 27
Amnesie; hysterische – 157
Ampliation 50
Amplifikation 171
anal-sadistische Phase 164
Analyse; vergleichende – 33
Angst(-entstehung) 112
Animation 110
Anlage 70, 71
  – und Umwelt 69, 71 ff.
Anlagebestimmtheit 69
Anna O., Fall der – 160
Anpassung(s) 139
  -fähigkeit 74, 158
Anspruchsniveau 65, 93
Anwärmphase 204
Archetypus 170
Aspekt; intra – individueller – 69
Assimilation 97
Assoziation(s) 59
  -gesetze 29, 59
  -lehre 53
  -versuch 192
Atomistische Theorie 28
Attitüde 63, 138
Attraktivität 153
Aufforderungscharakter 80, 93, 108
Aufmerksamkeit(s) 48, 75
  fixierende – 21, 88
  fluktuierende – 84, 88
  -typus 20
Ausdrucksanalyse 34, 80
Ausdrucksbeobachtung 20
Aussageehrlichkeit;
  Kriterien der – 191
Aussagetüchtigkeit 188, 189
Aussagewahrhaftigkeit 191
autokinetisches Phänomen 143

Barriere 52
Bedürfnis(se) 64
  Grund- 18, 126, 132, 153, 154
  -reduzierung 59
  -spannung 94
Begabung(s) 30, 76, 96
  -bereiche 68, 97
  -forschung 96
  Hoch- 99
  künstlerische – 77
  -rückgang 119
  -unterschiede 79, 102
Behalten 58
Behaviorismus 34, 53
Beliebtheits-Rangordnung 102
Beliebtheitsstruktur 149
Beobachter(-gremium) 20
Beobachtung(s) 19, 108
  -arten 19
  Ausdrucks- 20
  -bogen 22
  -fehler 16, 20
  Fremd- 19, 20
  Gelegenheits- 22
  Selbst- 19
  Verhaltens- 20
  völkerkundliche – 112
Berliner Schule 35
Beschleunigung 126
Betrieb(s)
  -führung; wissenschaftliche – 180
  -klima 181
Beurteilungsfehler 16
Bewährungskontrolle 27, 71
Bewegungsausweitung 50

Bewegungsstudien 180
bewußt 161, 169
Bewußtsein(s) 52
  -inhalte 34
  -lage 53
Bezugssystem 26, 143
biogenetisches Gesetz 104
Biotypen 86
Bumerang-Effekt 139

Charakter 29, 83
  -lehren 71
Choleriker 83
Clique 154
Computer-Diagnose 57

Daseinsanalyse 173
Denken 52, 53, 118
  antizipatorisches – 57
  divergentes – 57
  konvergentes – 57
  produktives – 55
  schöpferisches – 57
Denkfaktoren 57
Denkpsychologie 53
Denktheorien 53
Dependenzanalyse 22
Deprivation 67, 74, 196
Determinationstheorie 54
determinierende Tendenz 53
Diagnose 82, 179
Differenzierung 60, 106
Diplom-Psychologe 24, 178
Diskriminationsversuch 174
Dissoziation 92
Distanz;
  soziale – 143, 149
driver clinics 184
Dynamik 92

Effekttheorie 59
Ehrlichkeit 191
Eidetisches Phänomen 88
Eigenschaften 70, 83
Eigenschaftstheorie 146
Eindruck 31
Eindrucksgewinnung 135
Einsicht 54, 60
Einstellung(s) 47, 81, 94, 139
  -änderung 139 ff.
  -fixierung 55
  -funktionen 139
  -komponenten 138
  -messung 141
  soziale – 137 ff.
  -typus 86
Elektrakomplex 164
Elektroencephalogramm 39
Embryo(s) 111
  Entwicklung des – 96, 104
Empfindung 31, 45
Encephalopathie 125
endothymer Grund 91
Engramm(e) 58
Entelechie 104
Entscheidungsfindung 57
  gerichtliche – 193
Entwicklung(s) 105
  -beginn 109
  -begriff 104
  -beschleunigung 126
  Definition der –
  – des Jugendlichen 119
  -dynamik 86
  – des Kindes 116
  Fehl- 126
  -geschehen 106
  -korrelation 105
  Merkmale der – 114
Methoden der -psychologie 120 ff.
  -modelle 107
  nachgeburtliche – 110
  -periodizität 116
  -phasen 109
  phylogenetische – 104
  -störungen 111, 117, 125, 130
  -stufen 93
  -veränderung 117
  -verzögerung 126
  vorgeburtliche – 96, 109
  Ziel der – 107
Epilepsie 84
Erb-
  -anomalie 125
  -forschung 68
Erfahrung 172
  innere – 29
Erfolg(s)
  -kontrolle 27
  -niveau 65
  -zuversicht 66
Erg-Niveau 63
Erleben 34, 129
Ermüdung 180, 203
Erregungspotential 39
Ersatzmutter 127, 129
Ersatzperson 159
Erwachsenenbildung 122
Erwachsenenpsychologie 121
Erwünschtheit;
  soziale – 20
Erziehung(s)
  -klima 55, 58
  -stil 64, 126
Es 161
Evidenzerlebnis 11
Evolutionstheorie 104
Existenzanalyse 173
Experiment 22
  Obstruktions- 64

Wahrnehmungs- 39
Züchtungs- 74
Experimentalgruppe 23
Experimentalpsychologie 32
Exploration 80
Extravertierter Typus 86

Faktoren 97
-analyse 24
-modell 94
Familienanalyse 75
Familientherapie 177
Fehlverhalten 162, 176
Fehlleistung; alltägliche – 36, 165
Feld
-beobachtung 20
-geschehen 133
-kräfte 35
-spannungen 93
-theorie 94
Figur-Grund-Verhältnis 46, 47, 185
finalistisch 166, 168
Fixierung 65, 126
Foetus
Forschungsgebiete 133
Forschungsmethoden 107
Fortschiebe-Versuch 48
Fortstoß-Versuch 49
Fragealter 58, 116
Freiheit; schöpferische – 55
Fremdanregung 203
Fremdbeobachtung 19, 20
Fremdbild 143
Frieden 155
Frustration 64, 93, 173
Führung(s)
-dual 147
-funktionen 146, 147
-qualifikation 146
-rolle 146
-stile 147
-struktur 146
-theorien 146
Funktion 90, 145
instrumentelle – 145
integrative – 145
psychische – 18, 45
funktionale Gebundenheit 54
Funktionalismus 34
Funktionalwert 54
Funktionstypologie 86

Ganzheitlichkeit 92
Gebundenheit; funktionale – 54
Geburt(s) 75, 112, 113
-katastrophe 112
-trauma 112
-verlauf 112
Gedächtnis 57
Gefühlsmangelkrankheit 127
Geisteskrankheit 158
Gehirn 41 ff.
Gelegenheitsbeobachtung 22
Gemeinschaftsgefühl 13, 158, 167
Gemüt 30
Generalisierung 60
Genialität 99
genitale Phase 164
geometrisch-optische Täuschungen 50
Gerontologie 124
Geschlechtsunterschiede 101
Gesprächspsychotherapie 177
Gestalt 46
-haftigkeit 35
-psychologie 34, 35, 48, 54, 60, 94
-qualitäten 46
-theorie 59
-wandel 118
Gewissen 162
Glaubhaftigkeit 188
Glaubwürdigkeit 188
Gleichaltrigengruppe 120
Gleichgewicht 41, 61, 125, 169
Graphologie 11
Großkindalter 118
Grundbedürfnisse 18, 58, 126, 154
Grundlagenforschung 18
Grundlagenwissenschaft 16
Gruppe(n)
Alten- 125
-bildung 142
-dynamik 142
-entstehung 142
Experimental- 23
Gleichaltrigen- 120
Jugend- 120
Klein- 142
-klima 153
Kontroll- 23
-normen 143
primäre – 131
sekundäre – 131
soziale – 142
-strukturen 142
-unterschiede 70, 100
-zerfall 154
-ziel 144
Gutachten 179
Blind- 11
fingiertes – 12

Hackordnung 159
Halo-Effekt 21
Hawthorne-Studien 181
Hemmung 59
Hirnschäden 125
Höhlengleichnis 28
Höhepunkterlebnis 122
Hof-Effekt 21

Homöostase 61
Hospitalismus 74, 127
human relations Bewegung 182
Hypnose 157, 160
Hysterie 160, 163

Ich 161, 172
-abhebung 117
-autonomie 172
-funktion 91
-instanz 91
-verteidigung 139
Identität
persönliche – 124, 139
soziale – 139
idiographisch 70, 74, 94
Imagination 171
Imponiergehabe 120
Individualität(s) 24, 72
-entwicklung 78
Individualpsychologie 69
Individuation 122, 169, 170
Individuum 25, 67, 72, 73
Information(s) 150
-fluß 182
-geschehen 182
-inhalt 182
-theorie 61
ingroup 154
Initiationsriten 143
Instinktlehre 61
Integration(s) 106
-typologie 88
Intelligenz 53, 78, 97
-alter 79
-entwicklung 75, 97, 111
-faktoren 97
-quotient 98, 102
-struktur 97
Interaktion(s)
-analyse 22, 133
soziale – 133
-theorie 147, 166
Interdependenzanalyse 24
Interferenztheorie 58
Interimsgesellschaft 120
inter-individueller Aspekt 69
Interview; standardisiertes – 22, 23
intra-individuell 72, 76
Introspektion 19
Introvertierter 86
Introvertiertheit 84
Intuition 71
Isomorphielehre 44

Jactation(en) 127
Jugendalter 119
Jugendgruppe 120

Katharsis 160
Kausalität
phänomenale – 48
psychische – 160
Kindchenschema 114
Kippfigur 47
Kleinkind 116, 164
Klienten-zentrierte Therapie 177
Körperfühlsphäre 41
kognitive Dissonanz 140
Kohäsion 142, 147, 153
Kommunikant 150
Kommunikation(s) 150
-kanal 150
-mittel 151, 182
-netz(e) 150, 151, 153
-struktur(en) 150
-system 182
Kommunikator 150
Komparation 73
Kompensation 166
Komplementarität(s)
-modell 17
-prinzip 45
Komplex 161
Komponente 138
Konditionierung 59
Konflikt 157, 183
-analyse 55
-situation 78, 93, 174, 183
Konstitutionstypologie 83
Konstrukt 16
Kontaktbehaglichkeit 129
Kontrollgruppe 23
Konvergenztheorie 105
Korrelation(s) 73
-koeffizient 78, 81
-statistik 24
Kortikalperson 91
Krankheitsgewinn 177
Kreativitätstraining 56
Krieg 155
Kriminalität 77, 195
kulturelle Selbstverständlichkeit(en) 101
Kulturpsychologie 32

Längsschnittstudie 78, 99, 109
Lärm 23
Lashley-jumping-stand 175
Latenzperiode 164
Leben(s)
-fähigkeit 196
-formen 88
-grund 91
-lauf 122
-plan 168
-probleme 167
-raum 92
-stil 168
-thematik 122
-ziel 124, 166

Leib und Seele 43
Leidensdruck 177
Leipziger Schule 35
Leistung(s) 26, 64, 96, 146
-vorteil der Gruppe 152
Lernen 57
– am Erfolg 59
– durch Einsicht 59
exemplarisches – 60
massiertes – 204
Spiel-
verteiltes – 204
– zu lernen
Lernmotivation 60, 203
Lernplateau 205
Lernpsychologie 58
Lernstörung 197
Libido 163, 168
Liebe 163
Liniensystem 182
Lobotomie 39
Lösungsstammbaum 54
Lokomotionsfunktionen 147
Lügendetektion 188, 192
Lustprinzip 161

Mannheimer Schulsystem 68
Manisch-depressives Irresein 84
Marasmus 127
Marktpsychologie 170
Materialanalyse 55
Melancholiker 83
Meningitis 125
Menschenbeurteilung 13
Menschenkenntnis 11, 13, 70
mental set 137
Merkmal(e) 73, 76, 106, 112, 146
Meßfehler 26
Methoden der Psychologie 19 ff., 29, 31, 35, 37, 61, 64, 74, 77, 79, 133, 161, 177, 204
Milieutheorie 105
Minderwertigkeitsgefühl 166, 167
Minderwertigkeitskomplex 167
Mißerfolg 65, 117
Mittelalter 30
Modell von Malmö 197
Moderne 33
Mongolismus 125
Monotoniegefühl 180
Motiv(e) 60
-arten 63
-bündel 64
funktionelle Autonomie 62
der –
-hierarchie 62
-lage 191
primäre – 203
Motivation(s) 58, 60
-dimensionen 61
-faktoren 63
-formen 63
-konflikt 175
-lage 63
Leistungs- 64
Lern-
-psychologie 61, 96
Selbständigkeits- 64
-struktur 63
unbewußte – 64
motivationale Verflechtung 63
Mutation 104
Mutter 129
-entbehrung 128
Ersatz- 129

nachahmen 116
Negativauslese 187
Neo-Analyse 172
Nerker'sche Würfel 47
Nervenbahnen 40
Nervensystem 40
Neugeborene 113
Neugierverhalten 58
Neun-Punkte-Schema 55
Neurasthenie 162
Neuropsychologie 38
Neurose 157
experimentelle – 174
Neuzeit 30
Nivellierung 58, 190
nomothetisch 70, 94
Normalität 125, 158
Normen 25, 125, 132
Noten 27, 199

Obstruktionsexperiment 64
Ödipuskomplex 164
Oligophrenie 125
ontogenetischer Nullpunkt 110
optische Führung 186
orale Phase 164
Orientierung 83, 139
Originalität 97
outgroup 154
over-achiever 201

Parallelitätstheorie 44
Pariser Schule 160
partnerschaftlich 173, 174
Pause 204
Pädagogik, experimentelle – 197
Perimeter 186
Perseveration 86
Person 173
Personalauslese 183
Personenwahrnehmung 135
persönliche Gleichung 68
persönliches Tempo 204
Persönlichkeit(s) 67, 89
-bildung 90

-dimensionen 94
-fragebogen 80
-merkmale 100, 146, 185, 195
-modelle 89, 94
-theorie 83
-unterschiede 79
phallische Phase 164
Phlegmatiker 83
Phobie 163
phylogenetisch 104, 170
Plastizität 97
Polygraph 193
Position 145, 149
Präformationstheorie 105
Prägnanz 47 f., 58
präpuberaler Wachstumsschub 119
prästabilierte Harmonie 44
Primacy-Effekt 137
private Logik 168
Problem- 54
-blindheit 55
-lösung 54, 60, 97
-situation 54, 175
Prognose 82, 179
Projektion 159
Prophylaxe 198
Protest, männlicher – 167
Pseudodebilität 127
Psyche 169
Psychische Funktion(en) 37, 39
psychische Leistung 37
psychische Sättigung 93, 180, 204
Psychoanalyse 68, 96, 159
Psychodiagnostik 79
psychogenetisches Grundgesetz 104
Psychographie 73
Psychohygiene 96
Psychologie
Allgemeine – 69, 71
Alters- 123
Analytische – 168
Angewandte – 18, 71
Arbeits- 180
Begriffserklärung der – 16 f.
Bewußtseins- 61
Denk- 53
Diagnostische – 82
Differentielle – 67
Elementen- 37
Entwicklungs- 67, 96, 104
Erwachsenen- 121
Experimentelle – 22, 32, 33
Forensische – 188
Gerichtliche – 188
Geschichte der – 27 f.
Gestalt- 185
Grundlagen- 71
Individual- 166
Jugend- 119
Komplexe – 169
Kriminal- 195
Kultur- 32
Lern- 58
Markt- 119
Motivations- 61
Neuro- 38
Pädagogische – 197
Physiologische – 38
Sozial- 131
Tiefen- 157 ff.
Vergleichende – 33
Verkehrs- 183 ff.
Verstehende 34, 88
Völker- 32
Wahrnehmungs- 184
Psychologische Einrichtungen; Adressen von – 206
Psychologische Schulen 33 ff.
Psychologismus 16
Psychometrie 68
Psychopathologie 67, 94
Psychophysik 32, 45
Psychose 158
psychosomatisch 129
Psychotechnik 178
Psychotherapie 67, 168, 172, 198
Pubertät 119
Vor- 119

Querschnittuntersuchung 109

Rangordnung 159, 179
Realitätsprinzip 26, 161
Reaktion(s)
bedingte – 59
-typologie 86
-variable 23
Reflex
bedingter – 53
-lehre 53
-theorie 59
Regression 93, 126
Reinlichkeitserziehung 116
Reiz 48, 59
-bindung, gelockerte 189
-quelle 48
-Reaktions-Schema 34
-variable 23
Reliabilität 26
Resignation 65
Resozialisierung 196
Retardation 126
rigide 203
Rigidität 55
Rolle(n) 145
-spiel 117, 182
-struktur 145

saltatorische Leitungstheorie 40
Sanguiniker 83

Säugebehaglichkeit 129
Säugling(s) 75
-alter 112, 113
-pflege 113
Schichtenmodell 28, 90
Schizophrenie 77, 84
schizothymes Temperament 84
schöpferisch(e, es) 99
– Denken 57, 202
– Freiheit 55
Schrödersche Treppe 47, 245
Schule von Nancy 160
Schulkind 118
Schulklinik 198
Schulleistung 78
– und Intelligenz 198
Schulreife 118
Schwachsinn 77
Schwangerschaft 111
scientific management 180
Seele(n) 15, 29, 31
-leben 15
-mythen 27
-vermögen 29
Selbst 169
-beobachtung 53
-bild 96, 143
Selbständigkeitsmotivation 64
personales – 91
Selektion 104
Selektivität 106
sensitivity training 182
Sentiment-Niveau 63
Sexologie 71
Sexualität 163
sexuelle Entwicklung 163
Sinn 173
Situationstheorie 147
Skinner-Box 59
social perception 134
sozial(e, es)
– Distanz 143, 149
– Einstellung 137, 138
– Erwünschtheit 20
– Gruppe 142
– Interaktion 133
– Klima 147, 182
– Macht 146
– Realität 143
– Rolle 145
– Vorurteile 137
– Wahrnehmung 134
Sozialisation 75 f., 138, 195
Sozialpsychologie 131 ff.
angewandte – 154
– des Betriebes 181 ff.
Soziogramm 150
Soziometrie 131, 150
Spannungsbogen 54, 203
Spiel 108
-lernen 58
-therapie 172
Sprache 77, 98, 116
Spuren 58
-feld 58
-symptomatologie 192
Stabsystem 182
Statistik 195
Status
abgeleiteter – 120
-erhöhung 149
primärer – 120
soziometrischer – 149
sozio-ökonomischer – 99, 103, 124, 149
Stereotyp(en) 83
Stimulation 113, 126
Strafvollzug 196
street-corner-society 20
Strukturalismus 34
Strukturhypothese 161
Stufenmodell 107
Stuttgarter Schule 173
subjektive Anschauungsbilder 88
Substantialitätstheorie 16
Suchverhalten 203
Sündenbockrolle 148, 159
Symptom 160, 162
Synästhetiker 88

Teleskopische Hypothese 161
Test 24, 68, 79
soziometrischer – 150
-spiele 11, 24
Theorie; atomistische – 28
Eigenschafts- 146
Libido- 168
Therapieformen 171, 177
Tiefe 157
Tiefenperson 91, 173
Tiefenpsychologische Schulen 35, 157
time-sampling 20
topographische Hypothese 161
Topologie 92
trait 94
Transfer 60, 204
Transponierbarkeit 46
Traum 36, 164, 169
Traumdeutung 68
Triebhaftigkeit 71
Trieb-
-konflikt 176
-reduktion 62
-stadien 163
Trotzphase 117
TÜV 187
Typen
-bilder 86
-lehren 71, 82
-schema 83

Über-Ich 65, 161, 162, 172
Überlegenheitskomplex 168
Übersummativität 46
Übertragung 161, 173
Umbruchsstelle(n) 126
Umschlageffekt 48
Umstrukturierung 60
Umwegverhalten 55, 203
Unbewußt(es) 29, 35, 157, 161
under-achiever 201
Unfallforschung 183
Unterrichtsstil 22, 55
Urlaub 154
Urstoffe 28
Urvertrauen 113

Valenz 93
Validität 26
Variable 22
Variabiltiät 69, 74, 78
Variation 73 ff., 104
Vektorpsychologie 93
Verantwortlichkeit 158, 193
Verdichtung 164
Verdrängung 59, 163, 164
Vererbung 74
Verfestigung 74, 106
Vergessen 32, 58
Verhalten(s)
-beobachtung 20, 80
-fixation 175
-lehre 53, 61
-muster 159, 174
-störungen 157
-unterschiede 69, 79
-verstärkung 59
Verkehr(s)
-raum 184
-regelung 185
-tauglichkeit, Kriterien der – 184
-teilnehmer 184
-tüchtigkeit 187
Verschiebung 164
Verstärkung 64
Verstehen 34
Versuch(s)
-fehler 23
-leiter 16, 19, 23
-person 16, 19, 23
-plan 23
Verzögerung 126
völkerkundliche Untersuchungen 117
Völkerpsychologie 32
vorbewußt 161
Vorbild 117
vorgeburtlich(e) 96
– Entwicklung 96, 109
Vorlage 48
Vorpubertät 119
Vorurteil(e) 31

Wahrnehmung(s) 13, 28, 45, 83, 134
-abwehr 134
-akzentuierung 135
-entstehung 52
-experiment 39, 48
-feld 47
-psychologie 45, 184
-reize 75
-täuschung(en) 48 ff.
warming up 204
Wechselwirkungstheorie 31, 44
Werkanalyse 34
Wertsystem 81, 134
Wiener Schule 173
Wirklichkeitsversuch 22
Wissenschaft 70
Würzburger Schule 19, 32, 53
Wundtsches Laboratorium 67
Wunschbild 96

Zeitschätzungen 190
Zeitstudien 180
Zentralisation 106
Ziel
-analyse 55
-erreichung(s) 55, 139
-vorrichtungen 55
-orientierung 59
Zuchtwahl 74
Zuneigungsreaktion 129
Zwangsneurose 163
Zweiseitentheorie 44
Zwillingsforschung 77

Humboldt - Taschenbücher

ht praktische ratgeber

ht 47 Ratgeber für Kinderspiele
ht 80 Erziehen
ht 144 Der Weg zur Spitze
ht 159 Kindersorgen – Sorgenkinder
ht 172 Alle Kinder basteln mit
ht 176 Der Arzt antwortet
ht 189 Glücklicher Lebensabend
ht 191 So lernt man leichter
ht 193 Alle Kinder raten mit
ht 194 Haushalt mit d. Rechenstift
ht 197 Eselsbrücken
ht 201 Gespräche mit dem Seelenarzt
ht 203 Schönheitstips
ht 207 Erste Hilfe!
ht 210 Vornamen
ht 211 Buchführung
ht 212 Katzen
ht 213 Haushaltstips
ht 214 Sekretärin – m. Erfolg
ht 215 Hilfe, ich muß erziehen!
ht 216 Ruhestand
ht 217 Eigentum statt Miete
ht 218 Mixgetränke
ht 219 Tiefkühlkost
ht 220 Schnellküche
ht 221 Kalte Küche
ht 222 Fleischgerichte
ht 223 Fischgerichte
ht 224 Dackel
ht 226 Traumbuch
ht 229 So schreibt man Geschäftsbriefe
ht 230 Kneippkur – auch zu Hause
ht 233 Unser Baby
ht 234 Anstreichen – Tapezieren
ht 235 Werken und Basteln
ht 236 Ratgeber für Zuckerkranke
ht 239 Schulsorgen?
ht 240 Nähen – mein Hobby
ht 245 Grillen + Flambieren
ht 247 Reden f. jeden Anlaß
ht 250 Herzinfarkt-verhüten
ht 251 Schnellkochtopf-Gerichte
ht 255 So bewirbt man sich
ht 256 Speisepilz – Giftpilz
ht 257 Diätkost f. Zuckerkranke
ht 258 Pudel
ht 259 Komma-Lexikon
ht 260 Diätkost f. Leber- u.Gallenkranke (Jul)
ht 262 Schulanfang
ht 264 Was Kinder gerne schenken

ht freizeit · hobby · quiz

ht 23 Frag mich 3300 ×
ht 58 Briefmarkensammler
ht 68 Wer weiß es?
ht 79 Frag mich was!
ht 83 Frag noch was!
ht 90 Frag weiter!
ht 91 Kreuzworträtsellexikon
ht 118 Wer ist das?
ht 143 Wer knobelt mit?
ht 147 Vogelvolk
ht 155 Tonaufnahme für alle
ht 158 In Teich und Tümpel
ht 161 Großwild in Afrika
ht 164 Zaubertricks
ht 171 Zierfische – mein Hobby
ht 174 Quiz in Wort und Bild
ht 184 Geschützte Pflanzen
ht 190 Spielen Sie mit!
ht 195 Spaß mit Tests
ht 198 Tiere bei uns zu Hause
ht 199 1x1 der Kartenspiele
ht 202 Der Garten
ht 204 Modern fotografieren
ht 225 Teste Deine Intelligenz
ht 228 Gymnastik für alle
ht 231 Partybuch
ht 232 Modern filmen
ht 237 Mit Zahlen spielen
ht 248 Skat-Regeln u. Tips
ht 249 Mikroskopieren
ht 252 Tips f. d. Gartenarbeit
ht 254 Unser Garten
ht 263 Rätsel – leicht gelöst

ht sport für alle

ht 82 Das ist Yoga
ht 85 Schach für Anfänger
ht 123 Segelsport
ht 160 Taschenlex. d. Sports
ht 178 Selbstverteidigung
ht 182 Sport-Quiz
ht 205 Mod. Reitlehre
ht 206 Angeln u. Fischen
ht 228 Gymnastik
ht 241 Skilanglauf
ht 242 Skisport-Berater
ht 243 Kegeln
ht 253 Tennis
ht 265 Ski – aktuell

ht sprachen

ht 11 Englisch in 30 Tagen
ht 40 Französisch in 30 Tagen
ht 55 Italienisch in 30 Tagen
ht 57 Spanisch in 30 Tagen
ht 61 Englisch für Fortgeschrittene
ht 81 Russisch in 20 Lektionen
ht 108 Italienisch f. Fortgeschrittene
ht 109 Französ. für Fortgeschrittene
ht 124 Dänisch in 30 Tagen
ht 183 Serbokroatisch für den Urlaub

ht moderne information

ht 24 Wirtschaftslexikon
ht 43 Wörterbuch der Philosophie
ht 70 Musikinstrumente
ht 140 Im Rausch der Drogen
ht 141 Lebendige Kunst
ht 142 Mengenlehre
ht 145 Viren greifen uns an
ht 146 Computerrechnen
ht 148 Verhaltensforschung
ht 149 Leben – wo beginnt es?
ht 150 Elektronen am Werk
ht 151 WieTransistorenfunktionieren
ht 152 Kultur
ht 153 Betriebswirtschaft
ht 154 Vitamine bauen uns auf
ht 156 Warum ist das Kunst?
ht 157 Kriminalistik
ht 162 Die Welt der Sinne
ht 163 Elektrotechnik
ht 165 Organische Chemie
ht 166 Revolution – Revolutionen
ht 167 Amerika
ht 168 Psychoanalyse
ht 169 Wir und das Weltall
ht 170 ErweiternSieIhrenWortschatz
ht 173 Technik formt unser Leben
ht 175 Rußland
ht 177 Mit Atomen leben
ht 179 Musik, Orchester, Komponisten
ht 180 Taschenlexikon der Antike
ht 181 Rechenschieber
ht 185 Japan
ht 186 Moleküle
ht 187 Die neuesten Wörter
ht 188 Südamerika
ht 192 Der Dreck, in dem wir leben
ht 196 Essen wir uns krank?
ht 200 Datenverarbeitung
ht 208 Pflanzen bestimmen
ht 209 Tiere bestimmen
ht 227 Weltatlas
ht 244 PSI-Rätselhafte Kräfte
ht 238 Taschenb. d. Psychologie
ht 246 Taschenb. d. Volkswirtschaft
ht 261 Begriffe d. Managements

Änderungen in der Erscheinungsweise vorbehalten.

ARE

Dipl.-Psychologe Heinz Hemling: Lehrbeauftragter für Psychologie an der Fachhochschule Düsseldorf, Leiter einer Erziehungsberatungsstelle in Wuppertal, Dozent an der VHS Düsseldorf, Vorträge, Gutachtertätigkeit.

Kaum eine andere Wissenschaft stößt einerseits auf so viel Interesse in der Öffentlichkeit, begegnet aber andererseits so großer Skepsis wie die Psychologie.

In einer leicht verständlichen, sehr unterhaltenden Form wird eine Einführung in alle Zweige der Psychologie gegeben. Neue Ergebnisse und Erkenntnisse werden gezeigt. Ihre Anwendung im täglichen Leben hilft, die anderen Menschen besser zu verstehen und mit dem Leben leichter fertig zu werden.

ISBN 3-581-66238-8 DM 4,8

information

ht

moderne information
humboldt-taschenbüch